구역예배 인도자용

구역│목장│셀│순│
소그룹 모임을 위한
성경적 세계관 교재

하나님 나라 백성의 세계관

대한예수교장로회총회

머리말

　우리가 살아가는 세상은 하루가 다르게 변합니다. 뉴스와 사회 현상을 바라볼 때마다 무엇이 옳고 그른지, 무엇을 따라 살아야 할지 혼란스러울 때가 많습니다. 이런 때일수록 그리스도인에게는 세상을 바라보는 올바른 눈, 곧 성경적 세계관이 필요합니다. 성경은 우리로 하여금 하나님의 시선으로 세상을 보고, 삶을 해석하며, 믿음과 소망으로 살아가도록 인도합니다. "믿음은 바라는 것들의 실상이요 보이지 않는 것들의 증거니"(히 11:1)라는 말씀처럼, 성경적 세계관은 보이지 않는 하나님의 나라를 바라보며 현재의 삶을 말씀대로 살아가게 합니다.

　성경적 세계관은 하나님 나라 백성의 존재와 삶을 규정하는 기초입니다. 창조주 하나님께서 세상을 지으시고 "보시기에 심히 좋았더라"(창 1:31)라고 하셨지만, 인간의 죄로 인해 세상은 왜곡되고 타락에 빠졌습니다. 그럼에도 하나님은 예수 그리스도를 통해 창조의 질서를 회복하시고, 우리를 새 사람으로 부르셨습니다. 성경적 세계관은 창조, 타락, 구속, 회복의 관점에서 세상을 바라보게 합니다. 곧 세상은 하나님의 말씀 안에서 이해되어야 하며, 그리스도의 십자가와 부활을 통해 새 창조로 나아간다는 신학적 진리 위에 서 있습니다. 따라서 하나님 나라 백성은 세상 속에 살지만 세상에 속하지 않고, 말씀에 따라 분별하며 하나님의 회복 사역에 동참하는 자로 살아가야 합니다.

이 교재는 하나님 나라 백성이 반드시 가져야 할 성경적 세계관을 배우고 삶에 적용하도록 돕기 위해 준비되었습니다. 가정과 교회, 일상에서 성경의 관점으로 생각하고 행동하며, 믿음과 소망으로 하나님의 뜻을 이루어가는 데 이 교재가 길잡이가 되기를 소망합니다.

본 교재의 집필과 감수, 교정과 제작에 수고하신 모든 분들께 깊이 감사드리며, 모든 영광을 하나님께 돌립니다.

2025년 10월
총회교육개발원

Contents

1학기 하나님 나라 백성의 정체성과 가정

1단원 하나님 나라 백성의 세계관
- 01과 성경적 세계관 ········· 16
- 02과 하나님의 창조와 비전 ········· 20
- 03과 하나님과의 관계 파괴 ········· 24
- 04과 하나님의 약속과 회복 ········· 28

2단원 하나님 나라 백성의 정체성
- 05과 하나님의 형상 ········· 32
- 06과 정체성의 타락 ········· 36
- 07과 새로운 피조물 ········· 40
- 08과 부르심에 반응하는 자 ········· 44

3단원 하나님 나라 백성의 가정
- 09과 하나님이 세우신 가정 ········· 48
- 10과 하나님이 돌보시는 가정 ········· 52
- 11과 하나님이 회복하시는 가정 ········· 56
- 12과 예수님 안에서 한 가족 되기 ········· 60

 **하나님 나라 백성의 배움과 사명**

4단원 하나님 나라 백성의 배움

13과 창조와 배움의 목적 ………………………………………… 66
14과 배움의 목적의 타락 ………………………………………… 70
15과 예수님 안에서 배움의 재정립 …………………………… 74
16과 공감과 섬김을 위한 배움 ………………………………… 78

5단원 하나님 나라 백성과 세상

17과 세상을 돌보는 청지기 사명 ……………………………… 82
18과 세상의 가치를 경계하는 삶 ……………………………… 86
19과 세상의 빛과 소금 …………………………………………… 90

6단원 하나님 나라 백성의 예배

20과 성경적 세계관과 예배 ……………………………………… 94
21과 우상을 경계하는 참된 예배 ……………………………… 98
22과 하나님을 향한 반응으로서의 예배 …………………… 102

Contents

3학기 하나님 나라 백성의 분별과 생명 존중

7단원 하나님 나라 백성의 가치 분별
- 23과 자연주의 108
- 24과 상대주의 112
- 25과 개인주의 116
- 26과 소비주의 120

8단원 하나님 나라 백성의 생명과 죽음
- 27과 생명 존중과 출산 124
- 28과 자살 128
- 29과 죽음, 영원의 시작 132
- 30과 죽음 이후 136

9단원 하나님 나라 백성의 환경 돌봄과 기술
- 31과 생태계와 환경 돌봄 140
- 32과 미디어 환경 144
- 33과 인공지능 148
- 34과 생명 복제 152

 **하나님 나라 백성의 총체적 회복**

10단원　하나님 나라 백성의 일과 예술

- 35과 일과 쉼 ·· 158
- 36과 일과 신앙 ··· 162
- 37과 예술과 신앙 ·· 166
- 38과 뉴에이지 ·· 170

11단원　하나님 나라 백성의 성과 중독의 문제

- 39과 순결한 삶 ··· 174
- 40과 건강한 부부 관계 ·· 178
- 41과 중독 ·· 182

12단원　하나님 나라 백성의 총체적 회복

- 42과 고난과 회복 ·· 186
- 43과 사회적 회복 ·· 190
- 44과 총체적 회복 ·· 194

Contents

부록1 고난주간 6일 묵상집 : 예수님을 만난 사람들

- 월요일 순종의 마리아 200
- 화요일 준비한 세례 요한 202
- 수요일 주님을 따른 제자들 204
- 목요일 예수님을 영접한 삭개오 206
- 금요일 예수님의 죽으심을 준비한 마리아 208
- 토요일 십자가를 대신 운반한 구레네 시몬 210

부록2 교회절기

- 종려주일 그리스도의 길을 따라 212
- 부활주일 새로운 생명과 삶 216
- 맥추감사절 은혜를 기억하며 감사하는 믿음 220
- 추수감사절 감사, 믿음의 열매 224
- 성탄절 우리에게 오신 하나님 228

부록3 특별 주일

- 나라사랑주일 하나님이 세우신 나라 232
- 어린이(청소년)주일 하나님을 경외하는 어린이 236
- 이단경계주일 바른 믿음에 거하기 240
- 전도·선교주일 복음 통일 244

부록4 민속 절기

- 설날 가정예배 248
- 추석 가정예배 253
- 송구영신 가정예배 258

교재 사용법

본 교재의 특징

1. 하나님 나라 백성의 성경적 세계관 여정

 본 교재는 하나님 나라 백성이 가져야 할 성경적 세계관을 배우도록 돕습니다. 성경적 세계관은 세상을 하나님의 시선으로 보고 해석하며, 그에 따라 삶을 살아가는 생활 양식입니다. '여정'이라는 표현은 세계관이 하루아침에 형성되는 것이 아니라, 말씀과 기도, 삶의 경험을 통해 점진적으로 세워지고 성숙해 가야 함을 의미합니다. 이를 통해 신자는 세상 속에서도 하나님의 뜻을 분별하고, 창조 세계를 돌보는 청지기로서 하나님 나라의 회복 사역에 참여하는 삶을 살아가게 됩니다.

2. 전 교회가 통일된 본문, 다양한 활용 가능

 특히 본 구역 교재는 교회학교 '하나 바이블'의 교육과정에 맞추어 교회학교부터 장년부에 이르기까지 교회 전체가 매주 동일한 본문으로 통일성 있게 학습하도록 하였습니다. 풍성한 본문 해설과 말씀 나눔 자료, 결단을 이끄는 질문, 기도 제목 등을 제공함으로 전통적인 형태의 구역 예배뿐 아니라 목장, 셀, 순과 같은 소그룹 양육용으로 활용이 가능합니다.

3. 특별 절기에 따른 자료 제공

 민속 절기(설날, 추석, 송구영신) 교재는 가정 예배 시 사용할 수 있도록 하였습니다. 또한 교회 절기(종려주일, 고난주간, 부활절, 맥추감사절, 추수감사절, 성탄절)뿐 아니라 특별주일(나라 사랑, 어린이(청소년), 이단 경계, 전도·선교)을 새롭게 넣어 활용도를 높였습니다.

4. 인도자를 위한 온라인 강의 제공

 인도자를 위한 온라인 강의는 아래에서 확인할 수 있습니다.
 1) 유튜브 ▶ '총회교육개발원' 채널 ▶ '재생목록' ▶ '구역공과' 구독
 2) 총회교육.com ▶ 아카데미 ▶ 구역예배 ▶ 온라인 강의 신청

한눈에 보기

1과
성경적 세계관

예배 인도

찬 송	446장 주 음성 외에는 · 546장 주님 약속하신 말씀 위에서
기 도	합심기도 / 대표기도
말씀 나눔	히브리서 11:1-3

그리스도인은 세상을 바라보고, 이해하고, 행동하는 삶의 방식이 믿지 않는 사람들과 근본적으로 다릅니다. 하나님께서 세상을 창조하셨다고 성경 말씀대로 믿기 때문입니다.

1. 믿음, 소망의 이유

히브리서 11장은 믿음장이라고 불립니다. 당시 성도들은 물리적 고난과 신학적 혼란, 정신적 압박 가운데 있었습니다. 이들에게 본문은 믿음으로 인내할 것을 강조합니다. 믿음은 소망과 밀접하게 연관됩니다(1절). 믿음은 하나님을 온전히 신뢰하는 것이며, 소망은 미래를 바라보며 하나님을 신뢰하는 것입니다. 하나님께 근거하지 않은 소망은 단순한 낙관주의일 뿐입니다.

2. 믿음, 인격적 관계

믿음은 하나님께서 은혜로 알려주신 자기 계시에 대한 인간의 반응입니다. 하나님은 언제나 우리에게 먼저 다가오셔서 자신을 알려주십니다. 하나님께서 알려주지 않으시면 우리는 하나님을 알 수도, 믿을 수도 없습니다. 우리는 성경을 통해 그분의 존재와 성품, 능력을 보게 됩니다. 세상을 말씀으로 창조하신 하나님은 말씀을 통해 우리와 소통하십니다. 그래서 말씀을 들을 때 믿음이 생기며(롬 10:17), 그분과 인격적 관계로 묶이게 됩니다.

구역 예배를 위한 인도자 지침입니다.

담임 목사님을 대신하여 인도자가 학습자에게 설교할 수 있도록 원문을 제공하고 있습니다.

한눈에 보기

3. 믿음, 말씀에 반응하는 삶

1절에서 '증거'는 헬라어로 '엘레그코스'인데, 여기에는 책망이라는 의미도 있습니다. "모든 성경은 하나님의 감동으로 된 것으로 교훈과 '책망'과…"(딤후 3:16)에서 '책망'과 동일한 단어로 사용됩니다. 노아는 하나님의 책망을 경고로 듣고 경외함으로 방주를 준비했습니다(히 11:7). 우리는 무엇에 반응하며 살고 있습니까?

세상이 제시하는 통계와 수치, 가치에 휘둘리고 있지 않습니까? 그리스도인은 하나님의 말씀에 근거하여 믿음으로 살아야 합니다.

말씀 연구

말 씀	히브리서 11:1-3
암 송	믿음으로 모든 세계가 하나님의 말씀으로 지어진 줄 우리가 아나니 보이는 것은 나타난 것으로 말미암아 된 것이 아니니라(히 11:3)
요 점	성경적 세계관은 성경의 가르침에 따라 세상을 보고, 이해하고, 행동하는 삶의 방식이다.

→ 본문 및 요점을 안내합니다.

본문 이해

창조는 무(無)의 상태에서 만물을 만든 것이며, 이를 본 사람이 없기에, 믿음의 영역입니다. 성경은 하나님이 말씀으로 세상을 창조하셨다고 선언합니다. 이 말씀이 사실임을 어떻게 알 수 있을까요? 물리적으로 확인할 방법은 없습니다. 하지만 믿음은 눈으로 확인할 수 없는 것을 실제처럼 바라보는 것이며, 하나님의 신실하심을 믿고 살아가는 사람을 통해 증거로 드러납니다. 하나님은 늘 먼저 다가오셔서 사람과 관계를 시작하시고, 말씀과 행하심으로 자신을 보여주셨습니다. 믿음은 하나님이 말씀을 성취하실 것을 인정하는 것이기에 삶에서 하나님께 인격적으로 반응하게 만듭니다.

→ 과 주제와 관련된 본문 이해와 배경을 다룹니다.

한눈에 보기

말씀 속으로

❶ 히브리서에서 말하는 믿음은 무엇입니까? (히 11:1)

바라는 것들의 실상이요 보이지 않는 것들의 증거입니다.

> **보충 설명** 믿음은 소망과 연결되어 있습니다. 믿음이 분명하면 바라보고 희망하는 것이 선명해집니다. 이 믿음은 하나님께 근거합니다. 하나님의 말씀에 근거하지 않은 믿음은 낙관주의나 망상일 뿐입니다. 믿음에 근거할 때 세상과 자신의 삶을 이해하는 눈이 열리고, 인내하고 살아낼 힘을 가지게 됩니다. 그리고 성경에서 말씀하는 하나님의 신실하심과 사랑하심을 의지하게 됩니다. 끝끝내 구원을 이루시고, 선하신 뜻을 이루실 하나님의 강한 손이 믿음의 사람들을 붙드시기 때문입니다.

❷ 세상의 시작에 대하여 성경은 무엇이라 말합니까? (히 11:3)

모든 세계가 하나님의 말씀으로 지어졌습니다.

> **보충 설명** 오늘날은 세상의 시작을 '빅뱅'이라는 과학적 개념으로 설명합니다. 빅뱅은, 우주가 지금도 팽창하고 있으므로 그 과정을 거꾸로 돌리면, 과거 어느 한 지점에 우주의 모든 물질이 모여 있었을 것이라는 생각에 근거한 가설입니다. 그 물질이 에너지가 생겨 어느 순간 큰 폭발로 팽창하여 우주가 생성되었다는 것입니다. 하지만 이는 물질이 처음에 '어떻게', '왜' 생겨났는지 설명하지 못합니다. 성경은 하나님이 '무에서 유'를 창조하시고, 하나님의 영광을 위해서 그리고 사람과 교제하시기 위해 세상을 지으셨다고 말씀합니다.

과별 핵심 질문과 답을 매 과마다 세 개씩 제공합니다.

질문에 대하여 인도자가 참고할 수 있도록 보충 설명을 제공합니다.

한눈에 보기

❸ 하나님께 대한 믿음의 반응이 내 삶에서 증거로 나타나고 있습니까?(히 11:2)

네, 하나님을 믿음으로 바른 선택을 하며 살고자 힘쓰고 있습니다. (아니오, 아직 하나님을 잘 알지 못합니다. 믿음으로 반응하지 못해 그리스도인다운 삶의 증거를 찾기 어렵습니다.)

> **보충 설명** 믿음은 눈에 보이는 것이 전부가 아니고, 하나님이 살아 계심을 믿는 것입니다. 소망은 오늘을 하나님이 이루실 약속의 일부로 여기는 믿음입니다. 그러므로 우리는 날마다 하나님의 약속에 참여하는 삶을 살아야 합니다. 예수님의 탄생과 십자가 죽음, 부활을 믿는다면, 약속이 성취될 것 같지 않은 암담한 현실에 굴복하지 않고 하나님을 신뢰하는 삶을 살 수 있습니다.

묵상 이야기

어느 정신과 의사가 환자들의 현실성 없는 믿음을 다룬 글을 썼습니다. 자신이 하늘을 날 수 있다고 믿는 환자, 가정 폭력이 나쁘다고 믿는다면서 정작 자신은 폭군인 남편, 이런 믿음은 행동이 뒷받침되지 않으니 아무런 의미가 없다는 글이었습니다. 이 의사는 이런 믿음을 믿음이라고 부르지 않고 '망상'이라고 합니다. 현실과 동떨어진 믿음, 말씀에 순종하지 않는 믿음은 아무리 간절해도 사실상 믿음이 아니라 망상에 불과합니다. (참조. 카일 아이들먼, 『팬인가, 제자인가』, 두란노)

→ 내용을 정리할 수 있는 에세이나 예화입니다.

나눔 믿음의 눈으로 세상을 바라보며 사는 삶이 그렇지 않은 삶과 어떻게 다른지 나누어 봅시다.

기도 하나님의 말씀에 믿음으로 반응하는 삶을 살게 하소서.

적용 나는 성경적으로 생각하고 행동하는지 돌아봅시다.

수기도문이나 대표 기도로 폐회합니다.

→ 서로 나누며 기도하고 적용합니다.

1학기
하나님 나라 백성의 정체성과 가정

1단원 **하나님 나라 백성의 세계관**
- 01과 성경적 세계관 16
- 02과 하나님의 창조와 비전 20
- 03과 하나님과의 관계 파괴 24
- 04과 하나님의 약속과 회복 28

2단원 **하나님 나라 백성의 정체성**
- 05과 하나님의 형상 32
- 06과 정체성의 타락 36
- 07과 새로운 피조물 40
- 08과 부르심에 반응하는 자 44

3단원 **하나님 나라 백성의 가정**
- 09과 하나님이 세우신 가정 48
- 10과 하나님이 돌보시는 가정 52
- 11과 하나님이 회복하시는 가정 56
- 12과 예수님 안에서 한 가족 되기 60

1과
성경적 세계관

예배 인도	
찬 송	446장 주 음성 외에는 · 546장 주님 약속하신 말씀 위에 서
기 도	합심기도 / 대표기도
말씀 나눔	히브리서 11:1-3

 그리스도인은 세상을 바라보고, 이해하고, 행동하는 삶의 방식이 믿지 않는 사람들과 근본적으로 다릅니다. 하나님께서 세상을 창조하셨다고 성경 말씀대로 믿기 때문입니다.

1. 믿음, 소망의 이유

 히브리서 11장은 믿음장이라고 불립니다. 당시 성도들은 물리적 고난과 신학적 혼란, 정신적 압박 가운데 있었습니다. 이들에게 본문은 믿음으로 인내할 것을 강조합니다. 믿음은 소망과 밀접하게 연관됩니다(1절). 믿음은 하나님을 온전히 신뢰하는 것이며, 소망은 미래를 바라보며 하나님을 신뢰하는 것입니다. 하나님께 근거하지 않은 소망은 단순한 낙관주의일 뿐입니다.

2. 믿음, 인격적 관계

 믿음은 하나님께서 은혜로 알려주신 자기 계시에 대한 인간의 반응입니다. 하나님은 언제나 우리에게 먼저 다가오셔서 자신을 알려주십니다. 하나님께서 알려주지 않으시면 우리는 하나님을 알 수도, 믿을 수도 없습니다. 우리는 성경을 통해 그분의 존재와 성품, 능력을 보게 됩니다. 세상을 말씀으로 창조하신 하나님은 말씀을 통해 우리와 소통하십니다. 그래서 말씀을 들을 때 믿음이 생기며(롬 10:17), 그분과 인격적 관계로 묶이게 됩니다.

3. 믿음, 말씀에 반응하는 삶

1절에서 '증거'는 헬라어로 '엘레그코스'인데, 여기에는 책망이라는 의미도 있습니다. "모든 성경은 하나님의 감동으로 된 것으로 교훈과 '책망'과…"(딤후 3:16)에서 '책망'과 동일한 단어로 사용됩니다. 노아는 하나님의 책망을 경고로 듣고 경외함으로 방주를 준비했습니다(히 11:7). 우리는 무엇에 반응하며 살고 있습니까?

세상이 제시하는 통계와 수치, 가치에 휘둘리고 있지 않습니까? 그리스도인은 하나님의 말씀에 근거하여 믿음으로 살아야 합니다.

말씀 연구	
말 씀	히브리서 11:1-3
암 송	믿음으로 모든 세계가 하나님의 말씀으로 지어진 줄을 우리가 아나니 보이는 것은 나타난 것으로 말미암아 된 것이 아니니라(히 11:3)
요 점	성경적 세계관은 성경의 가르침에 따라 세상을 보고, 이해하고, 행동하는 삶의 방식이다.

본문 이해

창조는 무(無)의 상태에서 만물을 만든 것이며, 이를 본 사람이 없기에, 믿음의 영역입니다. 성경은 하나님이 말씀으로 세상을 창조하셨다고 선언합니다. 이 말씀이 사실임을 어떻게 알 수 있을까요? 물리적으로 확인할 방법은 없습니다. 하지만 믿음은 눈으로 확인할 수 없는 것을 실제처럼 바라보는 것이며, 하나님의 신실하심을 믿고 살아가는 사람을 통해 증거로 드러납니다. 하나님은 늘 먼저 다가오셔서 사람과 관계를 시작하시고, 말씀과 행하심으로 자신을 보여주셨습니다. 믿음은 하나님이 말씀을 성취하실 것을 인정하는 것이기에 삶에서 하나님께 인격적으로 반응하게 만듭니다.

 **말씀 속으로**

1. 히브리서에서 말하는 믿음은 무엇입니까? (히 11:1)

바라는 것들의 실상이요 보이지 않는 것들의 증거입니다.

> **보충 설명** 믿음은 소망과 연결되어 있습니다. 믿음이 분명하면 바라보고 희망하는 것이 선명해집니다. 이 믿음은 하나님께 근거합니다. 하나님의 말씀에 근거하지 않은 믿음은 낙관주의나 망상일 뿐입니다. 믿음에 근거할 때 세상과 자신의 삶을 이해하는 눈이 열리고, 인내하고 살아낼 힘을 가지게 됩니다. 그리고 성경에서 말씀하는 하나님의 신실하심과 사랑하심을 의지하게 됩니다. 끝끝내 구원을 이루시고, 선하신 뜻을 이루실 하나님의 강한 손이 믿음의 사람들을 붙드시기 때문입니다.

2. 세상의 시작에 대하여 성경은 무엇이라 말합니까? (히 11:3)

모든 세계가 하나님의 말씀으로 지어졌습니다.

> **보충 설명** 오늘날은 세상의 시작을 '빅뱅'이라는 과학적 개념으로 설명합니다. 빅뱅은, 우주가 지금도 팽창하고 있으므로 그 과정을 거꾸로 돌리면, 과거 어느 한 지점에 우주의 모든 물질이 모여 있었을 것이라는 생각에 근거한 가설입니다. 그 물질에 에너지가 생겨 어느 순간 큰 폭발로 팽창하여 우주가 생성되었다는 것입니다. 하지만 이는 물질이 처음에 '어떻게', '왜' 생겨났는지 설명하지 못합니다. 성경은 하나님이 '무에서 유'를 창조하시고, 하나님의 영광을 위해서 그리고 사람과 교제하시기 위해 세상을 지으셨다고 말씀합니다.

3 하나님께 대한 믿음의 반응이 내 삶에서 증거로 나타나고 있습니까?(히 11:2)

네, 하나님을 믿음으로 바른 선택을 하며 살고자 힘쓰고 있습니다. (아니오, 아직 하나님을 잘 알지 못합니다. 믿음으로 반응하지 못해 그리스도인다운 삶의 증거를 찾기 어렵습니다.)

보충 설명 믿음은 눈에 보이는 것이 전부가 아니고, 하나님이 살아 계심을 믿는 것입니다. 소망은 오늘을 하나님이 이루실 약속의 일부로 여기는 믿음입니다. 그러므로 우리는 날마다 하나님의 약속에 참여하는 삶을 살아야 합니다. 예수님의 탄생과 십자가 죽음, 부활을 믿는다면, 약속이 성취될 것 같지 않은 암담한 현실에 굴복하지 않고 하나님을 신뢰하는 삶을 살 수 있습니다.

묵상 이야기

어느 정신과 의사가 환자들의 현실성 없는 믿음을 다룬 글을 썼습니다. 자신이 하늘을 날 수 있다고 믿는 환자, 가정 폭력이 나쁘다고 믿는다면서 정작 자신은 폭군인 남편, 이런 믿음은 행동이 뒷받침되지 않으니 아무런 의미가 없다는 글이었습니다. 이 의사는 이런 믿음을 믿음이라고 부르지 않고 '망상'이라고 했습니다. 현실과 동떨어진 믿음, 말씀에 순종하지 않는 믿음은 아무리 간절해도 사실상 믿음이 아니라 망상에 불과합니다. (참조. 카일 아이들먼, 『팬인가, 제자인가』, 두란노)

나눔 믿음의 눈으로 세상을 바라보며 사는 삶이 그렇지 않은 삶과 어떻게 다른지 나누어 봅시다.

기도 하나님의 말씀에 믿음으로 반응하는 삶을 살게 하소서.

적용 나는 성경적으로 생각하고 행동하는지 돌아봅시다.

주기도문이나 대표 기도로 폐회합니다.

2과
하나님의 창조와 비전

예배 인도

찬 송	67장 영광의 왕께 다 경배하며 · 79장 주 하나님 지으신 모든 세계
기 도	합심기도 / 대표기도
말씀 나눔	시편 24:1-2

　우리는 하나님의 영이 깊은 공허와 혼돈의 심연 위에 내려앉는 첫 창조의 순간을 함께하지 못했습니다. 그러나 우리는 매일 이러한 혼돈을 다스리시는 창조주 하나님을 경험하며 살아갑니다.

1. 하나님, 온 세상의 주인
　시편 24편은 하나님의 법궤를 메고 성전에 들어갈 때 부른 찬양입니다. 시인은 "다 여호와의 것"이라는 장엄한 선언으로 시작하여, 하나님의 무한한 권세를 열정적으로 찬양합니다. 천지만물에 대한 하나님의 주권을 선포한 것입니다. 하나님만이 온 세상의 주인이시며 진정한 왕이십니다. 우리는 하나님의 영광을 높이고 그분께 절대 순복해야 합니다.

2. 창조, 하나님이 지으신 세상
　2절은 하나님의 창조 역사를 노래합니다. 히브리어 원문에서 2절은 '왜냐하면'으로 시작합니다. 하나님이 세상을 창조하셨기에 다 그분의 것이라는 말씀입니다. 세상은 다른 신이나 과학으로 창조를 설명하려 하지만, 성경은 하나님이 말씀으로 세상을 지으셨다고 선언합니다. 하나님은 당신의 기쁘신 뜻대로, 영광을 받으시기 위해 만물을 지으셨습니다. 하나님을 영화롭게 하고 그분을 즐거워하는 것이 우리 인생의 목적이 되어야 합니다.

3. 하나님, 온 세상의 통치자

고대 근동 시대에 바다와 강은 혼돈과 무질서를 의미했습니다. 그런데 거기에 하나님께서 질서를 세우시고 세상을 건설하십니다. 아무것도 없는 흑암과 혼돈 가운데 빛을 두십니다. 이 빛은 말씀과 진리, 그리고 예수 그리스도를 상징합니다. 하나님은 무질서와 혼돈 속에 질서를 세우시고 생명을 불어넣으셨습니다. 그리고 지금도 온 세상을 다스리고 계십니다.

세상의 혼돈을 다스리시고 주관하시는 분이 바로 우리의 하나님이십니다. 온 세상의 주관자 되시는 하나님의 다스림을 받는 삶을 살아갑시다.

말씀 연구	
말　　씀	시편 24:1-2
암　　송	땅과 거기에 충만한 것과 세계와 그 가운데에 사는 자들은 다 여호와의 것이로다(시 24:1)
요　　점	하나님 나라 백성은 이 세상 전부를 하나님의 것으로 확신하며 산다.

본문 이해

시편 24편은 다윗의 시로, 법궤를 예루살렘 성전으로 운반해 오던 때를 배경으로 합니다. 1~2절은 세상 모든 것이 하나님의 것이라고 선언합니다. 하나님께서 세상을 창조하셨고, 혼돈과 무질서를 바로잡은 통치자이시기 때문입니다. 시인은 이 땅 모든 피조물의 주인이 여호와이심을 노래합니다. 세상 사람들의 생각과 달리 모든 소유권이 하나님께 있습니다. 하나님께서 뜻을 가지고 만드신 세상 속에서 우리는 그 뜻과 목적에 합당한 삶을 살아야 합니다. 만물을 질서 있게 운행하시는 하나님 앞에서 우리는 그분의 주권이 선포되는 삶을 살고 있는지 돌아보아야 합니다.

 **말씀 속으로**

1 땅과 온 세계 가운데 사는 자들은 누구의 것입니까?(시 24:1)

여호와 하나님의 것입니다.

> **보충 설명** 땅과 세계는 안전한 거주지로서 온갖 생물들이 활기 있게 살아가는 지구를 떠올리게 합니다. 땅에서 자라나는 식물과 그 안에 살아가는 사람과 동물들의 조화는 하나님의 질서를 보여줍니다. 시인은 이 땅에서 살아가는 모든 피조물의 주인이 여호와라고 선언합니다. 이는 천지 만물에 대한 하나님의 주권을 선포한 것입니다. 땅을 경작하고 돌보는 사람과 땅에 충만한 생명체들이 여호와의 통치권 안에 공존하고 있습니다.

2 그 이유는 무엇입니까?(시 24:2)

여호와께서 온 세상을 창조하셨기 때문입니다.

> **보충 설명** 2절은 이유를 나타내는 접속사(키)로 시작합니다. 여호와 하나님께서 그 터를 바다 위에 세우시고 강들 위에 건설하셨기 때문입니다. 여호와를 건축자로 묘사한 것은 그분의 주권을 강조하는 것입니다. '세우다'(야싸드)는 기초를 다지는 의미가 강하고, '건설하다'(쿤)는 견고하게 지속성을 유지하도록 지탱하는 것과 관련됩니다. 창세기에서 말씀하듯이 태초에 하나님이 천지를 창조하셨습니다. 따라서 하나님이 온 세상의 주인이십니다.

3 하나님의 통치를 신뢰할 수 있습니까? (시 24:2)

혼돈과 무질서를 바로잡으신 창조주이시니 신뢰할 수 있습니다.

> **보충 설명** 구약에 묘사된 바다와 강은 고대 근동의 우주론적 신화적 배경 속에서 이해해야 합니다. 당시 사람들은 태초의 세상이 무질서와 혼돈의 상징인 강과 바다로 덮여 있었다고 믿었습니다. 하나님은 혼돈의 세력을 제압하시고, 온 세상을 견고하게 세우신 분입니다. 그분의 통치가 임하지 않는 곳이 없습니다. 그렇기에 창조주 하나님은 찬양받기에 합당하신 분입니다.

 **묵상 이야기**

"전능하사 천지를 만드신 하나님 아버지를 내가 믿사오며…" 사도신경은 그리스도인이라면 마땅히 고백할 신앙의 내용입니다. 이 고백은 전능하신 하나님께서 천지만물을 창조하셨다는 믿음을 기초로 할 때 비로소 온전한 고백이 될 수 있습니다. 같은 맥락에서 시편 24편 1~2절은 태초에 하나님이 세상 만물을 창조하셨음을 선언합니다. 세상의 시작에 대한 믿음은 인생의 가치와 목적을 올바르게 설정하게 만듭니다. 온 세상의 창조주가 하나님이심을 인정할 때, 하나님과의 관계가 바로 세워지고 흔들림 없는 삶의 방향을 발견하게 됩니다.

나눔 내가 경험한 온 세상의 주인이신 하나님의 손길을 나누어 봅시다.

기도 온 세상의 주인이신 하나님을 신뢰하고 찬양하게 하소서.

적용 내 삶에서 하나님의 것이라고 생각하지 않았던 영역은 어디인지 생각해 봅시다.

주기도문이나 대표 기도로 폐회합니다.

3과

하나님과의 관계 파괴

예배 인도	
찬　　송	263장 이 세상 험하고 · 251장 놀랍다 주님의 큰 은혜
기　　도	합심기도 / 대표기도
말씀 나눔	창세기 3:1-19

　죄로 인한 하나님과의 관계 파괴는 단순한 불순종을 넘어 하나님 중심에서 인간 중심으로 세계관이 전환되었음을 의미합니다. 죄는 하나님 대신 자기 자신을 주인으로 삼는 것이며, 그 결과 모든 관계가 왜곡되고 파괴됩니다.

1. 왜곡, 말씀을 의심하는 유혹

　뱀(사탄)은 하나님의 말씀을 교묘히 왜곡하여 하와의 마음에 의심을 불러일으켰습니다. "너희가 결코 죽지 아니하리라"는 뱀의 말은 하나님의 진리에 대한 믿음을 흔들었고, 하나님을 떠나 인간 스스로 옳고 그름의 기준을 가지고 살라는 유혹이었습니다. 죄의 본질은 창조주이신 하나님 대신 인간 자신이 주인 되는 데 있습니다.

2. 파괴, 죄가 가져온 단절

　아담과 하와는 선악을 알게 하는 나무의 열매를 먹음으로 하나님이 주신 질서를 거부했습니다. 그 결과 인류가 알지 못했던 수치와 두려움이 곧바로 찾아왔고, 하나님 앞에서 스스로 숨게 되었습니다. 육체적 죽음보다 더 근원적인 영적 죽음은 하나님과의 관계성이 파괴되는 단절로 나타났습니다. 이 단절은 하나님과의 관계에서 시작되어 자기 자신, 이웃, 세상과의 관계까지 파괴했습니다.

3. 죽음, 죄의 결과

하나님은 뱀과 여자, 남자에게 각각 심판을 선언하셨습니다. 땅은 저주를 받았고, 인간의 삶은 고통과 수고로 가득하게 되었으며, 하나님의 말씀대로 죽음이 찾아왔습니다. 하나님과의 관계 파괴는 창조 질서를 무너뜨리고 인간의 정체성을 잃게 합니다. 하나님이 누구신지 알 때 인간도 자신을 알게 되며, 하나님과 바른 관계에 있을 때 참된 인간성이 회복됩니다.

하나님 없는 인간 중심의 세계관이 지금 우리 사회와 문화 전반에 스며들어 있습니다. 예수 그리스도를 통한 구속만이 창조 질서를 다시 회복케 할 수 있습니다.

말씀 연구

말 씀	창세기 3:1-19
암 송	오직 너희 죄악이 너희와 너희 하나님 사이를 갈라 놓았고 너희 죄가 그의 얼굴을 가리어서 너희에게서 듣지 않으시게 함이니라(사 59:2)
요 점	이 세상은 하나님과 단절된 방향을 지향하고 있다.

본문 이해

에덴 동산은 인간이 하나님의 은혜를 누리는 장소이자 하나님과 교제하는 공간이었습니다. 그러나 뱀의 유혹은 하나님의 말씀을 왜곡하고 인간 중심의 사고를 불러일으켰습니다. 선악을 알게 하는 나무의 열매를 먹은 사건은 단순히 금지 명령을 어긴 것이 아니라 하나님과의 언약을 어긴 것이며, 하나님 대신 인간이 스스로 옳고 그름의 기준이 되겠다는 선택이었습니다. 그 결과 인간은 하나님을 떠나 두려움 속에 살게 되었고, 하나님과의 친밀함이 끊어졌습니다. 그리고 하나님이 주신 영생이 아닌 죽음이 예고된 삶을 살게 되었습니다. 죄는 결국 하나님과 인간 자신, 이웃, 자연 세계까지 모든 관계를 파괴하였습니다.

 말씀 속으로

1 뱀은 하와를 어떤 말로 유혹했습니까?(창 3:4-5)

"너희가 결코 죽지 아니하리라…너희 눈이 밝아져 하나님과 같이 되어 선악을 알게 될 것이라."

> **보충 설명** 뱀(사탄)은 하나님의 말씀을 교묘히 바꾸어 인간이 하나님과 같이 될 수 있다고 거짓말했습니다. 그리고 인간은 죄악된 욕망으로 그 거짓말을 받아들였습니다. 죄는 결국 인간이 하나님 대신 자신이 주인이 되고자 하는 욕망에서 비롯되었습니다. 죄는 단순한 불순종을 넘어 존재와 정체성의 파괴를 가져왔습니다. 오늘날에도 모든 죄의 근원에는 하나님의 진리와 질서를 무시하고 자신이 인생의 주인이 되려는 마음이 자리 잡고 있습니다.

2 아담과 하와는 죄를 짓고 나서 어떤 반응을 보였습니까?(창 3:7-10)

자기들의 벌거벗음을 깨닫고 무화과나무 잎으로 치마를 엮었으며, 두려워하여 하나님 앞에서 숨었습니다.

> **보충 설명** 죄의 결과는 즉각 수치와 두려움으로 나타났습니다. 하나님과의 언약이 파기되고 친밀한 교제가 사라지자, 하나님의 영광으로 둘렸던 것이 사라져 스스로 수치스러워졌고, 하나님의 보호에 대한 믿음이 사라지자 두려움이 밀려들었습니다. 이에 인간은 스스로 가리고 숨게 되었습니다. 인간에게 안정과 사랑을 주신 하나님이 두려워진 것입니다. 그러나 수치와 두려움은 가리고 숨는 것으로 해결되지 않습니다. 오직 하나님의 용서의 은혜와 구속만이 단절된 관계를 회복할 수 있습니다.

3 하나님께서 죄의 결과로 인간에게 내리신 심판은 무엇입니까? (창 3:16-19)

여자에게는 해산의 고통과 남편의 다스림, 남자에게는 땀 흘리며 땅을 경작해야 하는 수고가 주어졌고, 결국 모든 인간은 흙으로 돌아가는 죽음을 맞게 되었습니다.

보충설명 죄는 하나님과의 관계 단절뿐 아니라 삶의 질서를 무너뜨렸습니다. 삶의 고통과 갈등, 죽음은 그 필연적 결과입니다. 하나님과의 관계 단절은 영적·육체적 죽음과 영원한 죽음을 가져왔습니다. 그러나 이 심판 속에서도 하나님은 여자의 후손 곧 메시야를 통한 구원을 약속하셨습니다(15절). 하나님과의 관계 회복만이 인간에게 주신 영광과 영생, 은혜를 회복할 수 있습니다.

묵상 이야기

베들레헴의 예수탄생교회는 입구가 매우 작습니다. 높이가 120cm, 폭은 80cm여서 사람들 대부분이 고개를 숙이고 들어가야 합니다. 원래 교회의 문은 세 개였고 큰 아치형이었는데, 십자군 전쟁 때 두 개의 문은 막고, 중앙의 문은 작게 만들어 말을 타고 교회 내부로 들어오지 못하게 했다고 합니다. 이 작은 돌문의 이름은 '겸손의 문'입니다. 하나님을 만나려면, 내 힘으로 할 수 없음을 인정하고 겸손해야 합니다.

나눔 하나님보다 나 자신을 의지했던 경험을 나누어 봅시다.

기도 교만과 자기 중심성을 내려놓고 하나님과의 관계를 회복하게 하소서.

적용 하나님과의 깨어진 관계가 나의 삶과 세상에 어떻게 나타나는지 살펴봅시다.

주기도문이나 대표 기도로 폐회합니다.

4과
하나님의 약속과 회복

예배 인도	
찬 송	80장 천지에 있는 이름 중 · 321장 날 대속하신 예수께
기 도	합심기도 / 대표기도
말씀 나눔	골로새서 1:15-20

하나님을 믿는다는 것은 예수님을 믿는다는 말과 같습니다. 하지만 바울 시대 사람들에게는 전혀 다른 말이었습니다. 바울은 예수 그리스도를 통해 하나님을 제대로 알고 복음과 구원을 이해할 수 있다고 말합니다.

1. 예수, 하나님의 형상

예수님은 눈으로 볼 수 없는 하나님을 보여주는 하나님의 형상이십니다. 하나님의 본성과 실체를 모두 갖고 계시며, 모든 피조물을 창조하신 분입니다. '먼저 나셨다'는 것은 창조되셨다는 것이 아니라 창조 역사에 함께하셨다는 의미입니다(창 1:26, 골 1:16). 하나님은 예수님을 통해(골 1:16 év, 그에게서, 그 안에서) 보이는 세계뿐만 아니라 보이지 않는 세계까지 창조하셨습니다.

2. 예수, 교회의 머리

예수님은 만물보다 먼저 존재하신 하나님이십니다. 그분은 성부 하나님의 창조 계획을 실행하셨고, 창조된 세계를 질서 있게 유지하고 계십니다. 그 예수님께서 교회의 머리가 되사 우리를 지체로 참여하게 하십니다. 온 세상의 창조주가 교회의 머리이시니 세상은 교회를 감당치 못합니다. 예수님이 교회를 붙들고 계시기 때문입니다. 교회는 유일한 하나님의 대안입니다.

3. 예수, 새 창조의 주

세상을 창조하시고 유지하시는 예수님은 십자가를 지사 하나님과 세상을 화목하게 하시고, 부활하심으로 새 시대와 새로운 백성을 창조하기 시작하셨습니다. 그리고 지금도 창조하신 만물과 새 창조된 백성들(교회)의 절대 주권자로 계십니다. 예수 그리스도는 하나님의 모든 신성이 충만하게 거하는 온 세상과 교회의 통치자이십니다.

예수 그리스도를 통한 회복은 인간의 영혼을 구원하는 것을 넘어, 창조 세계 전체에 대한 회복입니다. 하나님 나라 백성은 그리스도를 통한 창조 세계의 회복에 적극적으로 참여해야 합니다.

말씀 연구	
말 씀	골로새서 1:15-20
암 송	그의 십자가의 피로 화평을 이루사 만물 곧 땅에 있는 것들이나 하늘에 있는 것들이 그로 말미암아 자기와 화목하게 되기를 기뻐하심이라(골 1:20)
요 점	하나님은 이 세상 전체를 예수 그리스도를 통해 회복하신다.

 **본문 이해**

교회는 사도의 영향 아래 있을 때나 지금이나 다른 가르침으로 어려움을 겪고 있습니다. 골로새 교회도 거짓 교사들을 경계해야 했습니다. 당시 예수 그리스도의 신성과 인성에 관한 이단들이 많았기 때문입니다. 바울은 골로새서 1장에서 예수 그리스도가 어떤 분이신지 선포합니다. 예수님은 보이지 않는 하나님의 형상으로, 만물을 지으신 창조주이시며 죽은 자 가운데서 먼저 나신 교회의 머리이십니다. 십자가를 지신 예수 그리스도를 통해 만물이 하나님과 화목하게 되었습니다. 예수님을 머리로 삼은 교회 공동체는 새 창조의 중요한 사명을 감당해야 합니다.

 **말씀 속으로**

① 보이지 않는 하나님의 형상은 누구입니까?(골 1:15)

예수 그리스도입니다.

> **보충 설명** '형상'은 안에 있는 본질을 밖으로 잘 반영하는 것을 뜻합니다. 예수님이 하나님의 형상(εἰκών)이라는 말은 보이지 않는 하나님을 가장 완벽하게 드러내시는 분이라는 의미입니다. 그래서 예수님은 스스로 "나를 본 자는 아버지를 보았다"(요 14:9)라고 말씀하셨습니다. 하나님께서 예수님을 통해 자신을 보여주셨으므로 우리도 예수님을 통해 하나님을 볼 수 있게 되었습니다.

② 세상의 창조와 예수님은 어떤 연관이 있습니까?(골 1:16)

만물이 예수 그리스도 안에서, 그분을 통하여, 그분을 위해 지어졌습니다.

> **보충 설명** 창조와 관련한 통치권은 예수님을 통해 드러나는 하나님의 본질입니다. 16절에서 바울은 '창조하다'라는 동사와 전치사 세 가지를 조합하여 예수님과 하나님, 피조물의 관계를 설명합니다. 엔(ἐν, ~안에서), 디아(δια, ~을 통하여), 에이스(εἰς, ~을 위해)라는 세 전치사를 통해 천지 만물이 예수님에 의해, 예수님을 통해, 예수님을 위해 창조되었다고 말합니다. 창조의 시작과 과정, 목적이 모두 예수님이라는 의미입니다.

3 예수님은 하나님과 만물을 화목하게 하시기 위해 어떻게 하셨습니까? (골 1:20)

십자가에서 피를 흘리고 죽으셨습니다.

> **보충 설명** 예수님은 십자가를 통해 하나님과 화평을 이루시고 화목한 관계를 회복하셨습니다. 또한 죽음을 이긴 첫 부활자로서 새 창조를 시작하신 권위자이십니다. 더 이상 죽음의 지배를 받지 않으시며, 그의 부활을 믿는 자들에게 부활을 보장해 주십니다. 그가 흘린 순종의 피로 우리를 하나님을 대적하던 자리에서 벗어나 화목하게 하신 것입니다. 나아가 예수님은 세상의 모든 만물이 하나님과 화목하게 되기를 기뻐하십니다.

묵상 이야기

「천로역정」을 쓴 청교도 목사 존 버니언(John Bunyan, 1628-1688)은 사실 젊은 시절 술과 욕설, 방탕한 습관에 빠져 있었습니다. 후일 자서전에서 자신을 "마을에서 가장 사악한 청년 중 하나"라고 고백한 적이 있습니다. 그러나 결혼할 때 아내가 가져온 청교도 서적을 읽으면서 신앙에 대한 고민을 시작하다가, 마침내 자신이 죄인임을 깨닫고 예수님을 인격적으로 만났습니다. 그때부터 그는 내면의 절망에서 벗어나 새 사람이 되었고, 이후 감옥에서도 복음을 전하며 「천로역정」을 저술했습니다. 죄와 실패로 가득했던 한 사람이 예수님 안에서 새 창조를 경험한 것입니다.

나눔 그리스도를 통한 창조 세계의 회복에 어떻게 참여할지 나누어 봅시다.

기도 예수 그리스도를 통한 회복 사역에 동참하게 하소서.

적용 내 삶의 영역에서 그리스도의 몸 된 교회로서 회복해야 할 부분을 찾아 실천해 봅시다.

주기도문이나 대표 기도로 폐회합니다.

5과
하나님의 형상

예배 인도	
찬 송	220장 사랑하는 주님 앞에 · 559장 사철에 봄바람 불어 잇고
기 도	합심기도 / 대표기도
말씀 나눔	창세기 1:26-27, 2:18-23

하나님은 자신의 형상이 인간 개인의 삶뿐만 아니라 관계와 공동체를 통해 더욱 선명하게 드러나도록 우리를 창조하셨습니다. 하나님의 형상을 이해하고 구현하는 일은 우리의 존재 이유와 삶의 방향을 알려줍니다.

1. 하나님의 형상과 모양

하나님은 자신의 형상과 모양대로 인간을 창조하셨습니다. '형상'(첼렘)은 이미지(image 또는 form)를, '모양'(데무트)은 그 형상에 담긴 '속성'을 의미합니다. 삼위일체 하나님은 셋이면서도 완전한 하나로 존재하십니다. 그러므로 하나님을 반영한 인간이 혼자 사는 것은 하나님 보시기에 좋지 않았기에 남자와 여자로 창조하시고, 둘이 사랑으로 한 몸을 이루게 하셨습니다. 그리고 이를 보시고 '심히' 좋아하셨습니다.

2. 사랑과 존중으로 서로 돕는 공동체

하나님께서는 하와를 아담의 '배필'(에제르)로 주셨는데, 이는 종속이 아닌 상호의존, 상호보완적 관계를 의미합니다. 하나님의 형상과 모양을 온전히 구현하기 위해서는 상대방에게 '바라기'만 하는 관계가 아니라 사랑과 존중으로 '돕는' 관계를 지향해야 하며, 서로의 존재를 통해 하나님의 성품을 드러내는 삶을 살아가야 합니다.

3. 창조의 가치를 인정하는 삶

하나님의 형상과 모양을 관계적으로 구현하는 일은 피조 세계의 모든 관계에서도 적용되어야 합니다. 즉 하나님께서 창조하신 피조물의 가치를 인정하고 존중하는 삶이 필요합니다. 아담이 모든 생물에게 이름을 지어준 행위는 단순한 호칭 부여나 친분의 과시가 아니라, 하나님께서 피조물에게 부여하신 고유한 가치를 인정하는 존중과 섬김의 표현입니다.

하나님의 형상과 모양으로 창조된 우리는 모든 피조물에게 부여된 존엄과 가치를 인정하고 사랑과 섬김으로 돕는 관계입니다.

말씀 연구

말 씀	창세기 1:26-27, 2:18-23
암 송	하나님이 이르시되 우리의 형상을 따라 우리의 모양대로 우리가 사람을 만들고 그들로 바다의 물고기와 하늘의 새와 가축과 온 땅과 땅에 기는 모든 것을 다스리게 하자 하시고 (창 1:26)
요 점	우리는 하나님의 형상이다.

본문 이해

하나님은 자신의 모양과 형상을 따라 사람을 창조하시되, 남자와 여자로 지으시고 모든 피조 세계를 다스리는 권세를 주셨습니다. 또한 사람이 혼자 있는 것이 좋지 않음을 보시고, 그를 돕는 배필을 지으셨습니다. 아담은 하나님이 지으신 생물들에게 이름을 주었고, 마침내 하와가 그의 뼈와 살에서 나와 한 몸을 이루게 되었습니다. 하나님은 자신의 모양과 형상으로 사람이 존재하게 된 것을 보시며 심히 기뻐하셨습니다. 부부가 사랑으로 한 몸을 이루고, 공동체가 사랑으로 하나 되는 것은 하나님의 모양과 형상을 이루는 것입니다.

 **말씀 속으로**

① 하나님의 형상과 모양은 인간관계에서 어떻게 나타납니까?(창 2:18, 1:26)

하나님의 형상과 모양대로 사랑과 조화를 이루는 공동체로 나타납니다.

> **보충 설명** 하나님은 인간을 자신의 형상과 모양대로 창조하셨습니다. '형상'은 하나님의 존재 방식을 반영하는 이미지이고, '모양'은 그 이미지가 담고 있는 성품이나 속성을 의미합니다. 삼위 하나님이 완벽한 사랑으로 하나를 이루어 존재하시는 것처럼, 인간은 혼자서 하나님의 형상을 온전히 반영할 수 없습니다. 따라서 하나님은 남자와 여자를 창조하시고, 서로 합하여 한 몸을 이룸으로써 하나님의 형상이 드러나게 하셨습니다.

② '배필'이라는 개념이 인간관계에 주는 의미는 무엇입니까?(창 2:18)

하나님의 공동체적 성품을 인간관계 안에서 체험하는 것입니다.

> **보충 설명** 하와가 아담의 '배필'로 주어진 것은 단순한 동반자나 종속적 조력자가 아님을 보여줍니다. 배필에 해당하는 히브리어 '에제르'는 상호보완적이고 상호의존적인 도움을 뜻하며, 이를 통해 하나님의 성품이 드러나게 됩니다. 그러므로 하나님의 형상을 구현하기 위해서는 서로에게 바라기만 하는 관계가 아니라 사랑과 존중으로 서로 돕는 관계여야 합니다. 이러한 관계 안에서 인간은 하나님의 공동체적 성품을 삶 속에서 경험하고 나타낼 수 있습니다.

❸ 아담이 생물에게 이름을 지어준 행위가 의미하는 것은 무엇입니까?(창 2:19)

하나님의 성품을 반영하는 피조물의 가치를 존중하고 섬기는 실천입니다.

> **보충 설명** 아담이 생물에게 이름을 붙인 것은 단순한 명칭 부여나 친분의 과시가 아니라, 하나님이 창조하신 피조물의 고유한 가치를 인정하는 행위였습니다. 이는 하나님의 형상을 구현하는 삶이 인간관계뿐 아니라 세상 모든 피조물과의 관계에도 적용되어야 함을 보여 줍니다. 하나님께서 부여하신 창조의 가치를 존중하고 섬기는 것이 하나님의 형상을 관계적으로 실천하는 구체적인 방법입니다.

묵상 이야기

갈등(葛藤)이라는 한자어는 등나무와 칡나무가 서로 얽혀 있는 모습을 형상화합니다. 사람이 혼자 있으면 갈등이 생길 일이 없지만, 갈등이 있더라도 다른 사람과 더불어 살아갈 때 더 생명력이 깁니다. 홀로 선 나무는 비바람이 몰아치면 쉽게 쓰러지지만, 얽혀 있는 나무들은 서로를 지탱하며 견뎌낼 수 있습니다. 사람이 혼자 사는 것은 하나님의 성품을 온전히 드러내지 못하기에 하나님은 남자와 여자를 창조하시고 서로 돕게 하셨습니다. 공동체 안에서 서로를 세워 주고 사랑으로 돕는 삶이야말로 하나님의 창조 질서를 따르는 길입니다.

나눔 하나님의 형상과 모양을 이루기 위해 내가 도와야 할 대상은 누구인지 나누어 봅시다.

기도 하나님을 닮은 가정과 교회가 되게 하소서.

적용 하나님의 형상이라고 생각하지 않고 무시했던 대상이 없었는지 생각해 보고, 하나님의 형상이라고 구체적으로 표현합시다(하나님의 형상으로 대합시다).

주기도문이나 대표 기도로 폐회합니다.

6과

정체성의 타락

예배 인도	
찬 송	292장 주 없이 살 수 없네 · 425장 주님의 뜻을 이루소서
기 도	합심기도 / 대표기도
말씀 나눔	창세기 4:1-12

인간은 하나님과의 관계 안에서만 정체성을 갖게 됩니다. 아담의 첫 아들 가인은 하나님을 떠난 자율적 삶으로 인해 형제를 살해하기까지 타락하여 왜곡된 정체성을 드러냈습니다.

1. 하나님으로부터 주어진 정체성

하와는 아들을 낳고 "내가 여호와로 말미암아 득남하였다"라고 고백했습니다. 이처럼 생명의 근원은 하나님이십니다. 가인과 아벨이 각각 농사와 목축을 맡은 것도 단순한 직업이 아니라 하나님과의 관계 안에서 주어진 소명과 정체성이었습니다. 인간은 하나님과의 교제 속에서만 참된 존재 의미를 가지며, 생명을 주신 은혜 가운데 살아가는 인생의 의미를 갖게 됩니다.

2. 하나님을 떠난 생각과 행동

가인은 땅의 소산으로, 아벨은 양의 첫 새끼와 기름으로 제사를 드렸습니다. 하나님은 아벨의 제사는 받으셨지만 가인의 제사는 받지 않으셨습니다. 문제는 제물 자체가 아니라 하나님을 향한 마음과 태도였습니다. 이는 크게 화를 내는 가인의 태도를 통해 드러납니다. 그는 결국 아벨을 살해하는 죄를 저지릅니다. 인간이 하나님보다 자신의 생각을 중심에 둘 때, 그의 정체성은 흔들리고 왜곡됩니다.

3. 타락, 왜곡된 정체성의 결과

하나님께서는 가인에게 죄가 문에 엎드려 있다고 경고하셨습니다. 그러나 가인은 하나님의 말씀에 순종하지 않고, 자신의 분노를 형제 살해로 폭발시켰습니다. 사랑과 섬김으로 나타나야 할 인간의 정체성은 폭력과 단절로 드러났습니다. 결국 가인은 하나님으로부터 땅의 저주를 받아 방황하는 자가 되었습니다.

하나님을 떠난 인간은 참된 정체성을 잃고 깨어진 존재로 살아갈 수밖에 없습니다. 하나님께 돌아오지 않는 한, 인생은 방황뿐입니다.

말씀 연구	
말 씀	창세기 4:1-12
암 송	어리석은 자는 그의 마음에 이르기를 하나님이 없다 하도다 그들은 부패하며 가증한 악을 행함이여 선을 행하는 자가 없도다(시 53:1)
요 점	우리는 죄로 인해 깨어진(정체성이 왜곡된) 존재이다.

본문 이해

인간이 타락한 지 한 세대가 지나고 최초의 살인사건이 일어납니다. 하나님의 형상으로서의 정체성은 타락 후 왜곡되었습니다. 하나님을 떠난 인간은 죄악된 마음을 품고, 하나님의 말씀에 순종하지 않으며, 결국 행동으로 죄를 짓게 됩니다. 이처럼 죄로 인해 인간의 정체성은 왜곡되고 비극적 사건으로 불행하게 되었습니다. 가인은 하나님의 말씀을 듣고 돌이켜야 했으나, 하나님의 경고에도 불구하고 형제에게 폭력과 살인을 저질렀습니다. 이는 하나님과의 관계 단절이 이웃과의 관계 단절로 이어지는 죄의 본질을 보여줍니다. 하나님 없는 정체성은 방황과 저주의 삶을 낳습니다.

 **말씀 속으로**

1 하와가 아들을 낳고 한 고백은 무엇입니까?(창 4:1)
"내가 여호와로 말미암아 득남하였다."

> **보충 설명** 생명은 하나님이 주신 것입니다. 하와의 고백은 하나님이 생명의 주권자이심을 인정하는 신앙 고백이었습니다. 우리의 생명이 하나님으로부터 온 은혜임을 알 때, 인생의 의미와 소명을 발견할 수 있습니다. 이는 곧 인생이 은혜로 주어진 것이며, 하나님의 영광을 위해 살아야 한다는 본질을 보여줍니다. 그러므로 우리는 감사와 예배, 소명의 헌신으로 나아가야 합니다. 인간은 하나님의 은혜 속에서만 자신의 정체성을 찾을 수 있습니다.

2 가인과 아벨의 제사에서 하나님은 누구의 제사를 받으셨습니까?(창 4:4-5)
아벨의 제사는 받으시고 가인의 제사는 받지 않으셨습니다.

> **보충 설명** 가인과 아벨이 드린 제사의 차이는 제물의 종류가 아니라 믿음에 있었습니다. 히브리서 11장 4절은 "믿음으로 아벨은 가인보다 더 나은 제사를 하나님께 드림으로 의로운 자라 하시는 증거를 얻었으니"라고 말씀합니다. 하나님께 드리는 제사는 형식보다 믿음과 마음의 중심이 더 중요합니다. 인간의 정체성은 믿음과 순종 속에서만 온전히 세워집니다. 하나님은 이후 가인에게 돌이킬 기회를 주셨지만 그는 끝내 죄악된 길로 나아갔습니다.

③ 하나님께 거절당한 가인은 어떤 일을 선택하였습니까? (창 4:8)

동생 아벨을 들로 불러내어 죽였습니다.

> **보충 설명** 최초의 살인사건이 발생하였습니다. 가인은 하나님의 경고에도 불구하고 분노를 제어하지 않았고, 자신의 지능과 힘을 동생을 죽이는 데 사용했습니다. 하나님과의 관계가 무너지자 타인과의 관계도 파괴됩니다. 이처럼 죄는 단지 불행한 일이 아니라 하나님과의 관계 왜곡이 드러난 결과입니다. 그리고 그 결과는 참혹했습니다.

묵상 이야기

제2차 세계대전을 일으키고 유대인 학살을 자행한 아돌프 히틀러는 어린 시절 가톨릭 성당에서 합창단원이었습니다. 그는 태어난 지 하루 만에 세례를 받았고, 람바흐 수도원학교에 다녔습니다. 그러나 청년 시절, 신앙을 떠나게 되었습니다. 그는 예수님의 신성을 부정하였고, 성경의 진리를 나치 이데올로기 사상으로 바꾸어 주장하였습니다. 결국 히틀러는 인류 역사상 최악의 범죄를 저지른 독재자로 타락하게 되었습니다. 그의 삶은 하나님으로부터 멀어질수록 인간성을 상실하는 모습의 전형을 보여주었습니다.

나눔 하나님보다 자신을 인생의 주인으로 여기며 살았던 일을 나누어 봅시다.

기도 주님 안에서 나의 정체성이 온전히 세워지게 하소서.

적용 하나님 없이 스스로 주인이 되려는 것(교만, 열등, 관계우위 정하는 것)을 경계합시다.

주기도문이나 대표 기도로 폐회합니다.

7과

새로운 피조물

예배 인도	
찬 송	435장 나의 영원하신 기업 · 438장 내 영혼이 은총 입어
기 도	합심기도 / 대표기도
말씀 나눔	요한복음 4:13-24

　하나님의 형상으로 지음받은 사람의 마음에는 하나님을 향한 목마름이 있습니다. 예수님만이 영원히 목마르지 않는 생수를 주시는 분이시며, 새로운 피조물은 하나님을 갈망하는 존재로 살아갑니다.

1. 인간의 갈망, 목마른 심령

　사마리아 여인은 물을 길으러 왔지만, 다시 목마를 수밖에 없었습니다. 육체적으로만이 아니라 그녀의 삶 역시 마찬가지였습니다. 정통 유대인이 아닌 사마리아인으로서도 그러하였고 개인적인 상황도 그러했습니다. 사실 모든 사람은 이러한 갈증으로 고통받으며 삽니다. 그러나 세상의 그 어떤 것도 인간의 근원적 갈망을 채울 수 없습니다.

2. 새로운 피조물의 갈망

　예수님은 "내가 주는 물을 마시는 자는 영원히 목마르지 아니하리라"고 말씀하셨습니다. 그 물은 성령을 통해 주어지는 영적 생수입니다. 육신은 물이 부족하면 갈증으로 고통을 겪고, 결국 죽게 되듯이 인간의 영적 상태도 마찬가지입니다. 인간은 하나님께 나아가야 살 수 있으며, 이는 구원자 예수님을 통해서만 가능합니다. 예수님을 통해 생수를 마시는 사람은 이제 세상의 갈망이 아닌 하나님을 향한 갈망으로 살아갑니다.

3. 예배, 갈망의 실천

예수님은 "아버지께 참되게 예배하는 자들은 영과 진리로 예배할 때가 온다"고 하셨습니다. 참된 예배는 장소나 형식이 아니라, 성령님의 이끄심 가운데 진리이신 예수님을 믿음으로 시작됩니다. 초막절에 예수님께서 "누구든지 목마르거든 내게로 와서 마시라"(요 7:37-38)라고 하신 것처럼 예수님을 통해 하나님께 나아가는 자가 참된 예배자가 될 수 있습니다.

이제 예수님 안에서 새로운 피조물이 된 자는 하나님을 향한 갈망으로 살아가며, 성령께서 그 인생을 새롭게 하십니다.

말씀 연구

말 씀	요한복음 4:13-24
암 송	그런즉 누구든지 그리스도 안에 있으면 새로운 피조물이라 이전 것은 지나갔으니 보라 새 것이 되었도다(고후 5:17)
요 점	우리는 하나님을 갈망하는 새 사람이다.

 본문 이해

사마리아 여인의 목마름은 단순히 물의 필요가 아니라 내면의 깊은 갈망을 드러냅니다. 예수님께서 사마리아 여인이 결혼을 다섯 번 했고, 지금도 함께 사는 남자가 있다고 말씀하신 것을 통해 그녀가 끊임없이 사람에게서 사랑과 안정을 갈망했음을 알 수 있습니다. 우리의 정체성은 무엇을 원하고 갈망하는지에 의해 드러납니다. 예수님이 제시하신 영원히 목마르지 않는 물은 성령을 통한 하나님과의 관계 회복입니다. 관계가 회복된 자는 새로운 피조물로 거듭나게 되는데, 새 피조물의 정체성은 하나님을 향한 갈망에서 시작됩니다. 그리고 예배는 그 갈망을 확인하며 영혼에 생수를 채우는 자리입니다.

 **말씀 속으로**

1 예수님께서 말씀하신 "다시 목마르게 되는 물"은 무엇을 의미합니까?(요 4:13)

세상이 주는 만족으로, 영원히 채울 수 없는 갈망입니다.

> **보충 설명** 사마리아 여인은 매일 물을 길어야 하는 고단한 삶을 살았습니다. 다섯 번의 결혼과 동거 관계 속에서 알 수 있듯이 잘못된 갈망으로 자신을 채우려 했습니다. 이는 갈증을 물로 잠시 해소하지만 다시 목마르게 되는 것과 같았습니다. 세상의 성취나 인간적 방편은 잠시 만족을 주는 듯하나 다시 갈급해집니다. 이는 인간이 본질적으로 하나님을 필요로 하는 존재임을 보여줍니다.

2 예수님께서 주시는 "영원히 목마르지 않는 물"은 다른 표현으로 무엇입니까?(요 4:14)

영생하도록 솟아나는 샘물입니다.

> **보충 설명** 예수님께서 주시는 물은 믿는 자 안에서 영원토록 솟아나는 샘물처럼 영원한 갈증을 해소하고 영생에 이르게 합니다. 이는 그리스도 예수께서 성령님을 통해 주시는 구원과 영생을 말합니다. 예수님을 통해 성령님의 도우심으로 하나님과의 관계가 회복되고, 그분을 향한 갈망이 지속적으로 충만해집니다. 예수님을 믿으면 그분 안에 있는 생명이 우리 안에 거하게 되는데, 이 거함이 영원하기에 영원한 삶, 영생을 얻게 되는 것입니다.

3 예수님을 통해 새로운 피조물이 된다면, 세상의 만족 대신 무엇을 갈망해야 합니까?(요 4:14)

영원히 목마르지 않는 물인 하나님과의 관계(영생)를 추구해야 합니다.

> **보충 설명** 사마리아 여인은 이제 남편이나 세상의 수단에서 찾으려 했던 일시적인 만족 대신 영원하신 하나님께로 향하게 됩니다. 영생을 받은 사람은 새로운 피조물이 되어 갈망의 방향이 바뀝니다. 우리는 성령의 도우심으로 예수 그리스도를 통해 하나님을 깊이 알아가고 교제합니다. 하나님과의 영원한 관계를 최우선으로 삼는 것이 바로 '영생하도록 솟아나는 샘물'의 본질입니다. 이 영원한 관계의 추구만이 인간의 근본적인 갈망을 충만하게 채워주는 유일한 길입니다.

묵상 이야기

한 장인이 깨진 유리 조각을 모아 아름다운 스테인드글라스를 만들었습니다. 처음에는 조각 난 유리들이 서로 어울리지 못하고 흩어져 있었지만, 장인은 각각의 조각을 세심하게 맞추고 빛을 통과시켜 새로운 패턴을 만들어냈습니다. 이제 유리 조각들은 빛을 아름답게 반사하는 하나의 작품이 되었습니다. 이는 유리 조각들이 장인을 만날 때 가능한 일입니다. 우리의 삶도 그리스도 안에서 새로운 피조물이 될 때, 그것은 단순히 고쳐지는 것이 아니라 질적으로 새로운 존재로 변화되며 그 변화는 예배를 통해 더욱 선명하게 드러납니다.

나눔 나는 지금 무엇을 가장 갈망하고 있는지 나누어 봅시다.

기도 세상의 헛된 갈망이 아니라 주님만을 갈망하게 하소서.

적용 그리스도 안에서 새로운 피조물로서 내 마음의 갈망을 분별하고, 하나님을 갈망합시다.

주기도문이나 대표 기도로 폐회합니다.

8과
부르심에 반응하는 자

예배 인도	
찬 송	384장 나의 갈 길 다 가도록 · 430장 주와 같이 길 가는 것
기 도	합심기도 / 대표기도
말씀 나눔	창세기 12:1-5, 베드로전서 1:1-2

하나님의 백성은 하나님께서 부르신 자들입니다. 하나님의 부르심은 단순한 명령이 아니라, 우리 삶 속에서 하나님과 동행하며 세상 속에서 하나님의 뜻을 드러내도록 주신 거룩한 초대입니다. 우리는 하나님의 부르심에 순종하고 반응하며 살아야 합니다.

1. 하나님의 부르심과 우리의 책임

하나님께서 아브람(아브라함)을 부르신 데에는 그가 나아갈 길과 삶의 목적이 포함되어 있었습니다. 그러나 동시에 세상을 향한 하나님의 목적과 계획이 담긴 부르심이었습니다. 하나님은 부르심을 통해 인간과 세상에 대한 자신의 의도를 분명히 보여주십니다. 그분은 우리를 부르실 때, 우리가 세상 속에서 나그네처럼 살아가면서도 하나님의 계획과 뜻을 드러내는 증인으로서의 삶을 요구하십니다.

2. 부르심에 반응하는 삶의 방식

아브라함은 하나님의 말씀을 듣고 즉각적으로 떠났습니다(창 12:4). 그의 삶은 단순한 순종이 아니라, 믿음과 신뢰 속에서 하나님께 응답하는 구체적 실천이었습니다. 그리고 그 결과는 하나님을 드러내는 증거와 큰 영향력이 따르는 것이었습니다(창 12:2-3). 이처럼 순종하는 삶은 다른 사람과 세상에 복을 미치게 합니다. 부르심에 반응하는 삶은 단순한 의무 수행이 아니라, 삶 전체를 통해 하나님의 뜻과 사랑을 증거하는 것이 됩니다.

3. 세상에 있으나 세상에 속하지 않은 나그네

하나님의 부르심에 순종하며 사는 삶은 세상 속에 있으나 세상에 종속되지 않는 삶을 의미합니다(벧전 1:1-2). 세상적 가치와 욕망에 흔들리지 않고 하나님을 신뢰합니다. 삶의 선택과 태도에서 하나님의 목적과 뜻을 우선합니다. 세상에 거주하지만, 세상의 방식에 굴복하지 않는 '거룩한 나그네'의 삶을 살아갑니다.

하나님의 부르심에 따른 삶은 편안함이나 세상적 성공보다, 하나님과의 관계와 부르심에 응답하는 삶을 최우선으로 합니다.

말씀 연구

말 씀	창세기 12:1-5, 베드로전서 1:1-2
암 송	이에 아브람이 여호와의 말씀을 따라갔고 롯도 그와 함께 갔으며 아브람이 하란을 떠날 때에 칠십오 세였더라(창 12:4)
요 점	우리는 세상에 있으나 세상에 속하지 않은 흩어진 나그네다.

본문 이해

하나님은 아브라함에게 복과 약속을 주시며, 그가 익숙한 삶과 친척을 떠나 새로운 땅으로 나아가도록 부르셨습니다. 이 부르심은 단순한 명령이 아니라, 세상 속에서 하나님의 계획을 이루는 삶으로의 초대입니다. 이 명령에 아브라함은 믿음으로 즉시 떠나 하나님의 부르심에 응답했습니다. 이러한 순종은 그의 가족뿐 아니라 세상에 영향을 미치는 복으로 이어집니다(창 12:2-3). 하나님의 부르심에 반응하는 삶은 매 순간의 선택과 태도 속에서 구현됩니다. 지금도 수많은 자들이 하나님으로부터 부르심을 받지만, 어떻게 반응하는가는 각자 다릅니다.

 **말씀 속으로**

① **하나님께서는 아브라함을 부르시면서 어떤 복을 약속하셨습니까?**(창 12:2-3)

아브람(아브라함)을 통해 큰 민족과 복이 이루어지며, 땅의 모든 민족이 아브라함으로 인해 복을 받게 됩니다.

> **보충 설명** 아브람(창 11:26)은 '고귀한 아버지'라는 뜻으로, '큰 무리의 아버지'를 의미하는 아브라함으로 변경(창 17:5)되기 전의 이름입니다. 하나님의 백성은 하나님의 부르심을 받은 자들입니다. 부르심이라는 의미를 지닌 헬라어 단어는 '칼레인'(kalein)인데, 아름다움을 뜻하는 헬라어 단어는 '칼로스'(kalos/kalon)입니다. 이것은 부르심이 아름다움과 연결된 것을 뜻합니다. 하나님의 부르심은 복되고 선한 방향으로의 부르심입니다. 이는 개인으로서도 복되지만, 하나님의 아름다운 뜻이 성취되어 세상에도 귀한 영향력이 됩니다.

② **아브라함이 하나님의 부르심에 어떻게 반응하였습니까?**(창 12:4)

아브라함은 여호와의 말씀을 따라갔습니다.

> **보충 설명** 아브라함이 즉각적으로 하나님의 말씀을 좇아 떠났다는 것은, 결국 순종이란 자신의 생각에 따른 것이 아니라 하나님의 말씀에 의지하여 행하는 결단임을 보여줍니다. 그의 떠남은 편안함과 익숙함을 포기하고, 불확실한 미래를 향해 나아가는 용기와 신뢰를 필요로 했습니다. 아브라함처럼 우리의 응답은 즉각적일 수도 있고, 점진적일 수도 있지만, 본질은 하나님이 주신 방향과 목적에 맞추어 삶을 조정하고 나아가는 것입니다.

③ 세상 속에서 나그네로 산다는 것은 무엇을 의미합니까? (벧전 1:1-2)

세상에 흩어져 살아가지만 세상에 속하지 않고, 하나님의 택하신 백성으로 살아가는 것입니다.

> **보충설명** 나그네는 본토에 속하지 않은 사람을 의미합니다. 즉 그리스도인들은 세상에 살지만 세상에 속해 있지 않습니다. 그들은 오히려 하나님께 속해 있습니다. 그래서 하나님의 미리 아심과 성령의 거룩하심으로 구별되었고, 예수님을 통해 구원받은 백성입니다. 그들은 나그네이지만 떠돌이가 아니라 하나님의 인도하심을 받으며 삽니다. 세상 사람들은 자기의 정체성을 스스로 규정하고 살지만, 성도들은 하나님의 부르심과 말씀에 순종하며 살아갑니다.

묵상 이야기

한 마을의 어르신이 어느 날 마을 길을 걷다가, 쓰러진 나무와 흐트러진 길표를 보며 마음이 무거워졌습니다. 그는 혼자 힘으로라도 길을 정비하기로 결심했습니다. 나무를 치우고, 부러진 표지판을 세우며, 길을 다시 정돈해 갔습니다. 이 소식은 마을 전체로 퍼졌고, 사람들은 하나둘 어르신을 도와 길을 정비하기 시작했습니다. 한 사람의 소명의 헌신으로 마을 전체가 서로에 대한 신뢰와 연대감을 회복했습니다.

- **나눔** 나는 지금 하나님의 부르심을 따르는 삶을 살고 있는지 나누어 봅시다.
- **기도** 나를 향한 부르심을 깨닫고 순종하며 반응하는 삶을 살게 하소서.
- **적용** 세상에서 하나님의 부르심에 따라 어떻게 반응할지 생각해 보고 행동합시다.

주기도문이나 대표 기도로 폐회합니다.

9과
하나님이 세우신 가정

예배 인도	
찬 송	559장 사철에 봄바람 불어 잇고 · 310장 아 하나님의 은혜로
기 도	합심기도 / 대표기도
말씀 나눔	시편 127:1-5

　세상 사람들은 가정의 행복이나 자녀의 성공이 소유와 능력에 달려 있다고 믿습니다. 그래서 더 많은 것을 소유하고 누리기 위해 수단과 방법을 가리지 않습니다. 그러나 가정을 세우시는 분은 하나님이십니다.

1. 하나님이 세우시는 가정
　하나님이 집을 세우시지 않고, 성을 지키시지 않으면 그 수고가 헛됩니다. '헛되다'라는 말은 마치 연기처럼 사라져 텅 비어버린 모습을 떠올리게 합니다. 가정은 두 남녀의 결혼을 통해서 이루어지기에 사람이 세우는 것처럼 보이지만, 하나님이 함께하시고 복을 주시지 않으면 그 가정은 평안하고 든든할 수 없습니다. 가정을 세우시는 분은 하나님이십니다.

2. 하나님의 선물인 자녀
　시인은 자녀가 '여호와의 기업'이라고 말합니다. 구약 시대 이스라엘에서 '기업'은 하나님이 조상들에게 선물로 주신 땅을 의미했습니다. 마찬가지로 자녀는 사람이 노력하여 얻은 결과가 아니라 하나님이 주신 선물이며, 가정을 지키고 이어가는 소중한 존재입니다. 나아가 하나님을 경외하는 자녀들은 마치 장사의 손에 있는 화살처럼 가정을 세우고, 부모를 섬기며 돌보는 든든한 존재이기도 합니다.

3. 가정을 통해 누리는 복

화살통에 화살이 가득한 용사가 전쟁에서 승리할 힘을 얻는 것처럼, 하나님이 세우신 경건한 가정은 여러 가지 문제를 극복할 힘을 얻고 풍성한 복을 누릴 수 있습니다. 하나님을 섬기는 자녀들이 자라나고 그러한 가정이 복을 누리는 모습은 세상에 하나님의 영광을 드러내는 복의 통로가 됩니다.

가정을 세우고 지키고 자녀를 낳아 양육하는 일은 하나님의 선물이자 은혜입니다. 하나님이 함께하시는 가정의 수고는 헛되지 않습니다.

말씀 연구	
말 씀	시편 127:1-5
암 송	보라 자식들은 여호와의 기업이요 태의 열매는 그의 상급이로다(시 127:3)
요 점	가정은 하나님이 세우신 복이다.

본문 이해

인생의 모든 수고와 열매는 하나님께 달려 있습니다. 모든 것을 주관하시는 하나님이 세우시지 않으면 집도, 성도, 인생의 수고도 헛될 뿐입니다. 아무리 더 많이 모으고 누리기 위해 아침 일찍 일어나 밤늦게까지 수고해도 하나님이 주시지 않으면 결실을 거둘 수 없습니다. 특히 자녀는 하나님이 주신 선물이자 가정을 지키고 세워가는 소중한 존재입니다. 하나님을 경배하고 섬기는 자녀들이 자라나는 가정은 세상 속에서 겪게 되는 여러 가지 문제들을 극복하고, 영적 전쟁에서도 승리할 힘을 얻으며, 하나님의 복을 누리게 됩니다.

 **말씀 속으로**

1 **수고가 헛되지 않으려면 누가 집을 세우셔야 합니까?**(시 127:1)
여호와 하나님이 세워주셔야 합니다.

> **보충 설명** 시편 기자는 여호와께서 집을 세우시지 않으면 모든 수고가 헛되다고 선언합니다. 여기서 '헛되다'라는 표현은 텅 빈 공간을 묘사하는 말입니다. 농부가 아무리 수고해도 하나님이 제때 비를 내려주시지 않으면 결실을 거두지 못하듯이, 하나님이 삶의 모든 과정을 지켜주시고 필요한 것을 공급해 주시지 않으면 집은 텅 비어 버리게 될 것입니다. 진정으로 집을 세우시는 분은 여호와 하나님이십니다.

2 **여호와의 기업이자 상급은 무엇입니까?**(시 127:3)
자식들입니다.

> **보충 설명** 구약 시대 이스라엘 백성들에게 '기업'은 하나님이 조상들에게 주신 약속의 땅을 의미했습니다. 기업은 하나님이 이스라엘 백성에게 은혜로 주신 선물이었으며, 농사를 지어 생계를 유지하고 가문을 이어갈 수 있는 터전이었습니다. 마찬가지로 자녀들은 하나님이 은혜로 주신 선물이며, 가문은 자녀들을 통해서 유지되고 발전됩니다. 그러므로 자녀는 여호와의 기업이자 상급입니다.

3 성문에서 수치를 당하지 않는 복된 사람은 누구입니까?(시 127:5)

화살통에 화살이 가득한 자입니다.

> **보충 설명** 고대의 성문은 재판이 이루어지던 곳이었습니다. 원수가 부당한 일로 고발했을 때, 연로한 부모가 성문에서 홀로 재판을 받는 일은 쉽지 않았을 것입니다. 그러나 장성한 자녀들이 함께하며 재판을 돕는다면, 부모는 마치 화살통에 화살이 가득 차 있는 장사처럼 든든할 것이며, 수치를 당하지 않고 가정을 안전하게 지켜낼 수 있었을 것입니다.

묵상 이야기

윌리엄 부스(William Booth)는 어린 시절 가정 형편이 어려워 학업을 포기하고 전당포에서 일했습니다. 그러다가 15세 무렵 복음을 받아들이고 하나님께 자신의 삶을 드렸습니다. 그는 가난하고 병든 이들을 섬기다가 구세군의 뿌리가 되는 기독교 선교회를 설립했습니다. 이후 같은 비전에 헌신한 캐서린을 만나 결혼했고, 여덟 명의 자녀를 두어 신앙 안에서 양육했습니다. 부스의 자녀들 대부분은 구세군의 사관으로 종사했으며 구세군에서 중요한 역할을 감당했습니다. 윌리엄 부스의 생애는 하나님이 가정의 중심이 될 때 가정을 세우시고 지키시며 복을 주신다는 사실을 잘 보여줍니다.

나눔 하나님이 우리 가정에 베푸신 은혜를 나누어 봅시다.

기도 하나님을 의지하는 가정이 되게 하소서.

적용 가정에서 경험하는 유익과 하나님의 복이 무엇인지 나누어 봅시다.

주기도문이나 대표 기도로 폐회합니다.

10과
하나님이 돌보시는 가정

예배 인도	
찬 송	384장 나의 갈 길 다가도록 · 390장 예수가 거느리시니
기 도	합심기도 / 대표기도
말씀 나눔	고린도전서 7:10-16

오늘날 결혼과 자녀 양육을 부담스럽게 여기는 사람이 많아지고 있습니다. 그러나 가정은 하나님의 돌보심 아래 사랑과 화평을 누리는 공동체입니다.

1. 화합하여 한 몸을 이루는 가정

결혼은 하나님이 짝지어 주신 언약의 관계입니다. 주님은 부부가 한 몸을 이루었으니 사람이 나눌 수 없다고 말씀하셨습니다(막 10:9). 그러므로 부부는 갈등과 어려움이 있을 때 갈라서는 것이 아니라 서로를 향한 책임을 다하며 관계를 회복하고 화합하기 위해 힘써야 합니다. 아울러 가정을 돌보시며 부부가 서로 사랑하고 화평하기를 원하시는 하나님을 의지해야 합니다.

2. 서로를 거룩하게 하는 가정

바울 사도는 신자가 믿지 않는 사람과 결혼했을 경우, 믿지 않는 배우자가 원한다면 함께 살아갈 것을 권면합니다. 예수님께서 혈루증을 앓는 부정한 여인을 만지셨을 때 그 여인이 정결해졌던 것처럼, 결혼 생활을 하는 동안 믿지 않는 배우자가 신자의 거룩한 삶에 선한 영향을 받을 수 있기 때문입니다. 이처럼 부부는 서로가 거룩한 생활을 할 수 있도록 도움과 유익을 주기 위해 힘써야 합니다.

3. 함께 구원을 이루는 가정

가정은 구원의 통로이자 복음의 능력을 경험하는 곳이 될 수 있습니다. 가정 안에서의 사랑과 존중과 섬김을 통해 믿지 않는 배우자가 복음의 능력을 믿고 구원을 얻을 수 있습니다. 또한 화평하고 거룩한 가정 안에서 성장하는 자녀들은 하나님의 자녀가 되어 하나님의 형상을 닮은 모습으로 자라갈 수 있습니다.

가정은 하나님이 세우시고 돌보시는 공동체입니다. 갈등과 어려움이 있을지라도 사랑과 화평의 가정이 되기 위해 믿음으로 기도해야 합니다.

말씀 연구	
말　씀	고린도전서 7:10-16
암　송	마른 떡 한 조각만 있고도 화목하는 것이 제육이 집에 가득하고도 다투는 것보다 나으니라(잠 17:1)
요　점	하나님은 관계가 깨어진 가정을 돌보신다.

 본문 이해

부부는 하나님이 짝지어 주셔서 한 몸을 이룬 언약 관계입니다. 그러므로 부부는 갈등과 대립이 있을 때 문제를 회피하거나 관계를 깨뜨리는 것이 아니라, 책임감을 가지고 관계의 회복을 위해 노력해야 합니다. 또한 하나님이 가정을 세우시고 돌보시며 사랑과 화평으로 이끄신다는 사실을 믿고 기도해야 합니다. 가정 안에서 서로를 배려하고 존중하고 섬길 때, 가정의 모든 구성원이 하나님의 형상을 닮은 거룩한 모습으로 자라갈 수 있습니다. 나아가 믿지 않는 배우자나 자녀들이 복음을 믿고 구원을 얻을 수 있습니다.

 **말씀 속으로**

1 결혼한 남편과 아내는 무엇을 하지 말아야 합니까?(고전 7:10-11)

갈라서지 말고 버리지 말아야 합니다.

> **보충 설명** 유대교 전통에서는 남자가 여자에게 이혼 증서를 써주고 이혼할 수 있었습니다. 그러나 바울 사도는 부부가 갈라서서 결혼을 깨뜨리지 말아야 하며, 만약 이미 갈라섰다면 그대로 지내든지, 아니면 이혼한 배우자와 다시 화합할 것을 권면합니다. 예수님은 하나님이 짝지어 주신 것을 사람이 나눌 수 없다고 말씀하십니다(마 19:6). 부부는 단순히 인간적인 계약이 아니라 하나님이 정하신 계획이며 일생 동안 지속되어야 하는 하나님의 뜻입니다.

2 믿지 않는 배우자가 함께 살고자 하면 어떻게 해야 합니까?
(고전 7:12-13)

버리지 말아야 합니다.

> **보충 설명** 모세의 정결법에 따르면 부정한 사람에게 접촉한 사람은 부정해집니다. 그러나 생명의 근원이신 예수 그리스도는 달랐습니다. 예수님이 혈루증을 앓는 부정한 여인을 만지셨을 때 병이 회복되었고, 부정한 시체의 손을 잡고 일으키실 때 죽은 사람이 생명을 얻었습니다(막 5:25-29, 39-43). 오히려 예수님의 거룩한 능력이 그들을 온전하게 회복시켰습니다. 이처럼 바울 사도는 결혼 생활을 지속하는 가운데 믿지 않는 배우자가 믿는 배우자의 거룩한 삶에 영향을 받을 것을 기대했습니다.

3 믿지 않는 배우자와 살면서 무엇을 기대할 수 있습니까?
(고전 7:14, 16)

믿지 않는 배우자와 자녀가 믿는 자로 인해 거룩해집니다. 배우자를 구원하는 것을 기대할 수 있습니다.

> **보충설명** 하나님은 먼저 그리스도를 믿는 자를 가정에 부르셨습니다. 그리스도 안에서 생명을 얻은 성도가 어둠 속의 빛과 같은 모습으로 살아갈 때, 우상을 숭배하고 세상의 가치를 따르던 배우자가 복음의 능력을 볼 수 있습니다. 그리고 복음을 믿고 구원을 받을 수도 있습니다. 아울러 그렇게 믿음의 가정을 이루었을 때, 자녀들도 거룩한 환경 속에서 양육받게 됩니다.

 ## 묵상 이야기

모니카는 아들 어거스틴을 기독교 신앙 안에서 믿음으로 길렀습니다. 하지만 어거스틴은 젊은 시절 세속적인 삶에 빠져들었고, 마니교와 같은 이단 사상에 심취하며 그리스도에게서 멀어졌습니다. 모니카는 아들이 다시 신앙을 되찾도록 끊임없이 기도했습니다. 어거스틴의 잘못을 분명히 지적하면서도 그를 향한 무조건적인 사랑을 잃지 않았습니다. 마침내 그는 기독교 신앙으로 개종하고 세례를 받았으며 위대한 신학자로 성장했습니다. 모니카의 이야기는 하나님이 가정을 통해 서로를 거룩하게 하시고 구원의 열매를 맺도록 이끄신다는 것을 보여줍니다.

- **나눔** 가정에서 믿음의 배우자를 통해 잘못을 깨닫고 뉘우친 경험을 나누어 봅시다.
- **기도** 화평하고 서로를 거룩하게 하는 가정이 되게 하소서.
- **적용** 가정에서 사랑과 화평 그리고 구원이 경험되도록 기도합시다.

주기도문이나 대표 기도로 폐회합니다.

11과
하나님이 회복하시는 가정

예배 인도
찬 송	292장 주 없이 살 수 없네 · 305장 나 같은 죄인 살리신
기 도	합심기도 / 대표기도
말씀 나눔	에베소서 5:31-33, 6:1-4

오늘날 많은 가정이 아픔과 상처를 경험합니다. 그러나 하나님은 남편과 아내, 부모와 자녀의 관계를 회복시키시는 분입니다. 주 안에서 관계가 회복된 가정은 구원의 기쁨과 즐거움을 누릴 수 있습니다.

1. 그리스도와의 연합을 보여주는 가정

하나님은 남편이 부모를 떠나 아내와 연합하여 한 몸을 이루게 하셨습니다. 한 몸이 되어 가정을 이룬 남편과 아내는 서로 사랑하고 섬김으로, 서로의 연약함을 채우고 온전하게 하는 돕는 배필로 살아가야 합니다. 남편과 아내의 연합은 교회가 예수 그리스도와 연합하여 그리스도의 몸이 되고 그분의 충만함을 받아 누리는 구원의 비밀을 보여줍니다.

2. 서로 사랑하고 존경하는 가정

가정 안에서 부부는 그리스도와 교회가 보여주는 사랑과 존중을 닮아가기에 힘써야 합니다. 교회의 머리이자 신랑이신 그리스도께서는 십자가에 달려 자신의 생명을 내어주실 만큼 신부이자 몸 된 교회를 사랑하셨습니다. 남편은 그리스도를 닮아 아내를 돌보고 보호하며 자신을 희생해야 합니다. 아내는 교회가 그리스도를 공경하고 그의 말씀에 순종하듯이, 남편의 희생적 사랑을 존중하고 존경해야 합니다.

3. 주 안에서 가르치고 배우는 가정

부모는 하나님의 대리인으로서 자녀들이 올바르게 자라도록 훈계하고 권면해야 합니다. 자녀들도 부모의 권위를 인정하고 주 안에서 부모를 공경하고 순종해야 합니다. 한편 부모는 자녀가 분노할 만큼 부당하거나 억압적인 말과 행동을 해서는 안 됩니다. 사랑으로 자녀를 양육하여 주님을 기쁘시게 해야 합니다.

모든 가족 구성원은 주 안에서 그리스도의 사랑과 섬김을 본받아, 서로를 사랑하고 존중하고 섬기기 위해 힘써야 합니다.

말씀 연구	
말 씀	에베소서 5:31-33, 6:1-4
암 송	만일 여호와를 섬기는 것이 너희에게 좋지 않게 보이거든 너희 조상들이 강 저쪽에서 섬기던 신들이든지 또는 너희가 거주하는 땅에 있는 아모리 족속의 신들이든지 너희가 섬길 자를 오늘 택하라 오직 나와 내 집은 여호와를 섬기겠노라 하니(수 24:15)
요 점	하나님은 가정의 회복을 이끄신다.

본문 이해

하나님은 가정이 올바른 관계를 회복하여 구원의 기쁨을 누리기를 원하십니다. 남편과 아내의 관계는 그리스도와 교회의 관계를 보여줍니다. 남편과 아내는 결혼을 통해, 마치 풀로 붙인 종이처럼 한 몸을 이룹니다. 남편은 그리스도께서 교회를 사랑하셨듯 아내를 사랑하고 희생해야 합니다. 아내는 교회가 그리스도를 존경하듯 남편을 존경해야 합니다. 또한 부모는 자녀를 주 안에서 사랑으로 양육하고, 자녀는 부모에게 순종해야 합니다. 이처럼 가정은 사랑과 섬김을 실천하여 하나님 나라의 아름다움을 누리고, 세상에 하나님 나라를 증거하는 공동체입니다.

 **말씀 속으로**

① 남편과 아내는 부모를 떠나 무엇을 이룹니까? (엡 5:31)
둘이 한 육체가 됩니다.

> **보충 설명** 남편과 아내가 결혼하면 부모에게서 분리되어 완전한 한 몸으로 연합됩니다. 여기서 쓰인 '합하다'라는 동사는 두 물체를 접착제로 붙여 떨어지지 않게 하는 것을 가리킵니다. 부부는 단순히 육체적인 친밀감을 넘어 영적으로나 정신적으로 하나 된 존재로서, 서로를 자기 자신과 같이 깊이 사랑함으로 돌봄과 섬김을 실천하는 관계입니다. 이는 신랑이신 그리스도께서 몸 된 교회의 머리로서 신부인 교회와 연합되신 것을 보여줍니다.

② 남편과 아내는 서로를 어떻게 대해야 합니까? (엡 5:33)
남편은 자기 자신처럼 아내를 사랑하고 아내는 남편을 존경해야 합니다.

> **보충 설명** 그리스도와 교회의 연합은 남편과 아내가 연합되어 살아가는 모습의 모범을 보여줍니다. 예수 그리스도께서는 신부이자 그리스도의 몸인 교회를 사랑하셔서 십자가에 못 박혀 죽으시기까지 자신을 희생하셨습니다. 이처럼 남편은 자신과 한 몸을 이룬 아내를 자기 자신과 같이 사랑해야 합니다. 또한 아내는 자신을 희생적으로 사랑하여 돌보고 섬기는 남편을 머리로 인정하고 존경해야 합니다.

3. 자녀들은 부모에게 어떻게 해야 합니까? (엡 6:1-3)

주 안에서 부모에게 순종해야 합니다.

> **보충 설명** 부모는 하나님께서 자녀들을 양육하도록 이 땅에 세우신 하나님의 대리자입니다. 또한 부모를 공경하는 것은 하나님의 계명 중 하나입니다(출 20:12). 그러므로 자녀들은 하나님께 하듯 부모의 훈계와 권면에 순종하는 것이 옳습니다. "주 안에서" 순종하라는 말은 부모에 대한 순종이 예수 그리스도에 대한 헌신과 복종의 표현임을 강조합니다.

묵상 이야기

조지 뮬러는 평생 1만 명이 넘는 고아를 돌보아 '고아의 아버지'로 불립니다. 그는 아내이자 동역자인 메리 그로브스와 결혼한 뒤, 함께 고아 사역이라는 비전을 품었고, 1836년 브리스톨에 첫 고아원을 세웠습니다. 뮬러는 아내 메리에게 깊은 사랑과 존경을 표현하며, 중요한 결정을 내릴 때마다 아내의 의견을 귀담아들었습니다. 메리 역시 남편의 사역을 전적으로 신뢰하고 지지하며 헌신했습니다. 서로를 존중하고 사랑하며 한 몸을 이룬 이들의 가정은 수많은 고아에게 따뜻한 안식처를 제공하며 하나님의 사랑을 증거했습니다.

나눔 가족에게 인정과 섬김을 받은 경험을 나누어 봅시다.

기도 주님을 기쁘시게 하는 가정이 되게 하소서.

적용 가족 구성원에게 서로를 인정하는 표현을 해 봅시다.

주기도문이나 대표 기도로 폐회합니다.

12과
예수님 안에서 한 가족 되기

예배 인도

찬 송	208장 내 주의 나라와 · 220장 사랑하는 주님 앞에
기 도	합심기도 / 대표기도
말씀 나눔	갈라디아서 3:26-29, 누가복음 14:12-14

예수님을 믿는 사람은 모두 하나님의 독생자 예수 그리스도와 연합되어 하나님의 아들들 즉 자녀가 되었습니다. 그러므로 하나님을 한 아버지로 섬기는 가족으로서 서로 사랑하고 섬기며 살아가야 합니다.

1. 그리스도 안에서 가족이 된 하나님의 자녀

예수님을 믿는 모든 사람은 그리스도 예수 안에서 하나님의 아들이 됩니다. '하나님의 아들'은 하나님의 독생자 예수 그리스도와 연합되어 하나님의 양자 된 자로서, 하나님 나라의 상속자라는 의미를 담고 있습니다. 하나님의 아들들은 주 안에서 한 아버지를 섬기는 한 가족이 됩니다. 그러므로 그리스도인들은 혈연적 가족 안에서만이 아닌, 영적 가족인 교회 공동체 안에서 서로 사랑하고 섬기며 살아갑니다.

2. 주 안에서 하나 되어 살아가는 가족

세상에서는 자기 가족의 행복과 만족만을 추구하는 '가족 이기주의'를 흔히 볼 수 있습니다. 그러나 예수님을 믿는 사람들은 인종, 신분, 성별과 관계없이 주 안에서 한 가족을 이루어 살아갑니다. 혈연적 가족의 울타리를 넘어 서로를 가족으로 여길 뿐 아니라, 더 이상 유대인이나 헬라인, 종이나 자유인, 남자나 여자를 구분하거나 차별하지 않고 서로를 형제자매로 여기며 사랑하고 섬기며 살아갑니다.

3. 조건 없이 사랑하고 섬기는 가족

예수님께서는 대접받을 만한 자격이 있는 사람들을 잔치에 초청하는 대신 가난한 사람, 몸이 불편한 사람, 장애가 있는 사람들을 초청하라고 말씀하셨습니다. 하나님께서 보상을 기대하지 않고 조건 없이 사랑하는 사람에게 복을 주실 것이기 때문입니다. 이처럼 그리스도인은 주 안에서 가족을 이룬 교회와 이웃을 조건 없이 사랑하고 섬기며 살아갑니다.

그리스도인들은 주 안에서 한 가족으로 살아갑니다. 차별하지 않고 조건 없이 사랑하는 모습을 통해 하나님 나라를 보여줄 수 있습니다.

말씀 연구	
말　　씀	갈라디아서 3:26-29, 누가복음 14:12-14
암　　송	소망 중에 즐거워하며 환난 중에 참으며 기도에 항상 힘쓰며 성도들의 쓸 것을 공급하며 손 대접하기를 힘쓰라(롬 12:12-13)
요　　점	우리는 모두 예수님 안에서 가족과 같은 관계에 있다.

 **본문 이해**

예수님을 믿는 사람들은 하나님의 독생자이신 예수 그리스도와 연합되어 하나님의 아들들이 됩니다. 하나님을 한 아버지로 섬기는 영적인 가족을 이루게 된 것입니다. 한 가족이 된 그리스도인들은 혈연적 가족의 기쁨과 만족만을 위해 살아가지 않습니다. 인종, 신분, 성별이 다르더라도 서로를 형제자매로 여기며, 주 안에서 한 가족을 이룬 교회와 이웃을 사랑하고 섬기며 살아갑니다. 우리가 예수님의 말씀을 따라 보상이나 이익을 기대하지 않고 조건 없는 사랑을 실천할 때, 세상은 우리를 통해 하나님 나라의 영광을 보게 될 것입니다.

 **말씀 속으로**

1 어떻게 하나님의 아들이 될 수 있습니까?(갈 3:26)
예수 그리스도를 믿음으로 말미암아 하나님의 아들이 됩니다.

> **보충 설명** 하나님의 자녀가 되는 유일한 방법은 예수 그리스도를 믿는 것입니다. 교회가 주는 세례는 복음을 믿고 그리스도와 연합되었음을 눈에 보이도록 나타내는 거룩한 예식입니다. 그러므로 바울 사도는 세례를 받은 사람은 그리스도로 옷 입은 사람, 즉 그리스도와 연합된 사람이라고 말합니다. 또한 예수님을 믿는 사람은 진정한 아브라함의 후손으로서, 하나님께서 아브라함에게 약속하신 하나님 나라를 유업으로 받아 누릴 상속자들입니다(갈 3:29).

2 누가 그리스도 예수 안에서 하나가 됩니까?(갈 3:27-28)
누구든지 예수님을 믿는 사람은 그리스도 예수 안에서 하나입니다.

> **보충 설명** 예수 그리스도를 믿는 사람은 그리스도와 연합되었을 뿐 아니라, 예수 그리스도를 믿는 다른 사람들과 연합되어 하나가 됩니다. 유대인이나 헬라인, 종이나 자유인, 남자나 여자와 상관없이 예수님을 믿는 사람은 누구나 하나님을 아버지로 섬기는 한 가족이 됩니다. 그러므로 그리스도인은 주 안에서 형제자매가 된 사람들을 세상의 기준으로 판단하거나 차별하지 않고 사랑하며 섬겨야 합니다.

3 예수님은 어떤 사람들을 잔치에 초청하라고 하셨습니까?(눅 14:13)

가난한 자, 몸 불편한 자, 저는 자, 맹인들을 청하라고 하셨습니다.

> **보충 설명** 예수님께서 잔치에 초청하라고 하신 이들은 당시 사회에서 소외되어 잔치에 초청받을 기회가 거의 없고, 초청받더라도 되갚을 능력이 없는 사람들이었습니다. 그리스도인이 예수님의 말씀대로 조건 없는 사랑을 실천하고 사회적 약자들을 섬길 때, 하나님 나라의 가치가 세상에 증거될 것입니다.

 묵상 이야기

미국의 흑인 운동가이자 목회자인 존 퍼킨스(John M. Perkins)는 복음을 믿고 회심한 뒤, 인종차별이 심했던 1960년에 자신의 고향인 미시시피 주로 돌아와 흑인과 백인이 함께하는 공동체를 세우는 사역을 시작했습니다. 당시 흑인 사회는 경제적으로나 사회적으로 심각하게 소외되어 있었습니다. 퍼킨스 목사는 이들을 돕기 위해 농촌 개발, 의료 지원, 직업 훈련을 포함한 공동체 개발 운동을 펼쳤습니다. 그는 결국 흑인과 백인이 함께 예배하며 교제하는 장을 마련했습니다. 그의 사역은 주 안에서 인종의 벽을 넘어 모두가 한 가족이 될 수 있음을 보여주었습니다.

나눔 교회에서 가족과 같은 사랑과 섬김을 받은 경험을 나누어 봅시다.
기도 가족처럼 사랑하고 섬기는 교회가 되게 하소서.
적용 그리스도 예수 안에서 다른 가정의 회복을 위해 실천할 수 있는 것을 나누어 봅시다.

주기도문이나 대표 기도로 폐회합니다.

하나님 나라 백성의 세계관

2학기
하나님 나라 백성의 배움과 사명

4단원 하나님 나라 백성의 배움
- 13과 창조와 배움의 목적 ·················· 66
- 14과 배움의 목적의 타락 ·················· 70
- 15과 예수님 안에서 배움의 재정립 ········ 74
- 16과 공감과 섬김을 위한 배움 ············ 78

5단원 하나님 나라 백성과 세상
- 17과 세상을 돌보는 청지기 사명 ·········· 82
- 18과 세상의 가치를 경계하는 삶 ·········· 86
- 19과 세상의 빛과 소금 ···················· 90

6단원 하나님 나라 백성의 예배
- 20과 성경적 세계관과 예배 ················ 94
- 21과 우상을 경계하는 참된 예배 ·········· 98
- 22과 하나님을 향한 반응으로서의 예배 ···102

13과

창조와 배움의 목적

예배 인도	
찬 송	79장 주 하나님 지으신 모든 세계 · 40장 찬송으로 보답할 수 없는
기 도	합심기도 / 대표기도
말씀 나눔	시편 104:24-35

우리는 바쁜 삶 속에서 창조 세계가 주는 감동을 잊고 살 때가 많습니다. 그러나 잠시만 눈을 돌려도 하나님의 놀라운 솜씨로 가득한 세상을 볼 수 있습니다. 창조 세계에 담긴 하나님의 지혜를 발견하고, 하나님의 백성으로서 어떻게 응답해야 할지 배워 봅시다.

1. 지혜로 가득한 하나님의 솜씨

여호와께서 하신 일은 셀 수 없이 많고, 모든 것이 지혜로 이루어졌습니다. 시인은 세상의 크고 작은 생물들이 하나님의 피조물로서 그 안에서 뛰놀고 있음을 노래합니다. 이처럼 광대하고 정교한 창조 세계는 우연의 산물이 아니라, 모든 것을 계획하시고 질서 있게 두신 창조주의 위대한 지혜와 능력을 분명하게 증거합니다.

2. 모든 생명을 먹이시는 하나님의 손길

세상의 모든 생물은 스스로 살아가는 것 같지만, 실은 전적으로 하나님을 의존합니다. 그들은 때를 따라 먹을 것을 주시는 주님을 바라봅니다. 주께서 손을 펴시면 좋은 것으로 만족하고, 낯을 숨기시면 떨며 죽어 먼지로 돌아갑니다. 그러나 하나님은 '주의 영'을 보내시어 그들을 다시 창조하시고 새롭게 하십니다. 하나님은 지금도 모든 생명을 주관하시며 돌보시는 살아계신 주인이십니다.

3. 평생의 찬양으로 응답하는 성도

위대한 창조와 섭리의 하나님을 깨달은 시인은 '평생토록' 여호와를 노래하며 살아있는 동안 하나님을 찬양하겠다고 결단합니다. 그의 즐거움의 근원은 세상의 것이 아닌 '여호와 하나님'입니다. 이것이 바로 창조의 목적과 질서를 아는 성도의 마땅한 삶의 태도이며, 우리 신앙의 궁극적인 목표가 되어야 합니다.

우리의 일상은 하나님의 살아있는 작품으로 가득한 전시장과 같습니다. 창조주를 기억하며, 모든 배움을 통해 하나님을 높이는 성도가 됩시다.

말씀 연구

말 씀	시편 104:24-35
암 송	하늘이 하나님의 영광을 선포하고 궁창이 그의 손으로 하신 일을 나타내는도다(시 19:1)
요 점	하나님이 만드신 모든 것을 탐구하면서 하나님을 인정하고 배워간다.

본문 이해

시편 104편은 창세기 1장과 짝을 이루는 위대한 '창조 시편'입니다. 시인은 천지를 창조하신 하나님의 권능과 영광을 노래하며, 특히 본문에서는 피조물들을 지금도 친히 돌보시고 먹이시는 하나님의 자비로운 섭리를 생생하게 묘사합니다. 하나님은 멀리서 세상을 지켜보시는 분이 아니라, 모든 생명의 호흡을 주관하시며 날마다 '주의 영'으로 지면을 새롭게 하시는 분입니다. 이러한 깨달음은 자연스럽게 시인을 찬양과 경배로 이끌며, 우리에게도 일상 속에서 창조주를 발견하고 예배하는 삶을 살도록 도전합니다.

 **말씀 속으로**

1 시인은 하나님의 창조 사역을 보고 무엇에 감탄하며, 창조 세계의 특징을 무엇이라고 노래합니까?(시 104:24)

주께서 하신 일이 많고, 지혜로 모든 것을 지으셔서 땅에 가득하다고 노래합니다.

> **보충 설명** 시인은 단순히 세상이 아름답다고 말하지 않습니다. 그는 창조 세계의 두 가지 특징, 즉 '다양성'(많음)과 '지혜'(질서)에 주목합니다. 넓은 바다의 무수한 생물들이 하나님의 지혜로운 설계도 안에서 조화롭게 존재합니다. 우리가 무심코 바라보는 자연은 사실 하나님의 지혜와 영광을 드러내는 거대한 갤러리입니다. 그러므로 이 세상 속에서 하나님의 숨겨진 솜씨를 발견하는 눈을 가져야 합니다.

2 모든 생물이 생명을 유지하기 위해 누구에게 의존하며, 그분의 행동에 따라 어떤 결과가 나타납니까?(시 104:27-29)

모든 생물은 주님을 바라보며 그분의 공급하심으로 살고, 그가 호흡을 거두시면 죽습니다.

> **보충 설명** 세상에서 가장 강한 생물조차도 하나님의 공급 없이는 한 순간도 살 수 없습니다. 이것은 하나님의 절대적인 주권과 모든 생명의 전적인 의존성을 보여줍니다. 우리의 건강, 직장, 재능, 심지어 호흡까지도 당연한 것이 아니라 매일 주어지는 하나님의 선물입니다. 이 사실을 깨달을 때 우리는 교만 대신 겸손함으로, 불안 대신 감사하는 마음으로 하루하루를 살아갈 수 있습니다.

3 이 모든 것을 깨달은 시인은 자신의 삶을 통해 무엇을 결단하며, 즐거움의 근원을 어디에 둡니까? (시 104:33-34)

평생 여호와를 찬양할 것을 결단하며, 즐거움의 근원을 여호와께 둡니다.

> **보충 설명** 진정한 앎은 삶의 변화로 이어집니다. 시인은 하나님의 위대하심을 깨닫고 자신의 생애 전체를 하나님을 '찬양'하는 데 드리기로 결단합니다. 여기서 중요한 것은 그의 기쁨의 근원이 '하나님이 주신 것들'(피조물)이 아니라 '하나님 자신'(여호와)이라는 점입니다. 모든 앎과 배움을 통해서 하나님의 영광을 올려드리는 우리가 되어야 합니다.

 ## 묵상 이야기

과학 혁명의 아버지 아이작 뉴턴은 평생 만유인력의 법칙, 미적분, 광학 등을 연구했습니다. 그는 "나는 단지 해변에서 조약돌을 줍고 놀고 있었을 뿐이다. 진리의 거대한 바다는 아직도 내 앞에 펼쳐져 있다"라는 고백을 남겼습니다. 이는 그의 위대한 업적에도 불구하고 창조 세계와 우주의 질서가 인간의 능력으로는 다 헤아릴 수 없는 거대한 신비임을 겸손히 인정한 말입니다. 위대한 과학자라도 우주의 정교한 질서를 발견할수록 이것이 창조주의 설계와 주관 아래 있음은 부인할 수 없었던 것입니다.

나눔 일상 속에서 발견한 하나님의 창조 솜씨와 그로 인한 감사를 나누어 봅시다.
기도 매일의 삶 속에서 창조주 하나님을 찬양하는 예배자로 살게 하소서.
적용 하나님께 영광을 올리는 배움의 방법을 찾고 실천합시다.

주기도문이나 대표 기도로 폐회합니다.

14과
배움의 목적의 타락

예배 인도	
찬 송	436장 나 이제 주님의 새 생명 얻은 몸 · 542장 구주 예수 의지함이
기 도	합심기도 / 대표기도
말씀 나눔	창세기 11:1-9

바벨탑 사건은 인간의 배움과 성취가 자기 영광을 드러내는 수단으로 전락할 때 어떤 결과가 나타나는지를 보여줍니다. 하나님 없는 배움은 결국 분열과 흩어짐으로 끝납니다.

1. 바벨탑과 자기중심적 배움

인류는 시날 평지에서 거대한 탑을 건설합니다. 노아의 홍수 이후, 하나님께서 "생육하고 번성하여 땅에 충만하라"(창 9:1)고 말씀하셨는데, 이들은 자신들의 능력으로 안정을 추구합니다. 종족의 안전과 후손 보존을 위해 흩어지지 않겠다고 결심합니다. 이는 하나님 없이 자신들의 방법과 힘으로 살겠다는 태도입니다. 배움과 기술이 하나님을 대항하고 자신만을 위한 수단으로 변질되었습니다.

2. 배움의 목적과 왜곡

"우리 이름을 내고"라는 말에서 문명의 저변에 흐르는 자기 자랑과 교만의 시작을 볼 수 있습니다. 배움은 하나님을 영화롭게 하고, 이웃을 유익하게 하며, 하나님 나라를 드러내기 위한 과정입니다. 그러나 인간은 배움을 자기 계발과 성공, 다른 사람보다 우월해지기 위한 도구로 사용합니다. 오늘날 학력과 성취를 통한 과시는 바벨탑의 정신을 그대로 드러냅니다.

3. 하나님이 기뻐하시는 배움

하나님은 자기중심적 배움을 무너뜨리십니다(7-8절). 참된 배움은 그리스도를 경외하며, 겸손과 존중의 태도로 이루어져야 합니다. 바울은 "철학과 헛된 속임수에 사로잡히지 말라"(골 2:8)고 경고했습니다. 지식과 학문은 교만과 차별이 아니라 섬김과 사랑으로 나타나야 하며, 하나님 나라의 비전을 세우는 데 사용되어야 합니다.

진정한 성공은 세상의 평가에 있지 않습니다. 그리스도를 주인으로 모시고, 소망의 이유를 삶으로 증명해 내는 것, 이것이 하나님이 찾으시는 성공적인 그리스도인의 삶입니다.

말씀 연구	
말 씀	창세기 11:1-9
암 송	누가 철학과 헛된 속임수로 너희를 사로잡을까 주의하라 이것은 사람의 전통과 세상의 초등학문을 따름이요 그리스도를 따름이 아니니라(골 2:8)
요 점	나를 드러내고 높아지려는 (자기중심적) 배움을 경계한다.

본문 이해

바벨탑은 단순한 건축이 아니라 자기 이름을 높이고 하나님 없이 살고자 하는 배움의 타락을 보여줍니다. 결국 스스로를 높이려던 탑, '혼잡하게 하다'란 의미의 '바벨'이라는 이름은 하나님을 대적하는 세력의 대명사로 치욕스런 이름이 되었습니다. 하나님은 인간의 교만한 배움을 흩으셨습니다. 오늘 우리 시대에도 배움은 종종 성공과 우월을 위한 수단으로 변질됩니다. 그러나 하나님 나라 백성의 배움은 겸손과 섬김, 하나님을 영화롭게 하는 데 목적을 두어야 합니다.

 **말씀 속으로**

1 사람들이 성과 탑을 쌓으려 한 이유는 무엇입니까?(창 11:4)
자기 이름을 내고 흩어짐을 면하기 위해서였습니다.

> **보충 설명** 인간은 업적을 통해 자신의 이름을 높이고자 합니다. 창조주 하나님을 높이고 그분의 다스림을 받으며 살아야 하지만, 자신의 힘을 의지하고 스스로 왕이 되려 합니다. 또한 흩어짐을 면하려 하였는데, 이는 생육과 번성을 통해 땅에 충만하고 땅을 정복하라는 하나님의 창조 명령을 위반하는 행위였습니다. 배움과 성취가 교만과 자랑의 도구로 전락하였습니다.

2 하나님께서 바벨탑을 쌓는 사람들에게 어떻게 반응하셨습니까?(창 11:7)
내려오셔서 언어를 혼잡하게 하여 서로 알아듣지 못하게 하셨습니다.

> **보충 설명** 하나님이 내려오셨다는 표현은 인간의 시도에 대한 비웃음으로 보입니다(5, 7절). 인간이 높이 쌓은 탑이 하나님께는 턱없이 낮기 때문입니다. 내려온다는 것은 하나님이 모든 상황을 아신다는 뜻입니다. 인간은 흩어짐을 면하려 했지만, 하나님은 언어를 혼잡하게 하여 인간을 흩으셨습니다. 사도행전 2장에서는 바벨의 언어 분산이 회복되어, 복음이 한 언어로 전파되는 기적이 일어납니다. 인간 나라의 건축은 좌절되었지만, 하나님 나라 건축을 위해 언어의 장벽이 사라졌습니다. 흩어짐은 심판이자 은혜였습니다.

3 참된 배움의 목적은 무엇입니까?(골 2:8)

그리스도를 따르며 하나님을 영화롭게 하는 것입니다.

> **보충 설명** 세상은 배움을 자기 자랑과 성공의 수단으로 삼지만, 성경은 겸손과 섬김, 하나님이 기뻐하시는 일을 이루는 수단으로서의 배움을 강조합니다. 우리는 배움을 통해 교만해지는 것이 아니라 진리이신 예수님의 위대하심을 깨달아 더욱 겸손해야 합니다. 하나님은 교만한 바벨을 흩으셨지만, 믿음으로 순종한 아브라함은 복되게 하시고 그 이름을 창대하게 하셨습니다(창 12:2).

묵상 이야기

언더우드 선교사의 집안은 큰 타자기 회사를 운영하였고, 그는 후계자로서 장래가 보장되어 있었습니다. 그러나 그는 모든 것을 내려놓고 1885년 한국에 와 선교와 교육, 의료에 헌신했습니다. 그는 자신의 지식과 능력을 개인적 성취나 명예가 아닌, 학교와 병원 설립, 성경과 학문 교육, 가난하고 병든 자들을 돌보는 데 사용했습니다. 이를 통해 배움의 목적이 하나님과의 관계를 회복하고 세상을 유익하게 하는 데 있음을 보여주었습니다. 이처럼 우리도 하나님이 주신 능력을 이웃과 세상을 섬기는 삶으로 연결할 때, 하나님 나라의 문화를 세우는 삶을 실천할 수 있습니다.

나눔 나의 배움의 목적이 하나님을 영화롭게 하는 것인지 나누어 봅시다.

기도 교만과 성공주의에서 벗어나 주님을 위한 배움의 삶을 살게 하소서.

적용 배움의 목적을 점검하고, 겸손하게 소명의 삶을 실천합시다.

주기도문이나 대표 기도로 폐회합니다.

15과
예수님 안에서 배움의 재정립

예배 인도

찬 송	183장 빈 들에 마른 풀같이 · 191장 내가 매일 기쁘게
기 도	합심기도 / 대표기도
말씀 나눔	고린도전서 2:10-16

세상은 성공과 행복을 위한 수많은 지혜와 방법을 제시하지만, 이는 종종 우리를 더 깊은 공허함으로 이끕니다. 참된 지혜와 만족은 어디에서 올까요?

1. 하나님의 깊은 것을 아는 길

세상의 지혜로는 하나님의 깊은 뜻과 계획을 알 수 없습니다. 바울은 오직 '성령'만이 하나님의 깊은 것까지 통달하시고 우리에게 보여주신다고 말합니다. 사람의 속마음은 그 사람의 영 외에는 알 수 없듯이, 하나님의 일은 오직 성령님을 통해서만 알 수 있습니다. 참된 제자는 자신의 지식이나 경험이 아닌, 성령님의 조명을 통해 하나님의 뜻을 깨닫는 사람입니다.

2. 세상의 영과 하나님의 영

신자는 더 이상 '세상의 영'을 따르지 않고, '하나님께로부터 온 영'을 받은 사람입니다. 세상의 영을 따르는 사람은 하나님의 일을 어리석게 여기고 이해할 수 없지만, 성령과 함께 동행하는 우리는 십자가의 구원과 영원한 생명의 가치를 깨달아 알게 됩니다. 영적인 일은 영적인 눈으로만 분별할 수 있으며, 성령님은 그 영적 분별력을 주시는 분입니다. 어떤 영을 따라 생각하고 판단하느냐가 우리 삶의 방향을 결정합니다.

3. 그리스도의 마음을 가진 우리

성령으로 사는 사람은 모든 것을 영적으로 판단하고 분별할 수 있습니다. 바울은 "누가 주의 마음을 알아서 주를 가르치겠느냐"고 질문한 뒤, "우리가 그리스도의 마음을 가졌느니라"는 놀라운 선언을 합니다. 이는 우리가 이미 완전하다는 뜻이 아니라 성령 안에서 예수님처럼 생각하고, 판단하고, 사랑할 수 있는 가능성과 신분이 우리에게 주어졌다는 선포입니다.

모든 배움의 과정은 그리스도 예수 안에서 영적 분별력을 갖고 하나님의 뜻을 실천하는 것이 되어야 합니다.

말씀 연구

말 씀	고린도전서 2:10-16
암 송	하나님 아는 것을 대적하여 높아진 것을 다 무너뜨리고 모든 생각을 사로잡아 그리스도에게 복종하게 하니(고후 10:5)
요 점	예수님 안에서 성령님을 의지하며 배운다.

본문 이해

바울 당시 고린도는 화려한 언변과 철학적 지혜를 숭상하는 도시였습니다. 이런 분위기 속에서 고린도 교회 성도들 역시 세상의 지혜와 기준으로 신앙을 판단하려는 경향이 있었습니다. 바울은 십자가 복음이 인간의 지혜로는 이해할 수 없는 하나님의 비밀이라고 선포하며, 그 비밀을 아는 유일한 길을 제시합니다. 바로 우리 안에 내주하시는 '성령'입니다. 바울은 성령님을 통해서만 하나님의 깊은 뜻을 알 수 있으며, 궁극적으로 '그리스도의 마음'을 품고 영적으로 성숙한 성도의 삶을 살아갈 수 있다고 역설합니다.

 **말씀 속으로**

❶ 하나님의 일을 알 수 있는 유일한 분은 누구이며, 그 이유는 무엇입니까?(고전 2:10-11)

오직 성령님이시며, 성령은 하나님의 깊은 것까지도 통달하시기 때문입니다.

> **보충 설명** 아무리 친한 친구라도 그 사람의 속마음을 100% 알 수는 없습니다. 마찬가지로 창조주 하나님의 광대한 생각과 계획은 피조물인 인간이 결코 헤아릴 수 없습니다. 그러나 놀랍게도 하나님은 자신의 영이신 성령님을 우리에게 보내주시어 당신의 마음과 뜻을 알 수 있는 길을 열어주셨습니다. 기도를 통해 성령의 도우심을 구할 때 우리는 하나님의 뜻을 알 수 있습니다.

❷ 하나님으로부터 온 영을 받은 사람은 어떻게 됩니까?(고전 2:13-14)

하나님으로부터 온 영을 받은 사람은 하나님께서 우리에게 은혜로 주신 것들을 알게 하시고, 성령께서 가르치신 것으로 영적인 일을 분별합니다.

> **보충 설명** 세상의 가치관으로 볼 때, 십자가에서 무력하게 죽는 것은 어리석음의 극치입니다. 용서, 희생, 섬김과 같은 가치도 세상의 성공 법칙과는 맞지 않습니다. 이처럼 '세상의 영'은 우리에게 자기중심적이고 이기적인 가치를 속삭입니다. 그러나 '하나님의 영'은 우리에게 십자가의 사랑이야말로 가장 위대한 지혜임을 깨닫게 합니다. 지금 나의 판단 기준은 세상의 영에 더 가깝습니까, 아니면 하나님의 영에 더 가깝습니까?

3 바울은 우리를 향해 어떤 놀라운 신분을 선포하며, 이것은 성도의 삶에 어떤 의미를 가집니까?(고전 2:16)

우리가 그리스도의 마음을 가졌다고 선포하며, 이는 우리가 그분처럼 생각할 수 있다는 의미입니다.

> **보충 설명** 우리는 더 이상 죄의 노예가 된 마음이나 세상의 영을 따르는 마음으로 살 운명이 아닙니다. 예수님을 믿는 순간, 우리 안에는 성령을 통해 '그리스도의 마음', 즉 컴퓨터로 치면 새로운 운영체제(OS)가 설치되었습니다. 비록 아직은 옛 습관이 남아 있지만, 우리는 의지적으로 그리스도의 마음을 따라 생각하고 결정하는 훈련을 통해 점점 더 예수님을 닮아갈 수 있습니다.

 묵상 이야기

　20세기 최고 지성인 중 한 명인 C. S. 루이스는 평생 무신론자로 살았습니다. 그는 이성과 논리를 최고의 가치로 여기며 기독교를 '단순한 신화'로 치부했습니다. 그러나 톨킨 같은 친구들과의 대화를 통해 자신의 지성이 도달할 수 없는 영적 진리를 직면하게 됩니다. 결국 루이스는 이성의 한계를 인정하고, 새로운 차원의 진리를 받아들였습니다. 그는 자신의 회심을 "우주가 그리스도를 통해 재조립되었다"라고 표현했습니다. 이는 단순히 새로운 지식을 얻은 것이 아니라 그리스도의 마음을 품고 세상을 바라보는 새로운 눈을 갖게 된 것입니다.

나눔 나의 지식이나 경험이 하나님의 지혜를 깨닫는 데 방해가 된 적이 있는지 돌아보고, 그것을 어떻게 극복했는지 나누어 봅시다.

기도 세상의 지식이 아닌 주님으로부터 오는 지혜를 구하게 하소서.

적용 중요한 결정이나 문제 앞에서 성령님을 의지하고 분별했는지 생각해 봅시다.

주기도문이나 대표 기도로 폐회합니다.

16과
공감과 섬김을 위한 배움

예배 인도	
찬 송	455장 주님의 마음을 본받는 자 · 199장 나의 사랑하는 책
기 도	합심기도 / 대표기도
말씀 나눔	고린도전서 8:1-13

우리는 종종 '나의 자유'와 '상대방을 향한 배려' 사이에서 갈등합니다. 특히 옳고 그름을 분명히 아는 지식이 있을 때, 오히려 다른 사람을 돌아보지 못하고 나의 권리만을 주장하기 쉽습니다. 우리는 배움을 통해 무엇을 해야 할까요?

1. 지식은 교만하게 하고 사랑은 덕을 세운다
고린도 교회에는 우상의 제물 문제로 '지식 있는 자들'과 '믿음이 약한 자들'이 있었습니다. 지식 있는 자들은 우상이 아무것도 아님을 알기에 그 제물을 먹는 데 거리낌이 없었지만, 이 지식은 자기 의를 내세우고 다른 사람을 무시하는 교만으로 이어질 수 있었습니다. 반면 사랑은 다른 사람을 배려하고 세워주는 힘이 있습니다. 하나님을 사랑하는 사람은 형제를 사랑하게 되고, 이 사랑이 우리를 온전케 합니다.

2. 우상의 제물과 믿음이 약한 형제
우상의 제물 문제는 고린도 교회의 중요한 논쟁거리였습니다. '지식 있는 자들'은 모든 만물이 하나님에게서 나왔음을 알기에 우상의 제물을 먹는 것이 문제 되지 않았지만, 믿음이 약한 자들은 여전히 두려움과 거부감을 느꼈습니다. 바울은 지식 있는 자들의 자유가 믿음이 약한 자들에게 걸림돌이 될 수 있다고 경고합니다. 그들의 행동을 보고 믿음이 흔들리거나, 양심을 거스르고 그들과 같은 행동을 할 수 있기 때문입니다.

3. 형제의 걸림돌이 되지 않는 사랑

바울은 믿음이 약한 형제를 그리스도께서 피로 사신 '그리스도의 형제'라 부릅니다. 형제를 실족하게 하는 것은 곧 그리스도께 죄를 짓는 일입니다. 따라서 바울은 "음식이 내 형제를 실족하게 한다면 나는 영원히 고기를 먹지 않겠다"고 선언합니다. 이는 그리스도의 마음으로 형제를 바라볼 때 가질 수 있는 태도입니다. 진정한 그리스도의 제자는 나의 자유와 권리보다 연약한 형제 사랑을 우선하는 사람입니다.

우리의 신앙적 자유와 지식은 남을 비판하고 판단하는 도구가 아니라, 오히려 더 겸손하게 형제를 섬기는 도구가 되어야 합니다.

말씀 연구	
말 씀	고린도전서 8:1-13
암 송	너희 안에 이 마음을 품으라 곧 그리스도 예수의 마음이니 (빌 2:5)
요 점	배움은 공감과 섬김을 위한 것이다.

본문 이해

고린도 교회는 당시 시장에 유통되던 '우상에게 바쳐진 제물'을 먹는 문제로 큰 갈등을 겪고 있었습니다. 일부 성도들은 신학적 지식에 근거하여 먹어도 괜찮다고 주장했고, 다른 성도들은 이를 죄악시했습니다. 바울은 이 문제를 단순히 '옳고 그름'의 율법적 잣대로 판단하지 않습니다. 그는 '지식'보다 '사랑'을, '나의 자유'보다 '형제의 영혼'을 우선하는 것이 그리스도의 법임을 가르칩니다. 한 영혼을 세우기 위해 나의 권리를 포기할 수 있는가? 이 질문은 오늘날 우리에게도 여전히 핵심적인 도전입니다.

 **말씀 속으로**

1 바울은 '지식'과 '사랑'이 각각 어떤 결과를 낳는다고 대조합니까?(고전 8:1)

지식은 교만하게 하며 사랑은 덕을 세운다고 말합니다.

> **보충 설명** 지식 자체는 나쁜 것이 아닙니다. 그러나 사랑이 동반되지 않은 지식은 자신을 다른 사람보다 우월하게 여기는 교만의 도구가 될 수 있습니다. 반면 사랑은 관계를 세우고 공동체를 건강하게 만듭니다. 예수님은 바리새인들의 율법 지식을 책망하시며, 죄인을 끌어안는 사랑을 보여주셨습니다. 우리의 신앙은 머리로만 아는 지식에 머물러서는 안 되며, 반드시 가슴의 사랑으로 나타나야 합니다.

2 '지식 있는 자'의 자유로운 행동이 '믿음이 약한 자'에게 어떤 결과를 가져올 수 있다고 경고합니까?(고전 8:9-11)

믿음이 약한 자들을 걸려 넘어지게 하고, 멸망하게 할 수 있습니다.

> **보충 설명** 여기서 '멸망'은 구원을 잃는다는 의미라기보다, 신앙 양심에 깊은 상처를 입고 믿음의 길에서 넘어져 심각한 영적 침체에 빠지는 것을 의미합니다. 중요한 것은 그 형제를 위해 그리스도께서 죽으셨다는 사실입니다. 예수님이 자신의 목숨으로 사신 한 영혼의 가치는, 내가 고기 먹을 자유를 누리는 것과는 비교할 수 없을 만큼 소중합니다. 나의 사소한 행동 하나가 다른 이에게 미칠 영적 영향을 항상 생각해야 합니다.

3 형제를 실족하게 하는 것에 대해 바울은 어떤 결심을 보여주며, 그 이유는 무엇입니까?(고전 8:13)

형제를 실족하게 한다면 영원히 고기를 먹지 않겠다고 결심합니다.

> **보충 설명** 이것은 바울의 극단적인 의지를 보여주는 표현입니다. 그의 우선순위가 '나의 권리'가 아니라 '형제를 세우는 것'에 있음을 명확히 합니다. 그는 자신의 배를 채우는 기쁨보다 한 영혼이 주님 안에서 바로 서는 것을 훨씬 더 중요하게 여겼습니다. 이것이 바로 자기를 비워 우리를 섬기신 예수 그리스도의 마음입니다.

묵상 이야기

미국의 침례교 목사이자 인권 운동가였던 마틴 루터 킹 목사는 1950년대 흑인 차별이 극심했던 시기에 비폭력 저항 운동을 펼치며 평화롭게 인권을 쟁취하려 노력했습니다. 당시 흑인들은 버스 좌석, 식당, 학교 등에서 백인들과 분리되어 차별받았습니다. 마틴 루터 킹 목사와 동역했던 많은 백인 기독교인들도 흑인에게 동등한 권리가 있음을 알았지만, 이 지식만으로는 사회적 차별을 극복하기 어려웠습니다. 그들은 흑인들과 함께 고통받고 감옥에 가는 등 '공감과 섬김'의 사랑을 실천했고, 흑인들의 아픔에 동참한 이들의 사랑은 결국 세상을 변화시키는 힘이 되었습니다.

나눔 내가 가진 지식으로 다른 사람을 섬겼던 경험을 나누어 봅시다.

기도 지식으로 교만해지는 것이 아니라 형제를 섬기는 사랑의 마음을 품게 하소서.

적용 나의 지식을 통해 다른 사람에게 공감과 섬김을 실천할 수 있는 일은 무엇인지 생각해 보고 실천합시다.

주기도문이나 대표 기도로 폐회합니다.

17과
세상을 돌보는 청지기 사명

예배 인도	
찬 송	79장 주 하나님 지으신 모든 세계 · 449장 예수 따라가며
기 도	합심기도 / 대표기도
말씀 나눔	창세기 2:8-17(참고. 창 1:28-30)

　창세기 1장 28절을 '문화 명령'이라 합니다. 하나님께서는 인간에게 세상을 돌보고 번성케 하는 책임을 맡기셨습니다. 인간은 하나님의 창조 세계를 돌보고 보존하며 경작하고 성장시키는 청지기입니다.

1. 문화 명령과 경작
　하나님은 에덴동산을 사람을 위한 공간으로 마련하시고, 나무와 생명을 통해 풍요와 아름다움을 제공하셨습니다(8-9절). "경작하고 지키라"는 말씀은 인간을 위한 문명의 발전을 넘어, 섬김과 돌봄을 포함합니다. 성도는 세상과 문화를 하나님 중심으로 관리하며 더 나아지게 해야 합니다. 이는 심지어 인간의 타락 이전에 명하신 하나님의 뜻으로, 지금도 여전히 유효합니다.

2. 자유와 책임
　하나님은 선악을 알게 하는 나무의 열매를 먹지 말라 하시며 자유와 한계를 규정하셨습니다. 인간의 문화 활동은 자유 속에서 이루어지지만, 하나님을 섬기는 책임과 선택을 동반해야 합니다. 문화 명령은 단순한 자기중심적 개발이 아니라 보존과 돌봄, 책임 있는 창조적 활동입니다. 따라서 문명과 문화 개발은 인간을 위한 것인 동시에 하나님의 창조 질서를 존중하는 가운데 책임 있는 청지기 의식이 필요합니다.

3. 하나님 나라 백성과 문화

문화란 좁게는 사상, 예술, 운동과 같은 특정 영역을, 넓게는 삶의 방식 전체를 포함합니다. 하나님 나라 백성은 문화를 통해 하나님을 드러내고, 생육하며 땅에 충만해야 합니다(창 1:28). 이는 창조 세계를 다스리고 보존하며, 인간의 삶을 지속 가능하게 하는 것이며, 이를 통해 하나님의 임재와 일하심을 세상에 드러낼 수 있습니다(롬 1:20).

더 나아가 우리는 이 세상의 모든 영역에서 하나님의 뜻이 드러나고 확장되도록 청지기 사명을 감당해야 합니다. 하나님의 영광을 드러내는 것이 성도의 소명입니다.

말씀 연구

말씀	창세기 2:8-17(참고. 창 1:28-30)
암송	창세로부터 그의 보이지 아니하는 것들 곧 그의 영원하신 능력과 신성이 그가 만드신 만물에 분명히 보여 알려졌나니 그러므로 그들이 핑계하지 못할지니라(롬 1:20)
요점	우리는 세상의 문화를 경작하는 사명을 받았다.

 **본문 이해**

인간은 하나님이 주신 자원과 환경을 단순히 소유하거나 소비하는 존재가 아니라 경작하고 보존하며 발전시키는 청지기입니다. 바벨탑과 같은 자기중심적 성취가 아니라 하나님을 영화롭게 하고, 세상과 올바른 관계를 맺으며, 창조 세계와 사회를 조화롭게 관리하는 것이 문화 명령의 핵심입니다. 하나님과 멀어진 사람은 하나님뿐 아니라 다른 사람이나 창조 세계와도 올바른 관계로 나아가지 못합니다. 창조물을 숭배하거나 착취하는 양극단으로 나아갈 수 있습니다. 또한 세상의 문화를 무조건 거부하는 태도도 문제입니다. 우리는 성경적 세계관을 가지고 세속 문화를 분별하고 변화시킬 사명을 지니고 있습니다.

 **말씀 속으로**

1 하나님은 인간에게 무엇을 주셨고 무엇을 금하셨습니까?(창 2:8-9, 16-17)

에덴동산과 좋은 나무, 각종 나무의 열매를 주셨습니다. 그러나 선악을 알게 하는 나무의 실과는 금하셨습니다.

> **보충 설명** 타락 이전에 하나님께서는 인간을 위해 에덴동산과 각종 나무와 열매를 주셨고, 타락 이후에는 동물을 먹을 수 있도록 허락하셨습니다. 또 아담에게 들짐승과 새들의 이름을 짓게 하심으로 창조물을 다스리게 하셨습니다. 그러나 선악을 알게 하는 나무의 열매는 금하셨습니다. 이를 통해 인간은 하나님의 청지기로서 창조 세계에 대한 소유권을 가지되, 하나님의 주권 아래 있음을 분명히 알게 하셨습니다.

2 하나님이 "경작하고 지키라"고 하신 것은 무슨 의미입니까?(창 2:15)

세상과 환경을 돌보고 보존하며, 섬김과 책임으로 문화를 발전시키라는 뜻입니다.

> **보충 설명** 문화 명령은 단순한 노동이 아니라 하나님께 예배하는 행위의 성격을 지닙니다. 영어 컬처(culture)는 라틴어 쿨투라(cultura)에서 나왔는데, 이는 '경작, 재배'를 뜻합니다. 하나님께서는 인간이 지혜로 문화를 발전시킬 것을 명하셨고, 동시에 '지키라'는 말에는 '지키다, 준수하다, 보존(간수)하다, 주의하다'라는 의미가 담겨 있습니다. 곧 하나님은 선하게 보존하고 바르게 관리할 것을 명하신 것입니다.

③ 하나님 나라 백성에게 문화는 어떤 의미입니까? (창 1:28, 롬 1:20)

문화는 하나님이 인간에게 경작하고 관리하도록 주신 것이며, 하나님의 영광을 드러내는 것입니다.

> **보충 설명** 하나님께서는 문화 명령을 통해 창조 세계를 가꾸고 다스리라고 명하셨습니다. 그러므로 하나님의 창조 질서를 지키면서 새롭게 개발하고 확장하는 사명이 우리에게 있습니다. 이를 통해 하나님의 임재와 일하심이 드러나게 됩니다. 따라서 세속적 문화에 동화되는 것뿐 아니라 반문화적 태도는 그릇된 것입니다. 우리는 하나님의 문화를 확산시키고 세상의 문화를 변화시킬 사명이 있습니다.

묵상 이야기

2020년 한 광고에서 어떤 부부의 삶을 소개한 적이 있습니다. 광고에서 이 부부는 바다에 들어가 쓰레기를 주워 나오는 모습을 보여 줍니다. 그리고 내레이션이 묻습니다. "지금 뭐 하세요?" 부부는 대답합니다. "쓰레기 주워요." 다시 내레이션이 묻습니다. "이 넓은 바다가 그런다고 회복될까요?" 그러자 남편이 이렇게 대답합니다. "최소한 우리가 지나온 길은 바뀌잖아요." 그리스도인의 삶도 이와 같습니다. 최소한 우리가 지나온 길은 달라져야 합니다. 하나님 나라 백성은 자신이 살아가는 자리에서 하나님의 뜻을 드러내야 합니다.

나눔 세상을 돌보는 청지기적 사명을 감당하고 있는지 나누어 봅시다.

기도 나의 삶의 영역을 책임 있게 관리하여 주님을 영화롭게 하게 하소서.

적용 나의 삶에서 문화를 경작하기 위해 할 수 있는 일을 나누어 봅시다.

주기도문이나 대표 기도로 폐회합니다.

18과
세상의 가치를 경계하는 삶

예배 인도	
찬 송	180장 하나님의 나팔소리 · 90장 주 예수 내가 알기 전
기 도	합심기도 / 대표기도
말씀 나눔	로마서 13:13-14, 요한일서 2:16(참고. 막 7:14-23)

우리는 세상에 발을 딛고 삽니다. 그러나 이 세상에는 하나님을 대적하는 가치와 문화들이 많이 있습니다. 오직 예수 그리스도로 옷 입을 때 우리는 이 세상의 가치를 분별하며 살 수 있습니다.

1. 낮에와 같이

바울은 밤이 깊고 낮이 가까웠다고 말하며(12절), 종말론적인 관점에서 밤의 방식이 아닌 낮의 방식으로 살라고 권면합니다. 이 세상에는 하나님이 기뻐하지 않으시는 어둠의 일(12절)이 있는데, 그것은 바로 단정하지 않고, 술 취하며, 음란한 삶의 방식들입니다. 우리는 이런 것들에서 벗어나 낮과 같이 단정히 행해야 합니다.

2. 육신의 일들

오늘날 세상은 방탕함과 술 취함, 음란과 호색, 다툼과 시기 속에 빠져 살고 있습니다. 바울은 이를 '육신의 일'이라고 표현합니다. 이러한 세상의 가치는 하나님이 아닌 것에 욕심을 두고 자랑하도록 이끕니다. 모든 육신의 욕심 곧 정욕은 눈에 보이는 것에서부터 출발합니다. 우리는 눈에 보이지 않지만 삶의 모든 것을 주관하시는 하나님을 의식하며, 육신의 일에 마음이 기울지 않도록 주의해야 합니다.

3. 그리스도로 옷 입으라

바울은 빛의 갑옷 곧 그리스도를 입으라고 말합니다. 어떻게 그리스도를 입을 수 있을까요? 세례로 그분과 하나가 되고(갈 3:27), 예수님의 성품을 닮아가야 합니다. 또한 우리에게 주어진 영적 무기들을 잘 사용하여 욕망을 이기도록 훈련해야 합니다. 그렇게 할 때 우리는 그리스도로 옷 입은 새사람으로 살아갈 수 있습니다(엡 4:24).

밤이 깊고 낮이 가까웠습니다. 그리스도인은 빛의 사람입니다. 육신의 일을 분별하여 그리스도로 옷 입은 삶을 살아야 합니다. 세상의 가치를 분별하고 경계하는 삶을 살아야 합니다

말씀 연구	
말　씀	로마서 13:13-14, 요한일서 2:16(참고. 막 7:14-23)
암　송	좌로나 우로나 치우치지 말고 네 발을 악에서 떠나게 하라 (잠 4:27)
요　점	우리는 세상의 가치를 경계해야 한다.

본문 이해

바울은 그리스도인이 이 세상에 속해 살아가지만, 종말론적인 신앙으로 세상과 구별되어 거룩하게 살아야 함을 교훈합니다. 본문에서는 두 가지 행동 양식을 구별하고 있습니다. 방탕과 술 취함으로 표현되는, 오직 이생의 정욕만을 위한 육신의 일과, 그것과 반대되는 그리스도로 옷 입는 삶입니다. 낮이 되면 어둠은 힘을 잃고 모든 것이 드러날 것입니다. 그리스도인은 빛의 사람으로서 그리스도로 옷 입는 구별된 삶을 살아야 합니다.

 말씀 속으로

1 낮과 같이 단정히 행하는 것은 어떤 삶입니까?(롬 13:13)

어둠의 일을 벗고 빛의 갑옷을 입는 삶입니다.

> **보충설명** 빛의 갑옷을 입는 것은 하나님을 기쁘시게 하는 삶의 방식으로 행한다는 뜻입니다. 낮이 가까이 오긴 했지만, 세상은 여전히 어둠 가운데 있습니다. 예수님은 "그 정죄는 이것이니 곧 빛이 세상에 왔으되 사람들이 자기 행위가 악하므로 빛보다 어둠을 더 사랑한 것이니라"(요 3:19)라고 말씀하셨습니다. 우리는 하나님이 기뻐하시지 않는 어둠의 일을 떠나 빛의 갑옷을 입어야 합니다.

2 정욕을 위한 육신의 일은 무엇입니까?(롬 13:13)

방탕함과 술 취함, 음란과 호색, 다툼과 시기입니다.

> **보충설명** 이것들은 하나님을 기쁘시게 하지 않는 것, 즉 어둠에 속한 행동의 예입니다. 예수님은 이런 육신의 일들이 사람 안에서 나온다고 지적하셨습니다(막 7:16). '정욕'은 헬라어 '사르크스'를 번역한 것으로, 바울이 그리스도를 떠난 인간의 상태를 표현할 때 사용하는 단어이기도 합니다. 바울은 거듭난 신자들의 삶 속에 육신의 일은 자리 잡을 곳이 없다고 분명히 말합니다(갈 5:19-21).

3. 그리스도로 옷 입는 것은 어떤 삶입니까? (롬 13:14)

정욕을 위하여 육신의 일을 도모하지 않는 삶입니다.

> **보충 설명** 바울은 '빛의 갑옷' 곧 예수로 옷을 입자고 했습니다. 그리스도 안에 있는 우리는 생각하는 것이나 삶의 모든 영역에서 그분의 인도하심을 받아야 합니다. 이 세대를 본받지 말고 하나님의 뜻을 분별해야 합니다(롬 12:2). 따라서 바울이 "옷 입으라"고 한 것은 '단번에' 입는 것을 말하지 않습니다. 이 세상을 살아가는 동안 죄와 싸우며 계속 그리스도로 옷 입는 믿음의 결단을 하라는 의미입니다.

묵상 이야기

찰스 콜슨(1931-2012)은 미국의 37대 대통령 닉슨의 보좌관이었습니다. 그는 권력을 유지하기 위해 수단과 방법을 가리지 않는 인물이었습니다. 그러다 1972년 미국 역사상 가장 충격적인 정치 스캔들 '워터게이트 사건'이 터졌고, 그는 이 사건의 핵심 인물로 지목되어 옥살이를 하게 됩니다. 감옥에서 콜슨은 예수님을 만나 회심을 경험하고, 더 이상 세상의 방식이 아닌 예수 그리스도를 따르며 살기로 결심합니다. 어둠의 옷을 벗고 새 옷을 입은 것입니다. 출소 후 그는 '프리즌 펠로우십'이라는 선교단체를 세워 전 세계 수감자들에게 복음을 전하는 삶을 살았습니다.

- **나눔** 세상의 가치를 따르고 있는지, 그리스도로 옷 입고 경계하는 삶을 살고 있는지 나누어 봅시다.
- **기도** 예수님으로 옷 입고 구별된 삶을 살게 하소서.
- **적용** 정욕과 보이는 것을 자랑하는 삶을 어떻게 저항할지 결단해 봅시다.

주기도문이나 대표 기도로 폐회합니다.

19과
세상의 빛과 소금

예배 인도

찬 송	84장 온 세상이 캄캄하여서 · 452장 내 모든 소원 기도의 제목
기 도	합심기도 / 대표기도
말씀 나눔	마태복음 5:13-16, 에베소서 5:8-14

주님은 우리를 세상의 빛과 소금으로 부르셨습니다. 부패하고 맛이 없는 곳에 맛을 내는 소금으로, 어둠 가운데 빛으로 우리를 부르셨습니다. 이것이 이 세상을 살아가는 우리의 청지기적 사명이자 정체성입니다.

1. 너희는 소금이다

주님은 우리를 '소금'이라고 하십니다. 소금은 음식의 부패를 방지하고 맛을 내는 데 꼭 필요한 것입니다. 이처럼 그리스도인은 세상에서 긍정적인 영향을 끼쳐야 합니다. 그러나 소금이 제 역할을 하지 못하면 버려진다고 주님은 말씀하셨습니다. 그리스도인이 세상과 구별되지 않는다면 아무런 유익을 주지 못한다는 것입니다. 주님은 우리에게 이 세상에서 선한 역할을 감당해야 할 책임을 주셨습니다.

2. 너희는 세상의 빛이다

주님은 우리를 세상의 '빛'이라고도 부르십니다. 소금이 음식의 맛을 내듯, 빛은 환경을 달라지게 합니다. 예수님은 자신을 빛이라고 칭하셨습니다(요 8:12). 그렇기에 우리도 주님을 닮아 어두운 세상에 빛을 비추며 그리스도를 나타내는 삶을 살아야 합니다. 주님은 우리를 '세상의 빛'이라고 하시며, 숨겨지지 않아 모두에게 빛을 비추는 존재로 부르셨습니다.

3. 하나님께 영광을 돌리게 하라

그리스도인은 그들의 빛을 모든 사람 앞에 비치게 해야 합니다. 사람들에게 무엇을 하고 어디로 가야 할지 보여주어야 하기 때문입니다. 이 빛을 본 사람들은 그리스도인의 착한 행실을 통해 하나님께 영광을 돌리게 됩니다. 이처럼 주님은 나를 위해서가 아니라 세상을 향해 빛을 비추라 하십니다. 우리의 선행은 세상에 주님을 드러냅니다.

우리는 세상의 빛과 소금입니다. 이 세상에 살지만 구별된 삶으로 선한 영향을 주고 하나님을 드러내는 삶을 살아야 합니다.

말씀 연구	
말 씀	마태복음 5:13-16, 에베소서 5:8-14
암 송	이같이 너희 빛이 사람 앞에 비치게 하여 그들로 너희 착한 행실을 보고 하늘에 계신 너희 아버지께 영광을 돌리게 하라 (마 5:16)
요 점	우리는 세상의 빛과 소금으로 문화를 변혁한다.

 본문 이해

주님은 산 위에서 하나님 나라의 삶의 본질인 팔복을 선포하십니다. 그리고 강력한 은유 두 가지로 하나님 나라를 소유한 사람들이 세상에서 어떤 영향을 끼쳐야 할지 말씀하십니다. 그것이 바로 마태복음 5장 13-16절에 등장하는 '빛과 소금'입니다. 이 세상은 그리스도인들을 박해할 수 있습니다(마 5:12). 그러나 주님은 그리스도인이 그러한 세상 속에서도 짠맛을 내는 소금처럼, 어두움을 밝히는 빛처럼 살아야 한다고 말씀하십니다. 주님은 우리를 세상과 구별되어 선한 영향을 끼치는 존재로 부르셨습니다.

 **말씀 속으로**

① 세상의 소금이란 어떤 의미입니까?(마 5:13)
부패를 막고 꼭 필요한 맛을 내는 존재로 우리를 부르신 것입니다.

> **보충 설명** 오늘날이나 예수님 당시나 음식의 맛을 내기 위해 소금은 필수였습니다. 또 냉장고가 없기에 음식의 부패를 늦추기 위해서도 소금이 사용되었습니다. 이렇게 소금은 여러모로 사람들에게 유익했습니다. 우리는 이 세상에 섞여 함께 살아가지만, 세상의 타락을 막고 이 시대에 꼭 필요한 맛을 내는 문화를 창조함으로 소금과 같은 역할을 감당해야 합니다.

② 세상의 빛이란 어떤 의미입니까?(마 5:14)
어두운 세상에 빛을 비추는 존재로 우리를 부르신 것입니다.

> **보충 설명** 빛이 비치면 어두움이 사라집니다. 오늘날 우리는 세상의 빛이 되어 여전히 어둠 가운데 있는 영역을 향해 나아가야 합니다. 어두운 문화, 하나님을 대적하는 문화를 향해 하나님의 빛을 비추어야 합니다. 주님은 이 빛이 숨겨질 수 없다 하십니다. 집 안 가장 높은 곳에 놓아 모두를 비추라 하십니다. 우리에게는 주님께 받은 생명의 빛을 세상에 비추는 사명이 있습니다.

3 어떻게 해야 하늘 아버지께 영광을 돌릴 수 있습니까?(마 5:16)

우리의 착한 행실을 보고 세상이 하나님께 영광을 돌립니다.

> **보충 설명** 주님을 따르는 사람은 하나님 나라의 삶을 소유합니다. 그것은 변화된 삶의 모습으로 나타나며, 바울은 이를 '빛의 열매'라고 표현합니다(엡 5:8). 곧 세상과 구별되어 주님을 기쁘시게 하는 삶입니다(엡 5:10). 빛과 소금이 되라는 것은 어떤 업적을 이루라는 것이 아닙니다. 우리가 세상에서 구별된 삶을 살 때, 세상은 우리의 행실을 보고 하나님께 영광을 돌리게 될 것입니다.

묵상 이야기

장기려 박사(1911-1995)는 경성의전을 수석 졸업한 인재였습니다. 그는 6.25 전쟁 때 가족과 떨어져 이산가족이 되지만, 절망하지 않고 부산에 정착해 '청십자의원'을 세우고 타인을 위한 삶을 살아갑니다. 병원에 오는 가난한 이들을 차별 없이 진료해 주고, 진료비가 없는 환자를 위해 자신의 의사 가운을 팔기도 했습니다. 이후 그는 '복음병원'을 설립하고, '청십자 의료보험조합'을 만듭니다. 이는 나중에 국민건강보험의 기틀이 되었습니다. 장기려 박사는 그야말로 빛과 소금의 삶을 살았습니다.

나눔 악한 문화를 선하게 변혁한 경험을 나누어 봅시다.

기도 세상의 빛과 소금의 역할을 감당하는 삶을 살게 하소서.

적용 세상에서 부패를 막고, 어두움을 몰아내기 위해 어떻게 할 수 있는지 나누어 봅시다.

주기도문이나 대표 기도로 폐회합니다.

20과
성경적 세계관과 예배

예배 인도	
찬 송	289장 주 예수 내 맘에 들어와 · 421장 내가 예수 믿고서
기 도	합심기도 / 대표기도
말씀 나눔	고린도후서 3:13-18(참고. 출 34:29-35, 히 12:28)

모세가 시내 산에서 율법을 받아 내려왔을 때, 그의 얼굴은 하나님의 영광의 광채를 반영해 빛이 났습니다. 하지만 그 빛을 보고 두려워하는 이스라엘 백성들을 위해 모세는 수건으로 얼굴을 가립니다.

1. 모세가 자신의 얼굴을 가린 이유

이스라엘 백성들이 모세의 빛난 얼굴을 보고 가까이 나아오기를 두려워했던 이유는 죄인인 자신들은 결코 하나님의 영광 앞에 설 수 없다는 것을 잘 알았기 때문입니다. 그래서 모세는 자신의 얼굴을 가립니다. 또한 모세는 이스라엘 백성들이 사라질 영광에 주목하기를 원하지 않았습니다. 자기 얼굴의 빛난 광채는 시간이 지나면 사라질 것이지만, 하나님의 영광은 영원할 것이기 때문입니다.

2. 수건을 벗은 얼굴로 거울을 보는 것같이

모세가 여호와 하나님 앞에 나아갈 때 수건을 벗었던 것처럼, 예수 그리스도를 믿음으로 죄와 죽음의 문제가 해결된 우리도 두려움으로 우리 마음을 가리고 있던 수건을 벗어 던지고 하나님 앞으로 나아갈 수 있게 되었습니다. 이제 모세처럼 우리 역시 하나님의 영광 앞에 서서 우리 자신을 비추어 보고, 하나님의 영광의 빛을 반영하는 자들이 되었습니다.

3. 그와 같은 형상으로 변화하여 영광에서 영광으로

우리는 이제 날마다 수건을 벗은 얼굴로 하나님 앞에 나아가 참 자유를 누리며, 그 영광을 우리 안에 담아갑니다. 그리고 우리 안에 담긴 영광을 닮아 주의 형상으로 변화되어 갑니다. 구원받아 의롭다 선언받은 우리의 영광스러운 모습은 날마다 주를 예배하고, 날마다 주의 영광을 반영하며 영광에서 영광으로 변화됩니다.

이러한 모든 변화는 주님을 예배하는 자리에서 시작됩니다. 예배를 통해 하나님의 영광을 발견함으로 우리는 더욱 하나님을 닮아갈 수 있습니다.

말씀 연구

말 씀	고린도후서 3:13-18(참고. 출 34:29-35, 히 12:28)
암 송	우리가 다 수건을 벗은 얼굴로 거울을 보는 것 같이 주의 영광을 보매 그와 같은 형상으로 변화하여 영광에서 영광에 이르니 곧 주의 영으로 말미암음이니라(고후 3:18)
요 점	예배는 하나님 나라 백성의 세계관 형성의 핵심이다.

본문 이해

예배는 하나님 나라 백성의 세계관을 형성하는 핵심 실천입니다. 예배에서 가장 중요한 가치는 하나님의 영광입니다(고후 3:18). 하나님은 예배를 통해 당신을 우리에게 계시하시는데, 바로 하나님의 영광입니다. 하나님의 영광을 경험하면 반드시 그와 같은 형상으로 변화됩니다(고후 3:18). 하나님의 영광을 접하는 것은 마치 거울에 자신을 비추는 것과 같습니다(고후 3:18). 예배를 통해 우리는 하나님의 영광 앞에서 우리의 모습을 비추고, 하나님을 반영하는 모습으로 변화되어 갑니다. 그렇기에 우리가 이 세상을 보고, 이해하고, 반응하는 삶의 모든 방식은 하나님을 향한 예배에서 결정됩니다.

 **말씀 속으로**

① 모세가 자신의 얼굴을 수건으로 가린 이유는 무엇입니까?(고후 3:13, 출 34:30)

이스라엘 백성이 모세의 빛난 얼굴을 보고 가까이 나아오기를 두려워했기 때문입니다.

> **보충 설명** 죄인인 우리는 거룩하신 하나님 앞에 나아갈 수 없습니다(출 33:18-20, 사 6:5). 그래서 하나님의 영광의 광채로 빛나는 모세의 얼굴을 본 이스라엘 백성은 두려워했고, 이에 모세는 수건으로 자기 얼굴을 가렸습니다. 또한 그는 하나님의 영광을 반영하여 빛나는 자기 얼굴의 광채가 시간이 지나면 사라질 것을 알았습니다. 그래서 이스라엘 백성이 자기 얼굴에 반영된 일시적인 광채에 집중하기를 원하지 않았습니다(고후 3:13).

② 바울이 말한 '거울을 보는 것같이'라는 표현은 무슨 의미입니까?(고후 3:18)

이제 우리가 주의 영광을 반영하여 '거울'처럼 비추어낸다는 뜻입니다.

> **보충 설명** 허물과 죄로 죽었던 우리를 긍휼이 풍성하신 하나님께서 그리스도의 십자가 죽음과 부활을 통해 구원하셨습니다. 이제 우리는 우리에게 덮여 있던 수건을 벗어 던지고, 하나님 앞에 언제든지 자유롭게 나아갈 수 있게 되었습니다. 이렇게 하나님은 우리에게 먼저 찾아오셔서 당신의 영광을 밝히 보여주셨고, 이제 우리는 하나님의 영광을 반영하여 비추는 자로 살아가게 되었습니다.

❸ 주님의 형상으로 변화되어 영광에서 영광에 이른다는 것은 무엇을 의미합니까? (고후 3:18)

주의 구원을 받은 영광스러운 자에서 주의 형상을 닮아 주의 영광을 반영하는 자가 되는 것입니다.

> **보충 설명** 이처럼 세상을 사랑하시는 하나님은 독생자 예수 그리스도의 십자가 죽음과 부활로 우리를 향한 사랑을 확증하여 보여주셨습니다. 이제 이 진리를 믿는 모든 사람은 영생의 복을 누리고 의롭다 함을 받습니다. 하지만 우리의 여정은 여기서 끝나지 않습니다. 우리를 새로운 피조물로 회복시키신 하나님은 결국 우리를 그분을 닮아 영화롭게 하십니다.

묵상 이야기

'거울효과'라는 심리적 현상이 있습니다. 이는 타인의 행동이나 언어를 무의식적으로 모방하는 것으로, 이를 통해 타인과의 친밀감이 형성되고, 유대감이 깊어지며, 공감 능력이 향상됩니다. 사랑하면 계속해서 그 사람을 보게 되고, 계속 보다 보면 그를 닮아가게 됩니다. 사랑하는 부부의 얼굴이 닮아 보이듯, 우리는 우리를 사랑하셔서 찾아오신 하나님의 사랑을 자꾸 바라보며 그분을 닮아가게 됩니다. 이것이 우리가 예배해야 하는 이유이며, 예배를 통해 우리에게 당신의 영광을 비추시는 하나님의 마음입니다.

나눔 예배 가운데 하나님의 영광을 바라본 경험을 나누어 봅시다.

기도 예배 가운데 하나님의 영광을 바라보며 주를 더욱 닮아가게 하소서.

적용 예배가 나의 삶에 어떤 영향을 끼치는지 점검해 봅시다.

주기도문이나 대표 기도로 폐회합니다.

21과
우상을 경계하는 참된 예배

예배 인도	
찬 송	322장 세상의 헛된 신을 버리고 · 88장 내 진정 사모하는
기 도	합심기도 / 대표기도
말씀 나눔	시편 115:4-8

사람은 자신이 예배하는 대상을 닮아갑니다. 우리의 모습과 삶의 방식은 무엇을 의지하는가에 따라 결정됩니다. 하나님은 우리가 우상의 실체를 깨닫고, 참된 예배를 통해 하나님의 형상을 회복하길 바라십니다.

1. 생명 없는 우상의 실체
시편은 우상이 은과 금으로 만들어진 사람의 작품일 뿐이라고 말합니다. 눈, 코, 입, 귀, 손, 발의 형태는 있지만, 보지도, 듣지도, 말하지도, 움직이지도 못하는 생명 없는 존재입니다. 이것이 바로 우리가 하나님보다 앞세우는 우상의 실체입니다. 우상은 우리에게 참된 생명과 만족을 줄 수 없는 텅 빈 허상에 불과합니다.

2. 우상을 닮아가는 사람들
8절은 우상을 만들고 의지하는 자는 결국 그 우상과 같이 된다고 경고합니다. 영적으로 눈멀고 귀먹은 대상을 좇다 보면, 우리 역시 하나님의 영광을 보지 못하고 그분의 음성을 듣지 못하는 무기력한 존재가 되어버립니다. 헛된 것을 예배하는 것은 결국 우리의 영혼을 메마르게 하고, 하나님과 단절되는 결과를 낳습니다.

3. 참된 예배로 회복되는 하나님의 형상

생명 없는 우상을 버리고 살아계신 하나님을 예배할 때, 우리는 그분의 생명을 경험하게 됩니다. 참된 예배는 우리의 영적 감각을 일깨워 하나님의 일하심을 보게 하고, 진리의 말씀을 듣게 합니다. 창조주 하나님을 전적으로 신뢰하고 의지할 때, 비로소 텅 빈 우상의 모습에서 벗어나 그분의 영광스러운 형상으로 변화되어 갑니다.

우리 마음속의 우상을 내려놓고 살아계신 하나님 한 분만을 예배합시다. 그 예배를 통해 날마다 우리의 영혼이 소생하며 주님의 형상으로 아름답게 빚어져 가길 소망합니다.

말씀 연구	
말 씀	시편 115:4-8
암 송	우상들을 만드는 자들과 그것을 의지하는 자들이 다 그와 같으리로다(시 115:8)
요 점	잘못된 예배를 경계한다.

 본문 이해

시편 115편은 우상의 실체를 고발합니다. 우상은 사람이 만든 은과 금에 불과하며, 눈, 코, 입, 손, 발의 형태는 있으나 아무런 기능을 하지 못하는 생명 없는 존재입니다. 가장 치명적인 사실은 우상을 만들고 의지하는 자는 결국 그 우상과 같이 된다는 점입니다. 이는 참된 예배의 원리를 역으로 보여줍니다. 살아계신 하나님을 예배할 때 그분의 형상으로 변화되듯, 생명 없는 우상을 예배하면 우리의 영혼이 그 우상처럼 무감각해집니다. 우상 숭배는 하나님을 보고, 듣고, 반응하는 영적 기능을 마비시켜, 하나님 나라 백성으로서 세상을 바르게 보는 세계관을 근본적으로 무너뜨립니다.

 **말씀 속으로**

① 시편 115편에서 우상의 특징은 무엇이며, 이것은 우리에게 무엇을 알려줍니까? (시 115:4-7)

우상은 사람이 만든 은과 금에 불과하며, 눈, 귀, 입, 손, 발의 형태는 있지만 아무런 기능을 하지 못하는 생명 없는 존재입니다.

> **보충설명** 우상은 인간의 필요와 욕심에 의해 만들어진 피조물일 뿐, 스스로 존재하거나 생명을 줄 수 없습니다. 눈이 있어도 우리의 고통을 보지 못하고, 귀가 있어도 우리의 기도를 듣지 못하며, 입이 있어도 우리를 위로하거나 진리를 말해주지 못합니다. 이는 우리가 하나님 대신 의지하는 세상 모든 것(돈, 명예, 권력 등)의 본질을 보여줍니다. 그것들은 우리에게 참된 만족과 구원을 줄 수 없는 헛된 것들입니다.

② 우상을 만들고 의지하는 자들에게 어떤 결과가 있다고 경고합니까? (시 115:8)

다 그와 같은 존재가 됩니다.

> **보충설명** '사람은 자신이 예배하는 것을 닮아간다'라는 영적 원리를 보여주는 가장 무서운 경고입니다. 생명 없는 우상에게 마음을 쏟고 의지하면, 우리 영혼 역시 우상처럼 굳어집니다. 영의 눈이 어두워져 하나님의 영광을 보지 못하고, 귀가 막혀 주님의 음성을 듣지 못하며, 손과 발이 묶여 선한 일을 행할 능력을 잃어버리게 됩니다. 결국 하나님의 형상에서 멀어져 하나님의 자녀 됨을 상실한 존재가 됩니다.

3 우상처럼 무력하지 않고, 하나님의 형상을 드러내기 위해 무엇을 해야 합니까?(시 115:9-11)

오직 살아계시고 역사하시는 하나님 한 분만을 온전히 예배하고 의지해야 합니다.

> **보충 설명** 시편 기자는 "여호와를 의지하라"고 반복해서 권면합니다. 그는 우리의 도움이시요 방패이시기 때문입니다. 우상과 달리 하나님은 살아계셔서 우리의 기도를 들으시고, 우리를 도우시며, 우리 삶에 개입하여 일하십니다. 우리가 헛된 우상을 버리고 살아계신 하나님을 신뢰하며 사랑할 때, 우리는 그분의 생명력과 능력을 반영하는 거룩한 형상으로 변화될 수 있습니다.

묵상 이야기

한 조각가가 자신의 기술과 열정을 쏟아 완벽한 대리석 조각상을 만들었습니다. 그는 그 조각상에 완전히 매료되어 매일 그것을 닦고 어루만지며 말을 걸었습니다. 가족과 친구들을 멀리했고, 그의 작업실은 차갑고 고요한 공간이 되었습니다. 세월이 흘러 사람들은 조각가 자신도 그 조각상처럼 차갑고 감정이 메마른 사람이 되어버린 것을 발견했습니다. 이처럼 생명 없는 것에 마음을 쏟으면 우리 영혼도 생명력을 잃게 됩니다. 오직 살아계신 하나님을 예배하고 사랑할 때, 우리의 삶은 그분의 따뜻한 사랑과 풍성한 생명으로 채워집니다.

나눔 하나님보다 더 의지하고 마음을 빼앗기는 우상은 무엇인지 나누어 봅시다.

기도 우상을 향한 헛된 마음을 버리고, 살아계신 하나님만을 의지하며 살아가게 하소서.

적용 이번 한 주간 나의 가장 큰 우상 한 가지를 정하고, 그것에 쏟던 시간과 마음을 하나님께 드려 봅시다.

주기도문이나 대표 기도로 폐회합니다.

22과

하나님을 향한 반응으로서의 예배

예배 인도	
찬 송	38장 예수 우리 왕이여 · 67장 영광의 왕께 다 경배하며
기 도	합심기도 / 대표기도
말씀 나눔	이사야 6:1-13, 로마서 12:1-2

웃시야 왕이 죽던 해에 이사야는 성전에서 하나님을 만나는 예배를 경험합니다. 하나님이 어떤 분이시며 자신은 어떤 존재인지 깨달은 그는 예배 가운데 하나님께 반응합니다.

1. 경배 : 거룩하다 거룩하다 거룩하다

이사야는 하나님이 앉으신 보좌와 성전을 가득 채운 하나님의 옷자락을 목격합니다. 그리고 그분을 모시고 서 있는 스랍들도 보게 됩니다. 스랍들은 한목소리로 하나님의 거룩하심을 노래합니다. 이는 마치 이 모든 광경을 바라본 이사야의 마음과도 같은 고백의 노래였습니다. 하나님을 만난 이사야에게는 가장 먼저 그분을 '경배'하는 반응이 있었습니다.

2. 고백 : 화로다 나여 망하게 되었도다

하나님의 거룩하심을 직면한 이사야는 곧 죄와 연약함으로 가득한 자신의 실존을 깨닫게 됩니다. 단순히 깨달을 뿐 아니라, 하나님 앞에서 "부정한 내가 하나님을 뵈어 망하게 되었다"라고 고백합니다 (5절). 그러나 하나님은 그런 이사야에게 스랍을 보내 죄를 고백한 입술에 숯을 대고 죄 사함을 선포하십니다. 하나님 앞에 죄인 됨을 '고백'하며 반응한 이사야는 더 큰 하나님의 용서와 은혜를 경험하게 됩니다.

3. 결단 : 나를 보내소서

예배 가운데 은혜를 경험한 이사야에게 하나님은 질문하십니다. "나의 백성들을 향해 누가 가겠느냐"(사 6:8). 하나님의 사랑에 감격한 이사야는 자신을 보내 달라고 응답합니다. 이사야는 예배를 통해 주어지는 하나님의 말씀과 부르심에 적극적으로 '반응'하며, 자신이 어떤 삶을 살아갈지 분명히 결단합니다.

이사야가 경험한 '예배'는 오늘날 우리의 예배와 동일합니다. 진정한 예배에는 경배와 죄 고백, 헌신을 결단하는 반응이 있습니다.

말씀 연구	
말　씀	이사야 6:1-13, 로마서 12:1-2
암　송	내가 또 주의 목소리를 들으니 주께서 이르시되 내가 누구를 보내며 누가 우리를 위하여 갈꼬 하시니 그 때에 내가 이르되 내가 여기 있나이다 나를 보내소서 하였더니(사 6:8)
요　점	하나님께 반응하는 살아있는 예배를 통해 삶의 예배자로 산다.

 본문 이해

하나님 나라 백성의 세계관 형성을 위한 올바른 예배는 하나님의 초청에 신실하게 반응하는 예배입니다. 하나님은 이사야에게 그러셨듯 예배로 우리를 초청하십니다. 본문은 하나님이 초청하신 예배 속에서 일어나는 일들을 구체적으로 알려주는데, 바로 '경배'와 '고백', '결단'입니다. 이 모든 과정은 우리의 세계관 형성에 중요하게 사용되는 '언어'를 통해 표현되고, 예배자는 언어로 하나님께 반응하며 성경적 세계관을 구현해 나갑니다. 성경적 세계관은 이처럼 예배 안에서 하나님과의 올바른 관계를 구축하고, 말씀을 통해 주어지는 소명에 반응하는 모습을 통해 우리 삶에서 실현됩니다.

 말씀 속으로

1 이사야가 하나님을 만날 때 성전에 가득했던 소리는 무엇입니까?(사 6:3)

스랍들이 서로 "거룩하다 거룩하다 거룩하다 만군의 여호와여 그의 영광이 온 땅에 충만하도다"라고 화답하는 소리가 가득했습니다.

> **보충 설명** 성전에서 이사야는 스랍들의 소리를 통해 '거룩하신' 하나님의 존재를 명확히 알게 됩니다. 그뿐만 아니라 앞선 모습을 통해(1절) 하나님이 얼마나 크고 위대하신 분인지도 알게 됩니다. 이처럼 경이롭고 놀라운 경험을 한 이사야는 하나님을 경배합니다. 예배를 통해 우리는 하나님이 '어떤 분이신지' 알게 됩니다. 그분을 향한 존경심과 경외심은 자연스럽게 '경배'의 반응으로 나타납니다.

2 하나님을 직면한 이사야가 입술을 통해 내뱉은 고백은 무엇입니까?(사 6:5)

"화로다 나여 망하게 되었도다 나는 입술이 부정한 사람이요 나는 입술이 부정한 백성 중에 거주하면서 만군의 여호와이신 왕을 뵈었음이로다"라고 고백했습니다.

> **보충 설명** 거룩하신 하나님 앞에 선 이사야는 하나님의 모습과 자신의 모습을 비교하게 됩니다. 모든 것이 완벽한 하나님과 달리 자신은 죄투성이임을 깨닫습니다. 그리고 문득 자격조차 없는 자신이 하나님 앞에 선 것이 두려워 회개의 '고백'을 드립니다. 그러나 하나님은 그렇게 반응한 이사야를 꾸짖지 않으시고 오히려 은혜로 용서해 주십니다.

③ 하나님이 이사야에게 하신 질문과 이사야의 대답은 무엇이었습니까? (사 6:8)

하나님은 "내가 누구를 보내며 누가 우리를 위하여 갈꼬"라고 물으셨고, 이사야는 "내가 여기 있나이다 나를 보내소서"라고 대답했습니다.

> **보충 설명** 하나님과의 만남인 예배 가운데 경배와 고백으로 반응하는 이사야에게 하나님은 부탁이 담긴 질문을 던지십니다. "내가 누구를 보내며 누가 우리를 위하여 갈꼬?" 이에 죄 사함의 은혜를 경험한 이사야는 자신을 위해 나아갈 사람을 찾는 하나님의 말씀에 '결단'으로 반응합니다. 은혜를 경험한 사람은 결단으로 반응하며 살아갑니다.

묵상 이야기

첫 비를 맞은 씨앗은 새싹을 틔우고, 아침 햇살을 받은 꽃은 자연스레 피어납니다. 바람이 불면 풀은 흔들리고, 해와 달은 밤낮으로 움직이며, 바다는 매 순간 오가며 파도를 흩날립니다. 마치 찬송가 393장 〈오 신실하신 주〉 2절의 가사처럼, 만물은 하나 되어 하나님께 '반응'하는 예배를 드립니다. 살아있는 모든 것은 반응합니다. 반면 죽어 있는 것은 어떤 모양으로도 반응하지 않습니다. 우리의 예배는 생생히 살아있는 예배입니까, 죽어 있는 예배입니까? 진정한 예배는 생명력이 있어 하나님께 반응하는 예배입니다.

- **나눔** 예배 가운데 하나님께 반응했던 경험이 있다면 나누어 봅시다.
- **기도** 예배를 드릴 때마다 하나님께 생생하게 반응하게 하소서.
- **적용** 앞으로 드릴 예배에서 경배와 고백, 결단으로 반응하고 삶에서 예배자로 삽시다.

주기도문이나 대표 기도로 폐회합니다.

하나님 나라 백성의 세계관

3학기

하나님 나라 백성의 분별과 생명 존중

7단원 하나님 나라 백성의 가치 분별
- 23과 자연주의 ································· 108
- 24과 상대주의 ································· 112
- 25과 개인주의 ································· 116
- 26과 소비주의 ································· 120

8단원 하나님 나라 백성의 생명과 죽음
- 27과 생명 존중과 출산 ······················· 124
- 28과 자살 ······································ 128
- 29과 죽음, 영원의 시작 ······················ 132
- 30과 죽음 이후 ································ 136

9단원 하나님 나라 백성의 환경 돌봄과 기술
- 31과 생태계와 환경 돌봄 ···················· 140
- 32과 미디어 환경 ····························· 144
- 33과 인공지능 ································· 148
- 34과 생명 복제 ································ 152

23과
자연주의

예배 인도	
찬 송	**64장** 기뻐하며 경배하세 · **79장** 주 하나님 지으신 모든 세계
기 도	합심기도 / 대표기도
말씀 나눔	창세기 1:1-5, 시편 14:1(참고. 시 53:1)

오늘 우리 사회에는 초자연적인 신의 존재를 부정하는 자연주의 사상이 깊숙이 들어와 있습니다. 성경적 세계관에 반하는 이러한 환경 속에서 하나님 나라 백성은 어떻게 대응해야 할까요?

1. 세상의 시작은 하나님의 창조

자연주의는 초자연적인 것을 부정하며, 보이는 세계가 전부이고, 물질과 에너지가 스스로 존재한다고 주장합니다. 그러나 성경은 하나님이 모든 것을 창조하셨음을 말씀합니다(골 1:16). 우주와 생명, 빛조차 하나님의 말씀으로 존재하게 되었으며(창 1:3), "만물이 그로 말미암아 지은 바 되었으니"(요 1:3)라 증언합니다. 창조 신앙은 우리의 정체성과 사명의 기초입니다.

2. 하나님을 부정하는 것의 어리석음

성경은 어리석은 자가 하나님이 없다고 말한다고 밝힙니다(시 14:1, 53:1). 자연주의는 하나님 대신 인간의 이성과 과학을 절대화합니다. 그러나 자신의 존재 자체도 알지 못하는 지식은 인생의 방향을 잃게 하며 방탕으로 이끕니다(롬 1:28). 역사는 하나님을 배제한 사상이 도덕적·사회적 혼란을 낳았음을 보여줍니다. 하나님을 부정하는 것은 피조물이 하나님을 대신하려는 교만이며(롬 1:21), 인생을 미련한 길로 이끕니다(고전 1:20).

3. 자연주의를 경계하는 길

자연주의는 피조물을 절대화하여 창조주를 지우려 하지만, 모든 자연은 오히려 조금만 주의 깊게 살피면 창조주의 능력을 증언하고 있음을 깨닫게 됩니다(롬 1:20). 우리는 자연의 원리와 합리성보다 하나님이 직접 다스리시고 개입하시는 역사의 영역으로 이 세상을 바라보아야 합니다.

신자는 삶에서 창조주 하나님을 적극적으로 인정해야 합니다. 하나님을 경외할 때 비로소 삶의 의미와 방향이 명확해지기 때문입니다. 창조주를 인정하는 것이 하나님 나라 백성의 길입니다.

말씀 연구	
말　씀	창세기 1:1-5, 시편 14:1(참고. 시 53:1)
암　송	만물이 그로 말미암아 지은 바 되었으니 지은 것이 하나도 그가 없이는 된 것이 없느니라(요 1:3)
요　점	하나님 나라 백성은 이 세상이 우연히 생겼다고 믿는 것을 경계한다.

본문 이해

창세기 1장 1-5절은 태초에 하나님께서 말씀으로 빛을 창조하시고, 보시기에 좋았다고 말씀하신 사건을 묘사하며, 모든 것이 하나님으로부터 시작되었음을 선포합니다. 혼돈과 어둠으로 가득했던 세상에 하나님의 영이 운행하시다가 하나님의 명령으로 빛이 생겨나고, 낮과 밤이 시작되며 첫째 날이 완성됩니다. 이를 통해 하나님은 질서와 생명을 주시는 분이며, 우리 인생에도 길과 생명을 주시는 분임을 보여줍니다. 또한 하나님께서는 창조된 세계를 보시며 보시기에 좋았다고 하셨습니다. 이 세상은 하나님의 지혜와 능력으로 지어진, 우리 인간에게 주신 아름다운 선물입니다.

 **말씀 속으로**

❶ 누가 천지를 창조하셨습니까?(창 1:1)

하나님이 태초에 모든 하늘과 땅을 창조하셨습니다.

> **보충 설명** "태초에 하나님이 천지를 창조하시니라"는 말씀은 모든 것의 시작에 하나님이 계셨음을 분명히 합니다. 이는 하나님만이 유일한 창조주이자 절대적 주권자이심을 의미합니다. 성경의 첫 부분인 창세기가 하나님의 창조를 선포하는 것은 온 세상이 하나님으로부터 비롯되었음을 말해 주며, 세상의 질서와 목적이 하나님께 있음을 시사합니다. 하지만 자연주의는 세상의 시작을 우연한 물질의 결합으로 봅니다. 이것은 인간을 단순한 동물로 격하시키는 것이며, 하나님을 불필요한 존재로 여깁니다. 하나님의 창조를 부인하는 순간, 인간의 존엄성은 무시되어 버립니다.

❷ 하나님은 어떻게 천지를 창조하셨습니까?(창 1:3)

말씀으로 천지를 창조하셨습니다. 하나님이 말씀하시니 그대로 되었고, "빛이 있으라" 하시니 빛이 있었습니다.

> **보충 설명** 하나님은 말씀의 능력으로 혼돈하고 공허했던 세상을 빛과 질서가 있는 아름다운 세계로 만드셨습니다. 이는 전능하신 하나님의 말씀이 곧 창조의 권능이며, 그 말씀이 얼마나 위대하고 생명력 있는지를 보여줍니다. 오늘 우리가 창조주 하나님의 살아계심과 역사하심을 확신하며, 그 말씀의 능력을 믿고 순종하면, 우리 삶에도 놀라운 변화와 새 창조가 일어납니다. 오늘 당신은 하나님의 살아계심과 역사하심, 그리고 말씀의 능력을 믿고 있습니까?

3 하나님은 창조하신 세상을 보시고 어떻게 표현하셨습니까?(창 1:4)

"보시기에 좋았더라"고 말씀하셨습니다.

> **보충 설명** 하나님께서 창조하신 모든 것은 "보시기에 좋았더라"라고 평가되었습니다. 하나님께서 세상을 창조하신 첫째 날부터 마지막 여섯째 날까지 반복되는 이 표현은 하나님의 창조가 얼마나 완벽하고 아름다웠는지를 보여줍니다. 혼돈과 공허함으로 가득했던 세상이 하나님의 말씀으로 질서와 충만함, 아름다움을 갖추게 된 것입니다. 이처럼 하나님의 창조는 완벽한 질서와 충족함을 담고 있으며, 그분의 능력이 얼마나 위대하고 놀라운지를 증명합니다.

 묵상 이야기

스웨덴의 국회의원이자 목사, 전도자, 작가였던 칼 구스타프 보벌그(Carl Gustaf Boberg)는 1885년 스웨덴 남동부 해안의 '몬테 테로스' 근처 시골을 방문했습니다. 갑자기 천둥소리와 함께 비가 쏟아졌고, 잠시 후 비가 그치자 숲속의 새들이 노래하기 시작했습니다. 이어 강 건너 교회에서 종소리가 울려 퍼져왔습니다. 이 광경을 지켜보던 그는 이 놀라운 세계를 창조하시고 인류를 구속하신 하나님의 위대함에 감격해 무릎을 꿇고 찬송하며 기도했습니다. 이때 그가 지은 시가 바로 찬송가 79장 〈주 하나님 지으신 모든 세계〉입니다. 하나님의 창조 세계는 찬양할수록 놀라운 하나님의 선물입니다.

나눔 창조 세계에서 하나님의 주권과 개입에 대해 나누어 봅시다.

기도 창조주 하나님을 증거하는 증인이 되게 하소서.

적용 이 세상이 우연히 생겼다고 할 때 주어지는 신앙의 위험이 무엇인지 생각해 봅시다.

주기도문이나 대표 기도로 폐회합니다.

24과
상대주의

예배 인도	
찬 송	384장 나의 갈 길 다 가도록 · 358장 주의 진리 위해 십자가 군기
기 도	합심기도 / 대표기도
말씀 나눔	사사기 21:25, 디모데후서 4:3-4

오늘날 세상은 절대적 진리를 거부하고, 각자의 생각과 기준을 존중하는 상대주의에 깊이 물들어 있습니다. 상대주의는 무엇이며, 이러한 환경 속에서 하나님 나라 백성은 어떻게 살아야 할까요?

1. 상대주의의 본질과 뿌리

상대주의는 모든 가치와 진리가 상황과 개인에 따라 달라진다고 주장합니다. 이는 하나님이 아닌 인간 중심의 사고를 본질로 합니다. 창세기 3장에서 뱀이 하와에게 "네가 하나님 같이 되리라"고 한 유혹은 상대주의적 사고의 시작이라 할 수 있습니다. 그러나 진리의 기준을 상실한 공동체는 혼란에 빠지게 됩니다. 상대주의는 신앙을 위협하는 영적 도전입니다.

2. 상대주의가 교회와 성도에게 미치는 영향

성경은 말세에 사람들이 바른 교훈을 싫어하고 욕망을 따를 것이라고 말씀합니다. 상대주의는 성도로 하여금 성경의 절대 권위를 부정하고 말씀을 선택적으로 받아들이게 합니다. 세상에 절대적인 것은 없으며 모두가 맞다는 입장을 강조해 죄의 분별을 흐리게 하고, 성 윤리와 구원, 종말 등에 상대적으로 접근해 구원과 정결을 방해합니다. 그러므로 회개와 순종을 외면하고 듣기 좋은 말로 미혹하는 상대주의를 경계해야 합니다.

3. 상대주의를 극복하는 길

예수님은 "진리가 너희를 자유롭게 하리라"(요 8:32)고 말씀하셨습니다. 진리는 우리를 속박하는 것이 아니라 우리 인생이 견고해지도록 세워주는 하나님의 선물입니다. 그러므로 말씀을 절대적 기준으로 삼고(시 119:105), 바른 교훈을 나누며, 서로 말씀과 사랑으로 권면하는 공동체가 되어야 합니다.

우리는 성령 충만으로 하나님의 뜻을 분별하고, 하나님의 말씀을 최종 권위로 인정하며, "주님이라면 어떻게 하실까?"를 기준으로 삼아 상대주의 시대 속에서 오직 말씀을 따르는 삶을 살아야 합니다.

말씀 연구	
말 씀	사사기 21:25, 디모데후서 4:3-4
암 송	예수께서 이르시되 내가 곧 길이요 진리요 생명이니 나로 말미암지 않고는 아버지께로 올 자가 없느니라(요 14:6)
요 점	하나님 나라 백성은 절대 진리를 확신한다.

본문 이해

디모데후서 4장 3-4절은 사도 바울이 디모데에게 권한 말씀 가운데 하나입니다. 여기서 바울은 사람들이 진리보다 자기 욕심을 따르는 시대가 올 것을 경고합니다. '때가 이르리니'라는 말씀처럼 이러한 시대는 이미 우리 앞에 와 있습니다. 이제 사람들은 바른 가르침보다 자신의 귀를 즐겁게 하는 '사욕을 따를 스승'을 찾아 진리에서 벗어날 것입니다. 또한 '허탄한 이야기'에 마음을 빼앗기는 현상이 심화할 것입니다. 따라서 디모데가 이에 굴하지 않고 선한 싸움을 싸우며 진리를 전파해야 했던 것처럼, 우리도 믿음의 선한 싸움을 싸우며 변하지 않는 진리를 선포해야 합니다.

 **말씀 속으로**

① 왜 사람들은 바른 교훈을 견디지 못합니까?(딤후 4:3)
자신의 욕망(사욕)과 충돌하기 때문입니다.

> **보충 설명** 사람들이 바른 교훈을 받지 않는 이유는 바른 교훈이 죄를 드러내고 회개를 촉구하기 때문입니다. 죄의 본성은 하나님 말씀에 반항하며(롬 8:7), 상대주의는 자기 죄를 감추고 욕심을 합리화하기에 좋은 사상입니다. 그래서 많은 이들이 말씀보다 자기 기준과 감정을 따르며 듣기 좋은 설교를 좇는 것입니다. 그러나 바른 교훈은 때로 아프지만 생명을 살리며, 죄를 찌르고 고친다는 사실을 기억해야 합니다(딤후 3:16).

② 왜 사람들은 귀가 가려워서 자기 사욕을 따를 스승을 찾습니까?(딤후 4:3)
자기 욕망을 정당화하고 위로받고 싶기 때문입니다.

> **보충 설명** 바울은 말세에 사람들이 "자기 사욕을 따를 스승을 많이 두리라"고 말합니다. 이는 말씀보다 자기 감정을 따르며, 자신들의 감정을 위로해 줄 교사를 찾고 따른다는 뜻입니다. 이로 인해 교회 안에 거짓 교사들이 들어오게 되고, 이들은 결국 교회를 분열시키고 무너뜨리게 됩니다. 그러나 예수님은 진리를 알고 좁은 길로 가라고 하셨습니다(마 7:13-14). 귀가 가려워 자기 욕망을 채우는 스승은 파멸로 이끄나, 진정한 스승은 진리를 가르치며 회개로 인도합니다.

3 사람들이 진리에서 떠나 허탄한 이야기를 좇는 이유는 무엇입니까?(딤후 4:4)

<u>진리는 때때로 불편하지만, 허탄한 이야기는 달콤하기 때문입니다.</u>

> **보충 설명** '허탄한 이야기'는 '신화' 혹은 '헛된 이야기'로, 비성경적인 이야기나 거짓 교훈을 말합니다. 사람들은 죄의 본능을 따라 부담 없이 들을 수 있는 허탄한 이야기를 좋아합니다. 그러나 이것은 결국 영적 죽음으로 이끌고 갑니다(잠 14:12). 진리만이 우리를 자유케 한다(요 8:32)는 것을 기억하고, 듣기 좋은 말이 아니라 하나님의 말씀을 들어야 합니다.

묵상 이야기

19세기 중반 미국 남부는 농업이 주된 산업이었고, 이는 필연적으로 노예제에 크게 의존하는 구조였습니다. 많은 사람들은 교회를 다니면서도 이러한 현실을 어쩔 수 없는 상황으로 받아들이며 노예제를 지지하곤 했습니다. 그러나 링컨(Abraham Lincoln: 1809~1865)은 흔들리지 않았습니다. 그는 인간의 존엄과 자유가 하나님께로부터 주어진 절대적 가치임을 성경에서 명확히 깨닫고, 그 말씀을 기준으로 노예제 폐지의 길을 선택했습니다. 남북전쟁을 거쳐 노예제는 결국 폐지되었고, 그의 확고한 신념과 절대적 기준은 미국 사회에 정의와 자유를 세우는 힘이 되었습니다.

나눔 진리를 붙잡고 승리한 경험을 나누어 봅시다.

기도 허탄한 이야기를 버리고 진리를 나누는 삶을 살게 하소서.

적용 절대 진리를 확신하고 상대주의를 경계합시다.

주기도문이나 대표 기도로 폐회합니다.

25과
개인주의

예배 인도	
찬 송	305장 나 같은 죄인 살리신 · 314장 내 구주 예수를 더욱 사랑
기 도	합심기도 / 대표기도
말씀 나눔	누가복음 10:30-37

우리 사회는 개인의 자유와 이익을 강조하면서 타인과의 관계를 약화시키는 개인주의가 팽배하고 있습니다. 개인주의는 무엇이며, 개인주의 시대 속에서 하나님 나라 백성의 사명은 무엇일까요?

1. 개인주의의 특징과 문제

개인주의는 개인의 가치를 가장 중요시하고, 개인의 행복과 권리를 공동체의 이익보다 우선시하는 사상을 말합니다. 본문에서 제사장과 레위인이 강도 만난 자를 외면한 모습은 개인주의적 태도를 잘 보여줍니다. 개인주의는 삶을 '나 중심'으로 왜곡시키고, 사랑보다 개인의 체면과 안전, 편의를 우선하게 만듭니다. 이웃에 대한 무관심을 낳고, 이웃 사랑을 무너뜨리며, 공동체적 유대를 약화시키고, 고립을 심화시킵니다.

2. 예수님이 가르치신 참된 이웃됨

사마리아인의 비유는 참된 이웃이 누구인지를 보여줍니다. 그는 이웃을 규정하지 않고 곧바로 곤경에 처한 사람에게 다가가 '보고-불쌍히 여겨-가까이 가서'라는 행동으로 사랑을 증명했고, 자신의 기름과 포도주, 돈으로 희생적 사랑을 실천했습니다. 참된 이웃은 혈통이나 신분이 아니라 자비를 베푸는 사람이며, 그 최고의 본은 바로 우리 예수님이십니다(요 13:34).

3. 공동체적 책임: 서로의 짐을 지라

바울은 갈라디아서 6장 2절에서 "서로의 짐을 지라"고 말합니다. 여기서 '짐'은 경제적 어려움, 영적 연약함, 삶의 무거운 문제를 포함하는 말입니다. 복음은 "너의 짐은 네가 져라"가 아니라 "함께 지라"고 말합니다. 공동체 안에서 서로 돌볼 때 그리스도의 법이 성취되는 것입니다.

초대교회가 재산과 시간을 나누어 서로의 필요를 채웠듯이(행 2:44-45), 교회의 돌봄과 나눔은 세상과 구별되는 표지입니다(요 13:35). 우리는 재정적·정서적·영적 나눔으로 개인주의를 극복해야 합니다.

말씀 연구	
말 씀	누가복음 10:30-37
암 송	너희가 짐을 서로 지라 그리하여 그리스도의 법을 성취하라 (갈 6:2)
요 점	하나님 나라 백성은 자기중심성을 경계한다.

 본문 이해

누가복음 10장 30-37절의 '선한 사마리아인의 비유'는 이웃이 혈통이나 지역에 국한되지 않음을 보여줍니다. 예수님은 동족임에도 강도 만난 사람을 외면한 제사장이나 레위인이 참된 이웃이 될 수 없음을 알려주십니다. 오히려 종교적 장벽을 넘어 동정심을 갖고 적극적으로 돕는 선한 사마리아인의 모습을 통해 "네 이웃을 네 몸과 같이 사랑하라"는 율법의 참된 의미를 가르치셨습니다. 이 비유는 종교적 신분이나 사회적 배경과 상관없이 도움을 필요로 하는 사람에게 구체적인 행위로 사랑을 실천해야 함을 강조합니다.

 **말씀 속으로**

❶ 왜 제사장과 레위인은 강도 만난 자를 외면했습니까?(눅 10:31-32)
자기 안전, 종교적 규정, 바쁨을 핑계로 자비를 외면했기 때문입니다.

> **보충 설명** 제사장과 레위인은 레위기의 규정(레 21:1-3)을 지나치게 적용해 접촉을 두려워했을 수 있습니다. 그러나 자비 없는 신앙생활은 공허합니다(마 23:23). 그들은 율법을 가까이하는 사람들이었음에도 그 핵심이 긍휼임을 알지 못했습니다(호 6:6). 개인주의적 자기보호와 바쁨은 사랑의 걸림돌이 됩니다. '보았으나 지나갔다'는 것은 이들이 한 영혼에 무관심했음을 보여줍니다(눅 10:31). 우리의 신앙은 하나님 사랑과 이웃 사랑으로 드러나야 합니다. 오늘 우리도 이들처럼 사랑과 자비의 기회를 외면하고 있지는 않습니까?

❷ 사마리아인의 태도는 제사장, 레위인과 무엇이 달랐습니까?(눅 10:33-35)
그는 경계를 넘어 공감하며 희생적으로 사랑을 실천했습니다.

> **보충 설명** 유대인과 사마리아인은 원수 관계였습니다(요 4:9). 그러나 그는 민족적 장벽을 넘어섰습니다. '불쌍히 여겼다'는 표현은 예수님께서 인생들을 향해 보여주신 긍휼과 같은 단어입니다(눅 7:13). 그의 긍휼은 감정에 그치지 않고 행동으로 나타났습니다(요일 3:17-18). 그는 즉시 상처를 싸매고, 자기 짐승에 태워 불편을 감수했으며, 여관에 데려다 돌보며 비용까지 지불했습니다. 끝까지 책임지는 모습이었습니다. 참된 사랑은 계산이 아니라 헌신입니다(빌 2:4).

③ 예수님께서 "가서 너도 이와 같이 하라"고 명하신 의미는 무엇입니까? (눅 10:37)

누가 내 이웃인지 이웃을 정의하려 하지 말고, 네가 이웃이 되어 주라는 명령입니다.

> **보충 설명** 율법교사는 "누가 내 이웃인가?"를 물었지만 예수님은 "누구의 이웃이 될 수 있는가?"로 초점을 바꾸셨습니다. 사랑은 말이 아닌 행동으로 드러납니다. 개인주의는 책임을 줄이지만, 복음은 책임을 확장시킵니다. 이웃됨은 조건이 아니라 결단이며, 자기 십자가를 지는 삶입니다(눅 9:23). 예수님이 우리에게 이웃이 되어 주셨듯 우리도 다른 이들의 이웃이 되어야 합니다. 이웃 사랑은 예수님을 믿는 증거이며(약 2:17), 세상을 변화시키는 작은 실천입니다(마 5:16).

묵상 이야기

1964년 3월 13일 뉴욕 퀸스에서 캐서린 제노비스라는 여성이 새벽에 강도에게 무참하게 살해당하는 사건이 있었습니다. 당시 조사에 따르면, 38명에 이르는 주변 사람들이 이 사건을 인지했지만, 아무도 그녀를 도와주지 않았다고 합니다. 이것이 이른바 '키티 제노비스 사건'으로, 훗날 '방관자 효과'(Bystander Effect)라는 사회심리학 용어를 낳은 사건입니다. 이는 제사장과 레위인이 강도 만난 자를 '보고도 지나간' 모습과 너무도 닮았습니다. 남이 도와주겠지 하며 곁에서 보기만 할 뿐 도움을 주지 않는 개인주의 시대 속에서 우리는 참된 이웃이 되어 도와주고 섬겨야 합니다.

나눔 누군가에게 이웃이 되어 준 경험을 나누어 봅시다.

기도 매일의 삶 속에서 이웃이 되는 삶을 살게 하소서.

적용 이기주의의 모습을 버리고 사랑을 실천하도록 결단합시다.

주기도문이나 대표 기도로 폐회합니다.

26과
소비주의

예배 인도	
찬 송	93장 예수는 나의 힘이요 · 488장 이 몸의 소망 무언가
기 도	합심기도 / 대표기도
말씀 나눔	마태복음 6:19-24

우리 사회는 끝없는 소비로 행복을 찾으려 하지만, 참된 만족은 멀어지고 있습니다. 그렇다면 성도는 어떻게 참된 만족을 누릴 수 있을까요?

1. 땅에 쌓는 보물의 허무함

소비주의는 소비를 통해 만족을 추구하며 그것을 삶의 목표로 여기는 태도입니다. 이런 사람은 소비를 자신의 정체성과 사회적 지위로 여깁니다. 그러나 많은 소유가 행복을 주지는 않으며, 인생을 공허와 불안으로 몰아갈 뿐입니다. 성경은 "은을 사랑하는 자는 은으로 만족하지 못한다"고 말하며(전 5:10), 예수님도 땅의 보물은 썩고 도둑이 훔친다고 경고하십니다(마 6:19). 참된 보물은 물질이 아닌 하나님 안에서의 만족입니다.

2. 하늘에 쌓는 보물의 가치

예수님은 하늘에 보물을 쌓으라고 하셨습니다. 하늘의 보물은 사라지지 않으며, 도둑이 훔치지도 못하기 때문입니다. 하늘에 보물을 쌓는 것은 초대교회처럼 하나님 나라를 위해 드리고, 나누고, 섬기는 삶을 말합니다(행 2:44-45). 우리의 재물 사용은 반드시 하나님 앞에서 평가받게 됩니다. 소비가 아닌 나눔은 천국에 보물을 쌓고, 영원한 상급과 기쁨으로 이어지는 복된 길입니다.

3. 한 주인을 섬기는 삶의 원리

예수님은 한 사람이 두 주인을 섬기지 못한다고 하셨습니다(마 6:24). 하지만 소비주의는 하나님과 재물을 동시에 섬기는 것입니다. 소비주의는 우리를 재물의 종으로 만들어 버립니다. 우리는 "돈을 사랑함이 일만 악의 뿌리"(딤전 6:10)라는 말씀을 기억하고, 오직 하나님을 주인으로 삼아 참된 자유와 평안의 길을 가야 합니다.

소비주의를 이기는 길은 영원한 가치에 소망을 두는 것입니다. 하나님을 주인으로 모시는 삶은 '소유'가 아닌 '존재'를 중시하고, 흔들리지 않는 견고한 삶으로 인도할 것입니다.

말씀 연구	
말 씀	마태복음 6:19-24
암 송	은을 사랑하는 자는 은으로 만족하지 못하고 풍요를 사랑하는 자는 소득으로 만족하지 아니하나니 이것도 헛되도다(전 5:10)
요 점	하나님 나라 백성은 소비를 통한 만족 추구를 경계한다.

본문 이해

마태복음 6장 19-24절은 두 가지 중요한 메시지를 전합니다. 첫째는 썩어 없어지는 땅의 보물이 아니라 영원한 하늘의 보물을 쌓는 삶을 살아야 한다는 것입니다. 둘째는 보물이 있는 곳에 마음도 있음을 강조하며, 우리의 마음은 물질이 아니라 영원한 참 보물이신 하나님께 있어야 함을 말합니다. 또한 몸의 등불인 눈이 밝아야 온몸이 밝고, 눈이 어두우면 온몸이 어둡다는 비유를 통해 마음을 재물에 두면 온몸이 어두워지고, 하늘에 두면 온몸이 밝아짐을 말씀합니다. 결국 성도는 하나님과 재물을 겸하여 섬길 수 없으며, 우리의 마음은 오직 영원하신 하나님을 향해야 합니다.

 **말씀 속으로**

❶ 예수님은 왜 땅에 보물을 쌓지 말라고 하셨을까요?(마 6:19)

땅의 보물은 사라지고 빼앗길 수 있어 영원한 가치가 없기 때문입니다.

> **보충 설명** 땅의 보물은 세상의 부귀영화, 명예, 재물 등 언제든 사라질 수 있는 불확실한 가치입니다. 좀과 동록(녹이 슬다), 도둑의 위협은 그 불안정성을 보여줍니다. 인생의 끝에 남는 것은 물질이 아니라 하나님 앞에 선 믿음과 순종입니다. 예수님은 사람의 마음이 보물 있는 곳에 있다고 하시며, 물질에 마음을 두면 하나님 나라를 잃게 된다고 경고하셨습니다. 진정한 만족은 땅의 것이 아닌 하늘의 가치에 있음을 기억해야 합니다.

❷ 하늘에 보물을 쌓는 것은 어떤 삶입니까?(마 6:33, 10:42, 막 9:41)

하나님 나라와 그의 의를 구하며, 나눔과 섬김으로 영원한 가치를 세우는 삶입니다.

> **보충 설명** 하늘에 보물을 쌓는 것은 하나님께 드리는 헌신과 사랑으로, 가난한 자를 돕고 복음을 위해 재물을 사용하는 것을 의미합니다. 초대교회 성도들이 가진 것을 나누며 공동체를 세운 모습이 그 예입니다(행 4:32-35). 예수님은 작은 자에게 한 것이 곧 주께 한 것이라 하셨습니다(마 25장). 그러므로 물질은 단순한 소비의 수단이 아니라 하나님 나라의 통로입니다. 우리가 예수님의 이름으로 베푸는 사랑은 하늘에서 영원한 상급이 되며, 그리스도의 재림 때 온전히 드러날 것입니다.

③ 우리는 왜 하나님과 재물을 동시에 섬길 수 없습니까? (마 6:24)

우리 마음은 오직 한 주인만을 모실 수 있으므로, 결국 한쪽을 버리고 다른 한쪽을 사랑하게 되기 때문입니다.

> **보충 설명** 하나님과 재물을 동시에 섬길 수 없다는 것은 재물이 인간의 마음을 지배하는 '주인'이 될 수 있음을 경고한 것입니다. 재물의 지배를 받으면 결국 하나님을 등지게 됩니다. 디모데전서 6장 9-10절도 돈을 사랑하는 자는 시험과 올무에 빠져 파멸에 이른다고 경고합니다. 그러나 하나님을 주인으로 삼는 자는 참된 자유와 평강을 누립니다. 하나님과 재물 사이에서 하나님 섬길 것을 선택하는 것이 믿음이며 복된 길입니다.

 묵상 이야기

전 세계적으로 엄청난 인기를 누렸던 가수 엘비스 프레슬리는 많은 부와 명예를 가진 사람이었습니다. 그러나 그는 말년에 이렇게 고백했습니다. "나는 내가 원하는 모든 것을 가졌다. 그러나 행복하지 않았다." 이는 막대한 재산을 모은 한 부자가 집에 수많은 CCTV를 설치하고, 튼튼한 금고와 경호원들로 자신을 지켰어도 결국 병으로 죽어가며 "내 돈이 나를 지켜주지 못하네. 결국 아무것도 가져가지 못하는구나!"라고 한탄한 모습과 같습니다. 사람은 죽을 때 아무것도 가져가지 못합니다. 보물은 영원한 하늘에 쌓아야 합니다.

나눔 나의 소중한 것을 하나님을 위해 드렸던 경험을 나누어 봅시다.

기도 하나님 나라에 보물을 쌓는 삶을 살게 하소서.

적용 내가 가진 것에 만족하고 감사하며 살아갑시다.

주기도문이나 대표 기도로 폐회합니다.

27과
생명 존중과 출산

예배 인도	
찬 송	500장 물 위에 생명줄 던지어라 · 498장 저 죽어가는 자 다 구원하고
기 도	합심기도 / 대표기도
말씀 나눔	시편 139:13-16

오늘날 세상은 과학과 기술이 발달하면서 생명을 경시하는 경향이 있습니다. 그러나 성경은 생명을 단순한 '세포의 결합'이나 '자연 현상'으로 보지 않습니다. 시편 기자는 태아가 모태에서 지어지는 순간부터 하나님의 손길이 함께하신다고 고백합니다.

1. 생명은 하나님의 선물입니다.

시편 127편 3절은 "자식들은 여호와의 기업이요, 태의 열매는 그의 상급"이라고 말씀합니다. 기업과 상급은 하나님이 주권적으로 주시는 복이라는 뜻입니다. 자녀는 단순히 부모의 계획이나 조건에 따라 태어나는 존재가 아니라, 하나님의 뜻 가운데 가정에 맡겨진 복입니다. 그러므로 우리는 생명을 단순히 부담으로 여기지 않고, 감사함으로 받아들여야 합니다.

2. 생명은 하나님이 창조하신 피조물입니다.

예레미야 1장 5절은 태어나기 전부터 하나님께서 우리를 아셨다고 말씀합니다. 생명은 인간의 뜻에 따라 생겨나는 것이 아니라 하나님의 주권 아래 시작되는 창조의 결과입니다. 태아는 지극히 작은 것처럼 보일지라도 하나님께서 지으신 영혼이요 존귀한 존재입니다. 그러므로 인간은 생명을 임의로 결정할 권한이 없습니다.

3. 생명의 가치를 지켜야 합니다.

오늘날 한국 사회에서 매년 수만 명의 태아가 낙태로 목숨을 잃고 있습니다. 물론 복잡한 상황과 현실적인 어려움이 있지만, 성도는 생명의 주권이 하나님께 있음을 기억해야 합니다. 우리는 생명을 지키고 존중하는 신앙적 자세를 가져야 합니다.

하나님께서 주신 생명을 복으로 여기고, 태아조차도 귀하게 여기는 믿음을 지켜야 합니다. 생명을 존중하며 출산의 가치를 회복하는 성도가 됩시다.

말씀 연구	
말 씀	시편 139:13-16
암 송	주께서 내 내장을 지으시며 나의 모태에서 나를 만드셨나이다(시 139:13)
요 점	생명은 하나님의 선물이고 태아는 하나님의 창조된 피조물이다.

 본문 이해

시편 기자는 하나님께서 모태에서 자신을 지으셨다고 고백합니다. 이는 생명이 단순한 자연현상이 아니라 하나님의 작품임을 보여줍니다. 성경은 구약과 신약 전반에 걸쳐 자녀와 출산을 하나님의 복으로 묘사합니다. 그러나 오늘날 사회는 출산을 부담으로 여기며 생명을 경시합니다. 성도는 자녀를 하나님의 상급으로 받아들여야 합니다. 생명은 우리의 선택이 아니라 하나님의 주권 속에 있습니다. 우리는 이를 존중하고 감사해야 합니다.

 **말씀 속으로**

① 성경은 자녀를 무엇으로 묘사합니까?(시 127:3)
하나님의 기업이요 상급으로 묘사합니다.

> **보충 설명** 시편 기자는 자녀를 하나님이 주신 기업과 상급이라고 선언합니다. 기업이란 하나님께서 맡겨주신 소유를 뜻하며, 상급은 하나님이 주시는 특별한 은혜의 선물입니다. 따라서 자녀는 가정을 무겁게 하는 짐이 아니라 하나님이 주시는 기쁨과 복의 통로입니다. 부모는 자녀를 '내가 낳은 아이'로만 보지 말고, '하나님이 맡기신 선물'로 봐야 합니다. 감사와 책임을 함께 품을 때 자녀 양육은 짐이 아니라 기쁨이 됩니다.

② 하나님은 우리의 생명을 언제부터 아십니까?(렘 1:5)
태어나기 전부터 아십니다.

> **보충 설명** 하나님은 "내가 너를 모태에 짓기 전에 너를 알았다"라고 말씀하십니다. 이는 생명이 시작되기 전부터 하나님의 계획 안에 우리가 있었다는 뜻입니다. 인간의 생명은 우연이 아니라 하나님의 의도와 목적 속에서 태어납니다. 이 진리는 태아가 형성되기 전부터 하나님이 그 존재를 이미 아시고, 부르시며, 계획하셨다는 사실을 강조합니다. 그러므로 우리는 아직 태어나지 않은 생명도 존귀하게 여겨야 합니다. 생명의 시작과 끝이 하나님께 속해 있음을 믿고, 그분의 뜻에 겸손히 순종해야 합니다.

3 왜 낙태가 비성경적입니까? (시 139:13-16)

생명의 주권은 하나님께 있기 때문입니다.

보충설명 시편 139편은 태아가 모태에서 자라는 과정을 하나님의 작품으로 묘사하며, 생명의 시작이 하나님께 있음을 분명히 합니다. 따라서 낙태는 하나님의 창조 질서를 거스르는 행위입니다. 물론 원치 않는 임신이나 여러 어려운 상황이 있을 수 있지만, 성도는 생명의 주권이 하나님께 있음을 인정해야 합니다. 낙태는 개인의 선택 문제가 아닌 하나님께 대한 순종의 문제이며, 교회는 생명을 지키고 보호하는 일을 감당해야 합니다.

묵상 이야기

제2차 세계대전 당시 독일 사업가 오스카 쉰들러(Oskar Schindler)는 나치의 박해 속에서 약 1,200명의 유대인을 구했습니다. 그는 자신의 재산을 들여 관리들을 매수하고, 유대인 노동자들을 공장에 고용하여 강제수용소에서 지켜냈습니다. 전쟁 후 살아남은 이들은 그를 '우리의 생명을 구한 사람'이라고 불렀습니다. 쉰들러의 이야기는 생명이 이익이나 환경에 의해서 평가되는 것이 아니라, 하나님 앞에서 존귀하며 반드시 보호해야 함을 일깨워주었습니다. (영화 〈쉰들러 리스트〉 중에서)

나눔 오늘날 우리 사회에서 생명을 존중하기 위해 내가 구체적으로 할 수 있는 일을 나누어 봅시다.
기도 생명이 하나님의 주권 아래 있음을 고백하는 자가 되게 하소서.
적용 우리의 생명을 지으신 하나님께 감사하며 모든 생명을 존중합시다.

주기도문이나 대표 기도로 폐회합니다.

28과
자살

예배 인도

찬 송	488장 이 몸의 소망 무언가 · 542장 구주 예수 의지함이
기 도	합심기도 / 대표기도
말씀 나눔	사무엘상 31:3-5

사울 왕은 블레셋과의 전투에서 부상을 입고 포로가 될 상황에 놓이자, 스스로 목숨을 끊었습니다. 이 사건은 우리에게 "생명과 죽음을 어떤 기준으로 바라보아야 하는가?"라는 중요한 질문을 던집니다.

1. 생명의 주인 되시는 하나님

성경은 생명이 하나님이 주신 선물이며 우리 소유가 아님을 분명히 합니다(창 2:7). 시작과 끝, 우리의 때와 경계는 모두 하나님의 손에 있습니다(시 62:8, 신 30:19). 그러나 사울은 두려움 앞에서 스스로 생명을 끊었고, 이는 하나님의 주권을 인정하지 못한 선택이었습니다. 성도는 생명의 주인이 하나님이심을 고백하며, 그분께 삶을 맡겨야 합니다.

2. 절망이 소망을 가릴 때의 유혹

외로움, 상실, 고립, 우울은 소망의 빛을 가리지만, 하나님은 재앙이 아니라 평안과 미래와 희망을 주십니다(렘 29:11). 낙심될 때 우리는 하나님을 바라보며 다시 일어서야 합니다. 고난은 현실을 설명하지만, 소망은 현실을 견뎌낼 힘을 줍니다. 소망은 약속을 붙들고 인내할 때 자라며, 혼자 버티는 것이 아니라 도움을 요청하고 공동체와 연결될 때 생명은 다시 붙들립니다.

3. 소망의 통로가 되는 교회

교회는 정죄하거나 비난하는 곳이 아니라 함께 울어주고, 들어주고, 동행하는 곳이 되어야 합니다. 낙심한 영혼에게는 기도와 말씀뿐 아니라 전문적이고 실제적인 도움이 필요합니다. 교회 공동체가 서로의 짐을 나누고 사랑으로 섬길 때, 낙심한 영혼은 홀로 남지 않으며 다시 소망이 자라납니다. 교회는 하나님의 손길을 전하는 소망의 통로입니다.

생명과 죽음은 하나님의 주권 아래 있습니다. 그러므로 우리는 약속의 소망을 붙잡고, 서로의 짐을 나누며, 생명을 존중하는 공동체가 되어야 합니다.

말씀 연구	
말 씀	사무엘상 31:3-5
암 송	여호와의 말씀이니라 너희를 향한 나의 생각을 내가 아나니 평안이요 재앙이 아니니라 너희에게 미래와 희망을 주는 것이니라(렘 29:11)
요 점	생명과 죽음은 하나님의 결정이다.

본문 이해

사울은 블레셋과의 전투에서 부상을 입고, 조롱과 포로의 두려움 속에서 스스로 칼에 엎드려 죽음을 맞이했습니다. 본문은 한 왕의 실패와 비극을 기록할 뿐, 성도가 따라야 할 모범을 제시하지 않습니다. 역대상 10장 13-14절은 사울의 죽음을 하나님의 말씀에 불순종하고 하나님께 묻지 않은 결과라고 설명합니다. 성경은 생명이 인간의 자의적 처분 대상이 아니라 하나님께서 맡겨 주신 선물임을 강조합니다. 자살은 정당화될 수 없으며, 생명의 주권은 하나님께 있습니다.

 **말씀 속으로**

1 사울이 블레셋과의 전투에서 패배한 이유는 무엇입니까?
(삼상 15:22-23)

하나님의 말씀대로 하지 않았기 때문입니다.

> **보충설명** 사울은 조급한 마음에 임의로 제사를 드려 하나님의 질서를 어겼습니다. 또 아말렉을 진멸하라는 명령을 따르지 않고 좋은 것들을 남겨 두었습니다. 그는 변명하며 자기합리화로 말씀을 회피했습니다. 하나님께서 제사보다 순종을 기뻐하신다는 사실을 거부한 것입니다. 그 결과 여호와의 영이 떠났고, 불안과 두려움이 사울을 지배하게 되었습니다. 성경은 사울의 몰락을 "말씀을 버리고 하나님께 묻지 않은 불순종의 결과"라고 요약합니다.

2 전쟁에서 패배한 사울은 어떤 선택을 합니까?(삼상 31:4)

자기 칼에 엎드려 스스로 생명을 끊었습니다.

> **보충설명** 사울은 조롱과 포로의 수치를 피하려 무기를 든 자에게 자신을 죽여 달라고 했지만, 그는 두려워 거절했습니다. 결국 사울은 스스로 목숨을 끊었습니다. 이는 하나님께 묻지 않은 또 하나의 잘못된 선택이었습니다. 반대로 부하의 망설임은 생명을 존중하는 경외심이 더 컸음을 보여줍니다. 성경은 생명이 하나님께 속한 것이며, 인간이 스스로 결정할 수 없는 영역임을 분명히 말씀합니다.

❸ 스스로 생명을 끊는 일을 하나님은 어떻게 보십니까?(출 20:13)

생명의 주권을 거스르는 잘못된 선택으로 보십니다.

> **보충 설명** 생명은 하나님이 주신 선물이자 맡겨진 책임입니다. "살인하지 말라"는 계명은 자기 자신을 포함한 모든 생명에 적용됩니다(출 20:13). 성경은 자살을 미화하지 않고 비극으로 기록하며, 회피의 길이 아닌 불순종의 결과로 봅니다. 그러나 하나님은 절망 속에서도 여전히 우리를 부르시며 소망과 회복을 주십니다. 그러므로 성도는 죽음을 선택하는 대신, 하나님의 도우심과 공동체의 도움을 붙잡아야 합니다.

 **묵상 이야기**

    2024년 한국의 자살 사망자는 약 14,439명, 하루 평균 39.5명으로 집계되었습니다. 자살률은 인구 10만 명당 28.3명으로 2013년 이후 최고치였으며, 한국은 OECD 국가 중 가장 높은 자살률을 기록했습니다. 이 통계는 생명이 혼자서가 아닌, 함께 지켜야 하는 것임을 말해 줍니다. 해법의 첫걸음은 연결입니다. 직장과 학교, 지역사회의 마음 건강 시스템과 경보 장치는 "나는 혼자가 아니다"라는 사실을 깨닫게 해줍니다. 이러한 때에 교회는 낙심한 이웃 곁에 머물고, 연결하고, 돕는 사명을 감당해야 합니다. (통계청, 「2024 사망원인 통계(잠정치)」, 2025. 3. 발표)

- **나눔** 낙심될 때 도움을 요청할 수 있는 사람이 누구인지 나누어 봅시다.
- **기도** 생명의 주권이 하나님께 있음을 고백하며, 소망과 평안으로 서로의 짐을 지게 하소서.
- **적용** 외로움과 절망에 있는 주변 사람에게 다가가 소망을 상실하지 않도록 사랑과 위로를 전합시다.

주기도문이나 대표 기도로 폐회합니다.

29과
죽음, 영원의 시작

예배 인도	
찬　　송	543장 어려운 일 당할 때 · 375장 나는 갈 길 모르니
기　　도	합심기도 / 대표기도
말씀 나눔	전도서 3:1-11

　우리의 인생은 한 폭의 태피스트리(Tapestry, 벽걸이 직조물)와 같습니다. 가까이서 보면 실타래가 얽혀 있지만, 멀리서 보면 하나의 아름다운 그림이 완성됩니다. 우리는 인생 전체를 보지 못하지만, 하나님은 모든 순간을 주권과 섭리 가운데 계획하고 계십니다.

1. 하나님이 계획하신 시간 속의 섭리

　솔로몬은 "범사에 기한이 있고 천하 만사가 다 때가 있다"고 했습니다. 태어날 때와 죽을 때, 심을 때와 뽑을 때가 있으며, 이는 창조 질서와 균형을 보여줍니다. 인생의 시작과 끝, 모든 계절이 하나님의 손에 있으며, 하나님은 모든 것을 아시고 때를 따라 아름답게 이루십니다. 죽음조차 그분의 주권 아래 있음을 믿을 때, 우리는 평안을 얻을 수 있습니다(히 9:27).

2. 죽음, 단절이 아닌 돌아감

　죽음은 죄의 결과이지만, 동시에 하나님의 계획 안에서 의미 있는 과정입니다. 성경은 죽음을 단절이 아닌 하나님께로 돌아가는 귀향으로 묘사합니다. 하나님은 성도의 죽음을 귀하게 여기시며(시 116:15), 나이 들어감은 쇠약이 아니라 하나님 나라를 더 가까이 경험하는 은혜의 시간입니다. 노년은 쇠퇴가 아니라 영원을 준비하는 복된 시기입니다.

3. 영원을 사모하는 마음의 신비

우리는 인생의 조각난 부분만 보지만, 그 속에서 전체 그림을 짐작하게 하는 마음을 하나님이 주셨습니다. 아우구스티누스는 "우리의 마음은 하나님 안에서만 참된 안식을 얻는다"고 고백했습니다. 이 마음 덕분에 성도는 죽음을 두려움으로 보지 않고, 부활과 영생을 소망하며 살아갑니다. 나이 들어감은 쇠퇴가 아니라 영원한 시작을 준비하는 은혜의 시간입니다.

인생의 황혼기는 끝이 아니라 영원의 시작입니다. 공동체 안에서 믿음을 나누고, 하나님과 더 깊이 교제하는 소중한 시간으로 삼아야 합니다.

말씀 연구

말　씀	전도서 3:1-11
암　송	날 때가 있고 죽을 때가 있으며 심을 때가 있고 심은 것을 뽑을 때가 있으며(전 3:2)
요　점	하나님 나라 백성은 죽음을 인생의 한 부분으로 받아들인다.

 ## 본문 이해

전도서 3장은 인생의 모든 일에는 정해진 때가 있음을 보여줍니다. 솔로몬은 28가지의 대조를 통해 하나님의 창조 질서를 드러내며, 인생의 시작과 끝, 모든 순간이 하나님의 손에 있음을 강조합니다. 또한 "영원을 사모하는 마음"은 하나님을 향한 인간의 본능적인 갈망임을 알려줍니다. 죽음은 죄의 결과이지만, 동시에 하나님의 섭리 안에서 영원한 안식으로 들어가는 통로입니다. 결국 우리의 삶은 하나님이 계획하신 거대한 그림의 한 부분이며, 성도는 이 사실을 믿고 평안히 살아가야 합니다.

 **말씀 속으로**

① 솔로몬이 28가지를 대조하며 가장 먼저 언급한 것은 무엇입니까?(전 3:2)

날 때가 있고 죽을 때가 있다는 것입니다.

> **보충 설명** 솔로몬이 가장 먼저 생명과 죽음을 언급한 것은 이것이 인간 삶의 가장 근본적인 문제이기 때문입니다. 우리는 시간이라는 흐름 속에서 잠시 왔다가 가는 유한한 존재임을 깨달아야 합니다. 욥기 말씀처럼 우리의 날은 하나님에 의해 정해져 있습니다(욥 14:5). 아브라함이 "열조에게로 돌아갔다"라고 표현된 것처럼, 죽음은 단절이 아니라 하나님께로 돌아가는 귀향입니다. 이 진리를 받아들일 때, 성도는 평안을 얻습니다.

② 하나님께서 사람에게 주신 특별한 마음은 무엇입니까?(전 3:11)

영원을 사모하는 마음입니다.

> **보충 설명** 하나님은 우리 마음에 영원을 사모하는 갈망을 심어 주셨습니다. 이 마음은 우리가 하나님 안에서만 참된 안식을 얻을 수 있음을 보여줍니다. 아우구스티누스(어거스틴)의 고백처럼 인간의 마음은 하나님 안에서만 쉼을 찾습니다. 이 갈망 덕분에 성도는 죽음을 두려움으로 보지 않고, 부활과 영생을 소망하며 살아갑니다. 나이가 든다는 것은 이 영원에 더 가까워지는 과정임을 믿어야 합니다.

3 하나님께서 모든 것을 지으신 방식은 어떠합니까?(전 3:11)
때를 따라 아름답게 하셨습니다.

> **보충설명** 하나님은 모든 일을 때를 따라 아름답게 이루십니다. 이는 모든 일에 질서와 조화가 있다는 뜻입니다. 우리 인생의 각 단계는 하나님이 이어가시는 큰 그림의 한 부분입니다. 죽음에도 하나님이 귀히 여기시는 아름다움이 있습니다. 우리는 전체 그림을 다 볼 수 없지만, 모든 시기마다 고유한 아름다움이 있음을 믿어야 합니다.

묵상 이야기

한 자매가 아버지의 임종을 지켜보며 큰 슬픔에 잠겼습니다. 그러나 아버지는 마지막 순간에 이렇게 고백했습니다. "나는 두렵지 않다. 주님 품으로 가는 길이기 때문이다." 이 고백은 가족 모두에게 큰 위로가 되었습니다. 죽음이 단절이 아니라 하나님께로 돌아가는 여정임을 보여주었기 때문입니다. 성경은 죽음조차도 하나님의 때 안에 있음을 가르쳐 줍니다. 바울이 "죽는 것도 유익하다"(빌 1:21)라고 고백한 것처럼, 성도에게 죽음은 끝이 아니라 더 나은 시작입니다.

나눔 나이 들어감과 죽음에 대한 두려움을 어떻게 극복할 수 있을지 나누어 봅시다.

기도 영원을 사모하는 마음으로 남은 인생을 의미 있게 살아가게 하소서.

적용 노년의 성도들을 존경하고 섬기며, 죽음을 믿음으로 준비하는 삶을 삽시다.

주기도문이나 대표 기도로 폐회합니다.

30과

죽음 이후

예배 인도	
찬　　송	545장 이 눈에 아무 증거 아니 뵈어도 · 246장 나 가나안 땅 귀한 성에
기　　도	합심기도 / 대표기도
말씀 나눔	누가복음 16:19-31

　　사람은 누구나 죽음을 피할 수 없습니다. 그러나 성경은 죽음 이후에도 분명한 삶이 있음을 가르쳐 줍니다. 오늘 본문은 죽음 이후의 삶이 어떤 모습으로 결정되는지를 분명히 보여줍니다.

1. 이 땅에서의 삶과 죽음 이후의 삶

　　본문에는 부자와 거지 나사로가 등장합니다. 부자는 호화롭게 살았지만, 나사로는 대문 앞에서 상처투성이 몸으로 버티며 살았습니다. 그러나 죽음 이후 부자는 음부에서 고통을 받았고, 나사로는 아브라함의 품에 안겼습니다. 이는 단순히 가난과 부유함을 넘어, 하나님을 의지하는 삶과 그렇지 않은 삶이 죽음 이후에 어떤 결과로 이어지는지를 보여줍니다. 우리가 이 땅에서 무엇을 의지하며 사는지에 따라 결과가 달라집니다.

2. 건널 수 없는 큰 구렁텅이

　　부자는 음부의 고통 속에서 아브라함에게 나사로로 하여금 물 한 방울만 찍어 혀를 적시게 해 달라고 간청합니다. 하지만 아브라함은 그 사이에 건널 수 없는 큰 구렁텅이가 있다고 말합니다. 이 구렁텅이는 죽음 이후의 삶이 확정되면 다시는 바꿀 수 없음을 상징합니다. 살아 있는 동안 하나님 말씀을 거부한 자는 죽음 이후의 그 결과를 피할 수 없습니다.

3. 말씀의 충분성

부자는 형제들이 자신처럼 되지 않도록 나사로를 다시 세상에 보내 달라고 부탁합니다. 그러나 아브라함은 "그들에게 모세와 선지자들이 있으니 그들에게 들을지니라"라고 말합니다. 이는 하나님의 말씀인 성경만으로도 구원의 길을 알기에 충분하다는 사실을 강조합니다. 표적과 기적보다 더 중요한 것은 말씀에 귀를 기울이는 것입니다.

우리에게도 '모세와 선지자'의 말씀, 즉 성경이 있습니다. 죽음 이후의 영원한 삶이 결정되기 전, 말씀에 귀 기울여 참된 소망과 구원의 길을 선택해야 합니다.

말씀 연구	
말 씀	누가복음 16:19-31
암 송	예수께서 이르시되 나는 부활이요 생명이니 나를 믿는 자는 죽어도 살겠고(요 11:25)
요 점	하나님 나라 백성은 죽음 이후 부활을 소망한다.

본문 이해

본문은 부자와 거지 나사로의 이야기를 통해 죽음 이후의 삶을 분명하게 대조합니다. 부자는 사치스럽게 살았지만 죽은 후 음부에서 고통을 당하게 되었고, 나사로는 고난 속에 살았지만 죽은 후 아브라함의 품에서 위로를 받았습니다. 예수님은 죽음 이후의 삶이 단순한 상상이 아니라 실제라는 것을 가르치십니다. 또한 죽음 이후에는 다시는 그 결과를 바꿀 수 없는 '큰 구렁텅이'가 놓여 있음을 보여줍니다. 이는 우리가 살아 있는 동안 하나님의 말씀에 순종해야 할 중요성을 강조합니다.

 **말씀 속으로**

❶ 죽음 이후 부자와 나사로의 삶은 어떻게 달라졌습니까?(눅 16:22-23)

부자는 음부에서 고통받게 되었고, 나사로는 아브라함의 품에서 위로를 받았습니다.

> **보충 설명** 음부(陰府)는 '죽은 자의 처소' 또는 '지옥'을 말합니다. 아브라함의 품은 '낙원' 또는 '천국'을 가리킵니다. 이 땅의 삶은 죽음 이후의 삶을 결정하는 시간입니다. 반면 나사로가 구원받은 것은 그가 가난해서가 아니라, 고난 중에도 하나님의 백성에 속했다는 믿음 때문이었습니다. 이 말씀은 인간의 행위에 대한 하나님의 공의로운 심판이 죽음 이후 반드시 있음을 보여줍니다.

❷ 부자는 왜 나사로에게 물 한 방울을 달라고 요청했습니까?(눅 16:24)

음부의 불꽃 가운데서 심한 고통을 겪었기 때문입니다.

> **보충 설명** 부자의 요청은 회개의 표현이 아닙니다. 부자는 여전히 나사로를 자신의 고통을 덜어줄 수단으로 여기며, 살아 있을 때처럼 그를 자신보다 아래에 두려 합니다. 예수님은 이 비유를 통해, 죽음 이후의 상태가 일시적인 것이 아닌 영원히 확정된 것임을 강조하십니다. 본문에서 '큰 구렁텅이'는 돌이킬 수 없고 건널 수 없는 하나님의 영원한 심판을 상징합니다. 살아 있는 동안 하나님의 말씀을 외면한 자는 죽음 이후에 그 결과를 피할 수 없습니다.

3 부자가 그의 형제들을 위해 요청한 것은 무엇입니까?(눅 16:27-28)

나사로를 보내 자신의 형제들에게 경고해 달라고 요청했습니다.

> **보충 설명** 이 부분이 이 비유의 핵심 주제입니다. 부자는 기적(죽은 자의 부활)만이 형제들을 회개시킬 수 있다고 생각했지만, 아브라함은 하나님의 말씀만으로 충분하다고 선언합니다. 하나님의 말씀을 거부하는 자들은 어떤 표적을 보더라도 믿지 않을 것입니다. 이는 후대에 예수 그리스도의 부활조차 믿지 않을 유대인을 향한 경고이자, 오늘 우리에게 주어진 말씀의 충분성과 권위를 강력하게 변증하는 메시지입니다.

묵상 이야기

18세기 청교도 목사 조나단 에드워즈는 평생 지키기로 다짐한 70가지 결심문을 남겼습니다. 그중 17번째 결심은 "내가 죽게 되었을 때, '그 일을 했다면 좋았을 텐데' 하고 바라게 되는 것처럼 살자"였습니다. 그는 죽음의 순간을 늘 염두에 두며 살았습니다. 이는 죽음에 대한 두려움 때문이 아니라, 영원한 삶 앞에서 오늘을 허투루 보내지 않겠다는 결단이었습니다. 그는 마치 여행의 마지막 날처럼 하루하루를 귀하게 여기며, 하나님 앞에서 가장 가치 있는 일에 시간을 쏟았습니다. 우리도 이처럼 죽음 앞에서 후회 없는 삶을 살아가야 합니다. (조나단 에드워즈의 '70가지 결심문' 중 제17항)

- **나눔** 부자와 나사로의 삶을 통해 우리가 중요하게 생각해야 할 것은 무엇인지 나누어 봅시다.
- **기도** 늘 말씀에 순종하며 영원한 삶을 준비하는 지혜를 주소서.
- **적용** 죽음 이후 영원한 생명을 확신하고 소망하도록 결단합시다.

주기도문이나 대표 기도로 폐회합니다.

31과
생태계와 환경 돌봄

예배 인도

찬 송	78장 저 높고 푸른 하늘과 · 79장 주 하나님 지으신 모든 세계
기 도	합심기도 / 대표기도
말씀 나눔	시편 139:7-12, 로마서 8:18-22

하나님께서 만드신 세상은 선하고 아름답습니다. 그러나 인간의 탐욕과 무책임으로 인해 환경이 파괴되고 있습니다. 우리는 하나님의 백성으로서 창조 세계를 책임 있게 돌보아야 합니다.

1. 창조 세계를 돌보라는 하나님의 명령

하나님은 최초의 인류인 아담과 하와에게 땅을 정복하고 다스리라는 사명을 주셨습니다. 이는 모든 인간에게 부여된 사명으로, 우리가 책임감을 가지고 세상을 관리하며 돌봐야 함을 의미합니다. 자연은 하나님께서 창조하신 피조 세계로 하나님이 돌보시는 영역이며 (시 139:9-12) 우리 삶의 터전입니다. 그러므로 우리는 하나님이 맡겨주신 창조 세계를 마음대로 훼손하지 않고 청지기의 자세로 돌보며 지켜야 합니다.

2. 기후 위기와 생태계 파괴

예레미야는 땅이 황폐해지고 짐승과 새가 사라지는 현실을 탄식했습니다(렘 12:4). 이러한 기후 위기와 생태계 파괴는 하나님이 주신 청지기의 사명을 저버린 인간의 죄와 탐욕의 결과입니다. 환경을 파괴하는 것은 단순한 실수가 아니라 죄의 결과이며, 성경은 땅을 망하게 하는 자들을 하나님께서 심판하신다고 경고하고 있습니다 (계 11:18).

3. 환경보호는 믿음의 표현

우리는 믿음의 고백으로 주일에 함께 모여 예배를 드립니다. 그러나 우리의 믿음은 삶 전체를 통해 표현되며 예배로 나타나야 합니다. 쓰레기를 줄이고, 자원을 아끼며, 자연을 보호하는 삶은 단순한 생활 습관이 아니라 하나님께 드리는 예배입니다. 환경을 사랑하는 마음은 곧 하나님을 사랑하는 자의 실천적 삶의 증거입니다.

하나님께서 맡기신 창조 세계를 책임감 있게 지키는 일은 우리의 믿음을 드러내는 거룩한 삶의 실천이자 예배입니다.

말씀 연구	
말 씀	시편 139:7-12, 로마서 8:18-22
암 송	언제까지 이 땅이 슬퍼하며 온 지방의 채소가 마르리이까 짐승과 새들도 멸절하게 되었사오니 이는 이 땅 주민이 악하여 스스로 말하기를 그가 우리의 나중 일을 보지 못하리라 함이니이다(렘 12:4)
요 점	하나님 나라 백성은 자연과 환경을 책임 있게 돌본다.

본문 이해

시편 139편 7-12절은 하나님이 무소부재하시며, 어디서든 우리를 인도하시고 보호하시는 창조주이심을 선포합니다. 하나님은 창조 세계의 끝, 빛과 어둠, 생명과 죽음의 모든 영역을 통치하시는 주권자이시기에 우리는 두려움 속에서도 안식과 소망을 얻을 수 있습니다. 한편 로마서 8장 18-22절은 피조 세계가 인간의 죄악으로 인해 함께 타락하여 고난을 겪고 있지만, 궁극적으로 하나님의 구속 계획 안에서 새 하늘과 새 땅, 영광스러운 회복을 맞이할 것을 선포합니다. 이는 현재의 고난 속에서도 장차 주어질 영광과 회복의 소망을 바라보게 하는 위로와 도전의 말씀입니다.

 말씀 속으로

❶ 하나님은 어디에 계시는 분입니까?(시 139:7-12)
하나님은 무소부재하신 분으로, 어디에나 존재하십니다.

> **보충설명** 하늘과 땅, 바다 끝과 스올(죽은 자의 장소)까지도 하나님의 임재를 피할 수 없습니다. 하나님께서 자신이 창조하신 모든 피조물과 영역에 거하신다는 사실은 그분이 자연과 우주 전 영역을 섭리하고 다스리신다는 것을 알려줍니다. 따라서 우리는 하나님이 주인이시자 우리 삶의 터전인 환경을 함부로 훼손하지 않고 우리에게 주신 명령대로(창 1:28) 돌보며 살아가야 합니다.

❷ 피조물이 함께 탄식하며 고통을 겪는다는 것은 무슨 의미입니까?(롬 8:22)
피조 세계가 인간의 죄로 인해 타락과 고통을 겪고 있다는 뜻입니다.

> **보충설명** 본래 피조물은 하나님이 보시기에 선하고 아름답게 지어졌지만(창 1:31), 인간의 범죄로 인해 저주와 파괴가 들어왔습니다. 그 결과, 사람만이 죄악으로 인한 저주와 고통을 겪는 것이 아니라 창조 세계도 재해와 죽음, 병, 소멸의 고통을 겪게 되었습니다. 바울은 이것을 "함께 탄식한다"라고 표현하며, 이는 피조물도 죄악으로 인한 고통 속에 있음을 드러냅니다.

3 피조물이 고대하고 있는 것은 무엇입니까?(롬 8:19-21)

피조 세계는 창조 전체가 회복되는 날을 기다리고 있습니다.

> **보충 설명** 피조물은 "하나님의 아들들이 나타나는 날" 즉 성도들의 구원이 완성되고, 영광의 자유를 누릴 구속 역사가 온전하게 이루어질 날을 기다립니다. 그때 인간뿐만 아니라 피조물 역시 썩어짐과 허무함에서 해방되어 회복되고, 하나님 나라의 영광에 동참하기 때문입니다.

 묵상 이야기

　동아프리카 최대의 해안림인 아라부코-소코케 숲과 미다 크리크는 멸종위기종의 마지막 보루입니다. 기독교 보전단체 아로샤 케냐(A Rocha Kenya)는 지역 학생에게 '에코-장학금'을 제공하면서, 학생과 가정이 직접 보전 활동(나무 심기, 올가미 제거, 성경적 방법으로 토양을 가꾸어 농사, 불 없는 조리기구 사용, 양봉 등)에 참여하도록 설계하여, 숲을 지키면 미래가 열린다는 '숲-가정-교회' 구조를 만들어 함께 자연을 보호하고 있습니다. 나는 하나님의 말씀과 명령을 따라 얼마나 자연을 보호하고 있습니까? 우리 가정과 교회는 무엇을 하고 있는지 생각해 봅시다.

나눔 나는 환경을 어떤 시선으로 바라보며 대하고 있는지 나누어 봅시다.

기도 하나님께서 명하신 대로 창조 세계를 책임 있게 돌보게 하소서.

적용 환경을 아끼고 보호할 수 있는 구체적인 방법을 찾아 실천해 봅시다.

주기도문이나 대표 기도로 폐회합니다.

32과

미디어 환경

예배 인도	
찬 송	342장 너 시험을 당해 · 204장 주의 말씀 듣고서
기 도	합심기도 / 대표기도
말씀 나눔	야고보서 1:5

디지털 기술의 보편화로 인해 우리는 많은 정보를 얻으며 유익을 누리고 있지만, 거기에는 말씀과 신앙을 위협하는 유혹도 숨겨져 있습니다. 이를 분별할 수 있는 하나님의 '지혜'가 필요합니다.

1. 성도에게 필요한 '지혜'

성도는 하나님의 부름을 받았지만, 여전히 세상 속에서 살아가기에 '지혜'가 필요합니다. 그 '지혜'는 단순히 세상의 지식을 말하지 않습니다. 하나님의 뜻을 '분별'하며 '적용'하는 능력을 말합니다. 지금 우리는 미디어 환경에 둘러싸여 정보가 범람하는 시대에 살고 있습니다. 홍수와 같은 위험 속에서 길을 잃지 않으려면, 반드시 하나님의 지혜가 필요합니다.

2. 지혜의 근원이신 '하나님'

야고보는 하나님께 지혜를 구하라고 권면합니다. 지혜는 세상이나 자기 자신 안에서 구할 수 없습니다. 우리 자신과 세상은 타락하여 어떠한 선한 것도 찾을 수 없기 때문입니다. 그러므로 참 지혜이시며 지혜의 근원이신 하나님께 지혜를 구해야 합니다. 하나님이 주시는 지혜만이 하나님 나라 백성답게 구별되어 세상에서 승리할 수 있는 능력이 됩니다. 미디어로부터 오는 세상의 지혜는 성도를 거룩과 사명으로 이끌 수 없습니다.

3. 지혜를 '후히' 주시는 하나님

하나님은 지혜를 구하는 우리를 꾸짖지 않으시고, 오히려 기뻐하시며 후히 주십니다. 이는 우리가 하나님께 나아가 지혜를 구할 수 있는 이유가 됩니다. 자신의 부족함과 무지함으로 하나님 앞에 나아가기를 주저하는 것은 옳지 않습니다. 지혜의 근원이시며 지혜 주시기를 기뻐하시는 하나님의 성품을 의지하여 담대히 하나님께 나아가야 합니다.

빠르게 변화하는 시대 속에서 성도는 지혜가 필요합니다. 지혜의 부족함을 인정하며 담대히 나아가 구할 때, 하나님은 미혹과 유혹 앞에서 분별하며 살아갈 지혜를 후히 주실 것입니다.

말씀 연구	
말 씀	야고보서 1:5
암 송	범사에 헤아려 좋은 것을 취하고(살전 5:21)
요 점	하나님 나라 백성은 미디어(디지털) 환경에서 진리를 분별한다.

본문 이해

야고보는 예수님을 따르는 성도라 할지라도 여러 가지 시험과 시련을 피할 수 없음을 말합니다(약 1:2-4). 이어서 성도의 지혜 부족을 지적하며 하나님께 지혜를 구하라고 권면합니다(약 1:5). 성도는 인생을 살아가면서 시험과 시련을 피할 수 없고, 이러한 문제를 극복할 수 있는 힘은 지혜에 있기 때문입니다. 또한 야고보는 그 지혜가 하나님으로부터 공급된다는 사실과 함께, 지혜를 주시는 하나님의 성품을 가르쳐 줍니다. 참 지혜는 하나님 안에 있으며, 그분은 선하시고 자비로우셔서 우리가 지혜를 구할 때 기뻐하시며 후히 주십니다.

 **말씀 속으로**

❶ 시련과 시험이 가득한 세상 속에서 성도에게 필요한 것은 무엇입니까?(약 1:5)

하나님의 뜻을 분별하며 적용하는 '지혜'입니다.

> **보충 설명** 성도에게는 문제를 간파하고 타개할 수 있는 '지혜'가 꼭 필요합니다. 하나님 나라를 이 땅 가운데 실현할 의무와 사명이 있기 때문입니다. 성도가 갖추어야 할 지혜는 하나님의 말씀으로 분별하고, 그 말씀을 적용하는 '능력'입니다. 그 지혜는 미디어 속에서 우리가 무엇을 보아야 할지 '선택'하고, 필요 이상 몰두하지 않도록 '절제'하며, 미디어를 개인의 유흥이 아닌 신앙의 성장과 복음 전파에 '선용'하도록 이끌어 줍니다.

❷ 성도가 갖추어야 할 참된 지혜는 어디에서 찾을 수 있습니까?(약 1:5, 잠 2:6)

참 지혜이시며 지혜의 근원이신 하나님입니다.

> **보충 설명** 인간과 세상 안에서는 궁극적인 면에서 선한 것을 찾을 수 없습니다. 구원에 있어서 '전적 부패'와 '전적 무능'이 만연하기 때문입니다. 야고보는 지혜를 하나님께 구하라고 강조합니다. 하나님은 지혜로우시며 거룩하신 분이기에, 그분의 지혜만이 '참 지혜'이며, 미디어 환경 속에서 성도를 승리로 이끌어 줍니다. 지혜와 지식을 미디어 안에서 찾으려는 세상의 풍조 속에서 우리는 누구를 바라보고 있는지 진지하게 돌아보아야 합니다.

3 성도가 하나님께 나아가 지혜를 구할 수 있는 이유는 무엇입니까?(약 1:5, 시 34:10)

지혜를 후히 주시는 '하나님의 성품' 때문입니다.

> **보충 설명** '후히'라는 단어는 '기꺼이', '지체하지 않고', '너그럽게', '무조건'이라는 뜻이 있습니다. 하나님께서는 모든 좋은 것에 부족함 없이 주십니다(시 34:10). 사람은 자신의 부족함을 감추고 싶은 본능이 있지만, 하나님 앞에서는 그럴 필요가 없습니다. 부족한 우리를 품으시며, 너그러운 마음으로 지혜를 베푸시는 분이 우리 하나님이시기 때문입니다. 그렇기에 우리는 매일 하나님께 나아가 지혜를 구할 수 있습니다.

묵상 이야기

20세기 복음주의 운동을 이끈 존 스토트(John R. W. Stott) 목사는 산상수훈의 서론을 강론하며, 하나님이 자신의 백성을 불러내신 목적을 이렇게 설명합니다. "세상과 구별되어 하나님께 속하며 그분께 순종하는 '거룩한' 백성이 되는 것, 그리고 이 백성이 자신의 정체성에 충실한 것, 즉 모든 견해와 행동이 '거룩한' 또는 '다른' 존재가 되는 것이다." 하나님은 우리가 세상 속에 살지만 세상에서 구별되고, 이러한 구별(거룩)을 적극적으로 추구하기를 원하십니다. 이는 미디어 환경에 에워싸여 있는 우리가 그리스도인으로서 어떠한 태도를 보여야 하는지를 가르쳐 줍니다.

나눔 미디어 사용의 위험성이 무엇인지 나누어 봅시다.

기도 하나님의 지혜로 분별하며 살게 하소서.

적용 하나님의 지혜를 갖춘 그리스도인으로 살아가기를 결단합시다.

주기도문이나 대표 기도로 폐회합니다.

33과
인공지능

예배 인도

찬 송	79장 주 하나님 지으신 모든 세계 · 220장 사랑하는 주님 앞에
기 도	합심기도 / 대표기도
말씀 나눔	시편 8:1-9

요즘 화제가 되는 것 중 하나는 인공지능 즉 A.I(artificial intelligence)에 대한 것입니다. 기계가 사람의 역할을 대신하게 된다는 것입니다. 그러나 AI는 우리 안에 있는 하나님의 형상을 대신 담을 수 없습니다.

1. 존귀한 자

본문 5절은 사람을 하나님보다 조금 못하게 만드신 영화로운 존재로 소개합니다. 그리고 창세기 1장 27절은 우리 안에 하나님의 형상이 있음을 가르쳐줍니다. 또 본문 4절은 여호와께서 우리를 생각하시며 우리를 돌보고 계심을 고백합니다. 이렇게 우리는 하나님의 형상을 담은 존귀한 자들입니다. 하나님의 닮은꼴로서 영적·인격적 독특성을 가지고 있습니다.

2. 관계적 존재

골로새서 3장 10절은 구원받은 우리가 "자기를 창조하신 이의 형상을 따라 지식에까지 새롭게 하심을 입었음"을 가르쳐줍니다. 그리고 새롭게 입은 이 옷은 "긍휼과 자비와 겸손과 온유와 오래 참음"(12절)으로 나타납니다. 결국 하나님의 형상은 서로 다른 이들과의 인격적 관계 속에서 나타나게 된다는 것입니다. 인공지능은 하나님의 형상으로 표현되는 인간의 가치를 대신할 수 없습니다.

3. 하나님의 성전인 우리

AI의 발전은 합리성과 효율성을 바탕으로 인간의 가치를 점점 부정합니다. 그러나 우리의 몸은 하나님의 성전이고(고전 6:19), 우리의 삶으로 드리는 예배는 그 무엇으로도 대신할 수 없습니다(고전 6:20). 그러므로 우리는 하나님이 귀하게 여기시는 서로를 존귀하게 여기고 서로 사랑함으로 하나님의 형상을 더욱 드러내야 합니다.

우리는 하나님의 형상대로 지어진, 존귀한 자들입니다. 인공지능이 그 가치를 대신할 수 없습니다. 그 가치를 인정하고 존중하며 서로 사랑합시다.

말씀 연구	
말 씀	시편 8:1-9
암 송	사람이 무엇이기에 주께서 그를 생각하시며 인자가 무엇이기에 주께서 그를 돌보시나이까(시 8:4)
요 점	하나님 나라 백성은 인공지능이 인간(의 고유성)을 대신하는 것을 경계한다.

본문 이해

시편 8편은 다윗이 창조물을 바라보며 지은 시입니다. 특별히 그는 온 땅에 가득한 하나님의 창조 섭리와 하늘에 베풀어 두신 달과 별들을 보며 창조주 하나님의 위대하심을 노래합니다. 하나님을 노래하던 다윗은 그 시선을 우리 인간에게로 돌립니다. 하나님은 우리에게 영화와 존귀로 관을 씌우셨고(5절), 주께서 지으신 모든 것을 다스리게 하셨으며(6절), 주님의 돌보심을 받게 하셨습니다(4절). 세상을 지으신 하나님이 우리를 이렇게 귀하게 여기신다면, 우리는 얼마나 존귀한 자들입니까? 이 존귀함을 깨달은 다윗은 감격하며 주님을 찬양합니다.

 말씀 속으로

1 다윗이 말하는 '하늘을 덮은 것'은 무엇입니까?(시 8:1)

주의 영광입니다.

> **보충 설명** 작품은 그것을 만든 이를 반영하기 마련입니다. 다윗은 완벽한 균형과 질서 속에 아름답게 지어진 이 세상을 바라보며, 창조주 하나님의 지혜와 영광을 찬양합니다. 그는 주의 손가락으로 만드신 주의 하늘과 주께서 베풀어 두신 달과 별들(3절), 주가 만드신 생명체들이 살아 역동하는 것을 보며(7, 8절) 주님의 창조의 지혜를 노래하였습니다. 그분의 창조의 영광이 온 하늘을 가득 채우고 있기 때문입니다.

2 하나님은 그 지으신 것을 누구의 발 아래 두셨습니까?(시 8:6)

사람의 발 아래 두셨습니다.

> **보충 설명** 하나님은 이 세상을 창조하시고 "좋았다"(창 1:4, 10, 12, 18, 21, 25, 31)라고 말씀하셨습니다. 그리고 그 모든 것을 사람이 다스리게 하셨습니다(창 1:28, 시 8:6). 이는 하나님이 사람을 세상 그 무엇보다 귀하게 여기시며, 그들을 위해 가장 좋은 것을 주시는 분이심을 알게 합니다. 이렇게 하나님이 우리를 존귀하게 여기시기에, 우리는 세상 그 무엇보다 존귀한 존재입니다.

3 하나님의 창조와 사람을 존귀히 여기심을 발견한 다윗은 무엇이라고 감탄합니까?(시 8:9)

여호와 우리 주여 주의 이름이 온 땅에 어찌 그리 아름다운지요

> **보충설명** 아무리 좋은 것이 있어도 그것이 나를 위해 준비된 것이 아니라면 감사의 제목이 되지 못합니다. 하늘을 가득 채운 하나님의 창조의 영광이 바로 자신을 위한 것임을 발견한 다윗은 그 모든 것을 주신 하나님의 은혜에 감사와 감격의 찬송을 올렸습니다. 하나님은 이처럼 우리를 귀하게 여기시며 돌보십니다.

 묵상 이야기

인간의 존귀함은 어디에서 오는 것일까요? 어떤 이들은 인간이 뛰어난 능력이 있기에 존귀하다고 생각합니다. 그러나 이러한 생각은 우리보다 더 뛰어난 능력을 가진 존재(천재, AI 등) 앞에서 부정될 수 있고, 또 능력만 뛰어나면 얼마든지 사람의 가치를 대체할 수 있다고 판단할 오류를 가지고 있습니다. 그러나 인간의 가치는 그 능력이 아닌, 세상을 지으시고, 우리에게 자신의 형상을 담으신 하나님께 기인합니다. 그분은 아름다운 세상을 만드시고 우리에게 맡기셨습니다. 또 우리를 사랑하사 구원하시려고 십자가를 지셨습니다. 그래서 우리는 하나님이 지으신 이 세상 그 무엇보다 존귀한 존재입니다.

나눔 인공지능의 긍정적인 면과 부정적인 면을 나누어 봅시다.

기도 AI 시대에 사람의 가치를 잊지 않는 공동체를 이루게 하소서.

적용 사람을 더욱 귀하게 여기고, 서로 사랑하기를 결단합시다.

주기도문이나 대표 기도로 폐회합니다.

34과

생명 복제

예배 인도

찬 송	302장 내 주 하나님 넓고 큰 은혜는 · 430장 주와 같이 길 가는 것
기 도	합심기도 / 대표기도
말씀 나눔	이사야 29:16

　우리는 과학이 인간의 생명까지 복제할 수 있다고 주장하는 시대를 살고 있습니다. 그러나 이사야 선지자는 토기장이와 진흙의 비유를 통해 창조주와 피조물의 위치를 바꾸려는 인간의 교만을 경고합니다.

1. 토기장이이신 하나님
　성경은 하나님을 토기장이로, 인간을 진흙으로 묘사합니다. 진흙은 스스로를 만들 수 없고, 토기장이의 손에 의해 형체를 갖습니다. 이사야 선지자는 "지음을 받은 물건이 어찌 자기를 지은 이에게 대하여 이르기를 그가 나를 짓지 아니하였다 하겠으며"라고 말합니다. 이는 창조주를 무시하고 스스로 주인이 되려는 인간의 교만을 꾸짖는 말씀입니다.

2. 인간 복제, 하나님의 주권에 도전하는 행위
　현대 과학은 체세포 복제 기술로 인간의 생명까지 만들어내려 합니다. 그러나 이것은 단순한 과학적 실험이 아니라 창조 질서 자체를 흔드는 일입니다. 욥기 33장 4절은 "하나님의 영이 나를 지으셨고 전능자의 기운이 나를 살리시느니라"고 말합니다. 생명은 과학의 산물이 아니라 하나님의 호흡으로 주어진 것입니다. 인간이 복제를 통해 생명을 생산하려 한다면, 그것은 하나님과 같은 자리에 앉으려는 위험한 도전입니다.

3. 인간은 실험 대상이 아니라 하나님의 형상

하나님은 사람을 자신의 형상대로 창조하셨습니다(창 1:27). 그러므로 인간은 존엄성을 가진 존재이지, 과학적 호기심의 충족 대상이 아닙니다. 복제로 태어난 생명은 하나님의 선물이라기보다 인간의 생산품으로 여겨질 수 있습니다. 그 결과 인간 존엄은 크게 훼손될 것입니다. 과학의 발전은 가치 있지만, 하나님의 창조 질서를 벗어날 때는 파괴적 결과를 낳습니다.

피조물이 창조주의 자리를 차지할 수 없습니다. 우리는 생명의 주권이 하나님께 있음을 고백하며, 생명을 존중하고 복제의 유혹을 거절해야 합니다.

말씀 연구

말 씀	이사야 29:16
암 송	진실로 생명의 원천이 주께 있사오니 주의 빛 안에서 우리가 빛을 보리이다(시 36:9)
요 점	생명의 근원은 과학 기술이 아니라 하나님에게 있다.

본문 이해

이사야 선지자는 토기장이와 진흙의 관계를 통해 인간의 교만을 경고합니다. 토기장이가 진흙을 빚어 그릇을 만들듯이 하나님은 인간의 창조주이십니다. 그러나 인간은 창조주를 무시하고 스스로 주인이 되고자 합니다. 대표적인 예가 인간 복제입니다. 인간을 마음대로 복제하려는 것은 창조 질서를 거스르는 행위입니다. 성경은 생명의 근원이 과학이나 인간의 능력이 아니라 하나님께 있음을 선포합니다. 그러므로 우리는 하나님을 창조주로, 인간을 피조물로 인정해야 합니다. 그럴 때 비로소 생명의 존엄을 지키며 하나님께 영광을 돌릴 수 있습니다.

 **말씀 속으로**

① 이사야 선지자는 인간을 무엇에 비유합니까?(사 29:16)

토기장이의 손으로 빚어지는 진흙에 비유합니다.

> **보충설명** 성경은 하나님을 토기장이로, 인간을 진흙으로 비유합니다. 진흙은 스스로 모양을 만들 수 없고, 오직 토기장이가 손으로 빚을 때 그릇이 됩니다. 이사야는 인간이 하나님께 지음 받은 존재라는 사실을 분명히 보여줍니다. 그런데 인간이 마치 스스로 주인이 된 것처럼 행동한다면, 이는 어리석은 일입니다. 생명은 내 것이 아니라 하나님께 속해 있으며, 우리는 그분의 손에 있는 피조물입니다.

② 인간 복제가 왜 하나님의 창조 질서를 거스르는 것입니까?(욥 33:4)

생명은 과학이 아니라 하나님의 영과 호흡에서 비롯되기 때문입니다.

> **보충설명** 욥은 "하나님의 영이 나를 지으셨고 전능자의 기운이 나를 살리시느니라"고 고백했습니다. 과학은 생명의 원리를 연구할 수 있지만, 생명을 창조할 수는 없습니다. 인간 복제는 마치 사람이 하나님처럼 생명을 만들 수 있다고 주장하는 것과 같습니다. 그러나 성경은 분명히 생명의 시작과 끝이 하나님께 있음을 말합니다. 복제 기술이 아무리 발전해도 하나님께서 주시는 호흡을 대신할 수는 없습니다.

3. 성경은 인간의 본질을 어떻게 가르칩니까? (창 1:27)

하나님의 형상대로 지어진 존귀한 존재입니다.

> **보충 설명** 창세기는 사람이 하나님의 형상대로 지어졌다고 말씀합니다. 이것은 우리가 단순히 고등 동물이 아니라 하나님의 성품을 닮은 특별한 존재라는 뜻입니다. 만약 사람을 복제한다면 생명의 존엄성이 무너지고, 인간이 서로를 존중하지 않게 됩니다. 성경은 모든 생명을 하나님의 형상으로 존귀하게 대하라고 가르칩니다.

묵상 이야기

2000년대 초, 과학자들이 인간 복제를 시도하겠다고 발표했을 때 전 세계는 충격과 논쟁에 휩싸였습니다. 어떤 이들은 과학의 발전이라며 환영했지만, 많은 사람들은 생명의 존엄이 위협받을 것을 두려워했습니다. 실제로 복제 양 '돌리'는 일반 양과 달리 수명이 짧고 여러 질병을 안고 태어났습니다. 이는 창조 질서를 벗어난 생명이 온전할 수 없음을 보여줍니다. 성경은 생명이 하나님께 속해 있으며, 인간은 그분의 피조물임을 가르칩니다. 그러므로 우리는 과학의 유익을 누리되, 생명의 주권은 하나님께 돌려야 합니다. 창조주 하나님을 경외하는 것이야말로 생명을 지키는 길입니다.

나눔 인간 복제와 같은 문제 앞에서 우리의 신앙은 어떤 태도를 취해야 하는지 나누어 봅시다.

기도 창조주 하나님을 경외하며 생명을 존중하는 믿음을 주소서.

적용 인간 복제 시도에 저항하고 하나님의 창조 질서를 지켜 나갑시다.

주기도문이나 대표 기도로 폐회합니다.

하나님 나라 백성의 세계관

4학기
하나님 나라 백성의 총체적 회복

10단원 하나님 나라 백성의 일과 예술
- 35과 일과 쉼 158
- 36과 일과 신앙 162
- 37과 예술과 신앙 166
- 38과 뉴에이지 170

11단원 하나님 나라 백성의 성과 중독의 문제
- 39과 순결한 삶 174
- 40과 건강한 부부 관계 178
- 41과 중독 182

12단원 하나님 나라 백성의 총체적 회복
- 42과 고난과 회복 186
- 43과 사회적 회복 190
- 44과 총체적 회복 194

35과
일과 쉼

예배 인도	
찬 송	595장 나 맡은 본문은 · 218장 네 맘과 정성을 다하여서
기 도	합심기도 / 대표기도
말씀 나눔	신명기 5:12-14, 전도서 3:13

우리의 삶은 일과 쉼의 연속입니다. 쉬지 않고 일만 하거나, 오직 쉬기만 할 수는 없습니다. 일과 쉼 사이에서 균형을 잡는 것이 중요합니다.

1. 일, 하나님의 창조 사역에의 동참

일은 단순히 생계를 위한 방편이 아니라, 하나님이 그분의 위대한 창조 사역에 우리를 초대하시어 동참하게 하시는 거룩한 과정입니다. 우리는 직업과 학업뿐 아니라 일상의 모든 순간을 통해 하나님의 일하심에 참여할 수 있습니다. 우리가 하는 모든 일은 하나님의 영광을 위한 거룩한 부르심입니다. 주님이 우리에게 맡기신 일들을 신실하게 감당할 때, 우리의 삶은 더욱 의미 있고 풍성해집니다.

2. 쉼, 하나님과의 관계 안에서의 재충전

쉼은 육체적 피로 회복을 넘어 영적 재충전의 의미를 가집니다. 진정한 안식은 바쁜 일상을 잠시 멈추고, 창조주 하나님을 의지하며 그분께 집중하는 의도적인 실천입니다. 쉼의 시간은 하나님의 사랑을 깊이 경험하고, 삶의 진정한 주인이 누구인지를 다시금 고백하는 기회가 됩니다. 하나님 안에서 누리는 평안과 만족은 우리의 영혼을 새롭게 하며, 다가올 삶의 여정을 위한 힘을 공급해 줍니다.

3. 안식의 윤리, 이웃과 피조물의 쉼 보장

신명기 말씀처럼 안식은 우리 자신만을 위한 것이 아닙니다. 안식은 자녀들, 종들, 심지어 가축과 우리의 문 안에 거하는 나그네에게까지 확대되어야 하는 윤리적 책임입니다. 이웃과 모든 피조물의 쉼을 배려하는 것은 하나님의 정의와 사랑을 이 땅에 실현하는 중요한 방식입니다.

하나님이 주신 일과 쉼의 질서를 따를 때, 우리는 세상의 가치관을 넘어 진정한 평안을 누릴 수 있습니다. 일과 쉼 모두를 통해 하나님께 영광을 돌리는 복된 삶이 되시기를 소망합니다.

말씀 연구	
말 씀	신명기 5:12-14, 전도서 3:13
암 송	사람마다 먹고 마시는 것과 수고함으로 낙을 누리는 그것이 하나님의 선물인 줄도 또한 알았도다(전 3:13)
요 점	하나님 나라 백성은 하나님이 주신 질서에 따라 일과 쉼의 균형을 이룬다.

본문 이해

우리의 삶은 일과 쉼의 순환으로 이어집니다. 일은 직업과 학업뿐 아니라 일상의 모든 활동을 포함하며, 창조주 하나님의 일하심에 동참하는 의미를 지닙니다. 일은 단순히 소득 수단이 아니라, 하나님의 형상을 닮은 우리가 이 세상을 가꾸는 거룩한 부르심으로 이해되어야 합니다. 진정한 안식은 하나님 안에서 이루어지며, 일을 멈추고 쉬는 것은 단순한 피로 회복을 넘어 하나님께 시선을 고정하고 그분을 의지하는 신앙의 실천입니다. 안식일에 대해 출애굽기는 하나님을 의존하는 신뢰적 측면에서, 신명기는 이웃과 사회적 약자의 안식까지 배려하는 윤리적 측면에서 강조합니다.

 말씀 속으로

1 하나님은 '일'에 대해 우리가 어떤 자세로 임해야 한다고 말씀하십니까?(신 5:13)

우리에게 맡겨 주신 모든 일을 힘써 행해야 합니다.

> **보충 설명** 창세기에서 하나님은 인간에게 땅을 정복하고 다스리라는 문화 명령을 주셨습니다. 이는 노동이 단순한 짐이 아니라, 하나님의 대리자로서 창조 세계를 풍요롭게 하는 축복임을 의미합니다. 우리가 직업과 일상에서 마주하는 모든 과업은 하나님의 일하심에 참여하는 거룩한 행위가 될 수 있습니다. 따라서 우리는 우리에게 맡겨 주신 모든 일을 힘써 행해야 합니다.

2 안식일에 해야 할 것은 무엇입니까?(신 5:15)

하나님이 하신 일들을 기억하며 안식일을 지켜야 합니다.

> **보충 설명** 안식은 '멈춤'에서 시작되지만, 그 목적은 에너지 충전을 넘어선 하나님과의 깊은 교제에 있습니다. 분주한 삶 속에서 의도적으로 시간을 구별하여 기도하고 말씀을 묵상하며, 하나님이 누구이신지를 더 깊이 알아가는 것입니다. 이처럼 안식은 우리 삶의 우선순위를 하나님께 두는 행위이며, 하나님이 우리의 진정한 공급원이심을 고백하는 신앙 고백입니다.

③ '일'과 '쉼'을 우리는 어떻게 바라보아야 합니까? (전 3:13)

'일'과 '쉼'은 모두 하나님이 우리에게 주신 선물입니다.

> **보충설명** '일'은 하나님의 일하심에 대한 참여로서 의미를 지니며, '쉼'은 일과 관련하여 하나님 안에서의 안식을 의미합니다. '일'과 '쉼'이 하나님이 우리에게 주신 선물임을 아는 것은 곧 하나님의 주권에 대한 신앙입니다.

묵상 이야기

프랑스 철학자 블레즈 파스칼은 「팡세」에서 "인간의 모든 불행은 방 한 칸에 고요히 머물지 못하는 데서 온다"라고 했습니다. 우리는 늘 무엇인가를 해야 한다는 강박에 시달리며 살아가지만, 이 말은 바쁜 세상 속에서 멈추어 하나님과 소통하는 안식의 중요성을 역설합니다. 비록 현대 문명과 파스칼의 시대는 다르지만, 안식의 본질적 의미는 변함이 없습니다. 고요한 멈춤 속에서 우리는 하나님의 음성을 듣고 자신을 돌아볼 수 있습니다. 바쁜 일상 속에서도 쉼을 통해 하나님이 우리의 삶을 붙드심을 경험할 수 있을 것입니다.

나눔 일과 쉼에서 얻을 수 있는 신앙의 유익을 나누어 봅시다.

기도 일과 쉼의 참된 의미를 깨닫고 하나님의 뜻 안에서 균형 잡힌 삶을 살아가게 하소서.

적용 일을 통해 하나님의 일하심에 참여하고, 안식을 통해 하나님의 일하심에 더욱 건강하게 참여합시다.

주기도문이나 대표 기도로 폐회합니다.

36과
일과 신앙

예배 인도

찬 송	384장 나의 갈 길 다 가도록 · 496장 새벽부터 우리
기 도	합심기도 / 대표기도
말씀 나눔	골로새서 3:22-24

우리는 많은 시간을 일터에서 보냅니다. 일은 때로 힘들고 지치게 하지만, 우리가 가진 재능과 시간을 쏟는 중요한 삶의 영역이기도 합니다. '일'은 단순한 직업을 넘어, 어떤 의미를 가질까요?

1. 일, 하나님의 저주 아닌 지혜와 축복

많은 사람이 일을 죄의 결과로 주어진 저주로만 여기지만, 성경은 본래 일은 하나님의 선한 창조 계획 안에 있는 지혜이자 축복임을 가르칩니다. 우리가 하는 모든 일은 하나님의 허락과 능력 안에서 이루어집니다. 따라서 우리는 일을 삶의 풍성함을 누리고 창조 세계를 아름답게 가꾸는 통로로 이해해야 합니다.

2. 직업, 하나님이 주신 소명 의식

우리는 직업을 하나님이 우리에게 맡기신 소명으로 여기고 잘 감당해야 합니다. 바울은 "무슨 일을 하든지 마음을 다하여 주께 하듯 하고 사람에게 하듯 하지 말라"고 강력히 권면합니다. 내가 가진 달란트를 통해 하나님의 창조 질서를 발전시키고, 그분의 선하신 뜻을 이 땅에 구현하는 것을 중요한 삶의 과제로 받아들여야 합니다. 직업은 하나님이 주신 소명이자 내가 지켜야 할 자리입니다.

3. 성실한 일, 하나님의 영광과 인정

우리의 정직하고 성실한 수고는 궁극적으로 하나님의 영광을 위한 것입니다. 잠언은 자신의 일을 능히 처리하는 자가 존귀함을 얻는다고 말하며 성실한 노동의 가치를 높이 평가합니다. 우리가 일상에서 보여주는 성실함은 세상 속에서 하나님의 살아계심을 드러내는 증거가 됩니다.

일이 하나님이 주신 복이자 책임임을 믿고, 일상의 모든 순간을 통해 하나님의 영광을 드러냅시다. 소명의 자리에서 맡겨진 일에 최선을 다합시다.

말씀 연구	
말　씀	골로새서 3:22-24
암　송	무슨 일을 하든지 마음을 다하여 주께 하듯 하고 사람에게 하듯 하지 말라(골 3:23)
요　점	하나님 나라 백성은 하나님이 주신 소명감을 가지고 일한다.

 본문 이해

일은 흔히 죄에 대한 하나님의 저주로 여겨지기도 하지만, 이사야서에서는 일을 통해 하나님의 지혜와 복을 누릴 수 있다고 말합니다(사 28:24-29). 우리는 하나님이 주시는 지혜로 이 세상의 모든 일을 감당하게 됩니다. 직업을 통해 하나님의 창조 세계를 발전시키고 그분의 뜻을 드러내는 것이 우리에게 주어진 중요한 과제입니다. 바울은 "무슨 일을 하든지 마음을 다하여 주께 하듯 하고 사람에게 하듯 하지 말라"고 권면합니다. 이는 일(직업)을 통해 하나님께 헌신하는 것을 의미합니다. 성실하고 정직한 노동은 하나님께 인정받는 과정이며, 궁극적으로 하나님의 영광을 위한 우리의 책임이자 과제입니다(잠 22:29, 시 90:17).

 **말씀 속으로**

1 '일'에 대해 우리가 가져서는 안 되는 모습은 무엇입니까(골 3:22)

사람을 기쁘게 하는 자와 같이 눈가림만 하면 안 됩니다.

> **보충설명** 창세기에서 하나님은 아담에게 에덴 동산을 경작하고 지키는 일을 맡기셨습니다. 이는 일이 타락 이전에 이미 주어진 하나님의 선한 명령이었음을 보여줍니다. 이사야 선지자도 농사를 짓는 지혜가 하나님께로부터 왔다고 말하며, 일이 단순한 고통이 아니라 하나님의 주권과 은혜 안에서 이루어지는 귀한 과정임을 가르칩니다. 따라서 우리는 일을 고통으로 여기며 그저 눈가림만 하려는 자세를 취하지 말고, 하나님이 우리에게 주신 소중한 것으로 여겨야 합니다.

2 우리는 어떤 마음으로 '일'을 해야 합니까?(골 3:22)

주를 두려워하며 성실한 마음으로 해야 합니다.

> **보충설명** 이 말씀은 직업을 통해 하나님의 부르심에 응답하는 소명의식을 강조합니다. 단순히 돈을 벌거나 인정을 받기 위해서가 아니라, 일 자체를 하나님께 예배하듯 정직하고 성실하게 감당하라는 뜻입니다. 이는 직업 소명론의 핵심으로, 모든 그리스도인은 자신이 어떤 일을 하든 하나님의 영광을 위해 최선을 다해야 함을 의미합니다. 일의 종류와 상관없이 그 일을 주님을 향한 사랑과 헌신으로 하는 것이 중요합니다.

3 **성실하게 일하는 것은 어떤 것과 같습니까?** (골 3:23)
성실하게 일하는 것은 무슨 일을 하든지 마음을 다해 주께 하듯 하는 것입니다.

> **보충 설명** 성실한 노동은 단순히 개인적인 성공을 넘어, 세상 속에서 하나님의 빛과 소금으로 살아가는 삶의 증거입니다(골 4:5-6). 우리 삶의 현장은 곧 복음의 통로가 되고, 우리의 수고를 통해 하나님이 일하고 계심을 보여줌으로써 하나님께 영광을 돌리는 삶이 됩니다.

묵상 이야기

　마틴 루터는 수도원 생활만이 거룩한 것이 아니라, 모든 일상이 하나님의 부르심을 이행하는 거룩한 소명의 현장이라고 역설했습니다. 심지어 젖 짜는 농부의 일도 예배와 다르지 않다고 보았습니다. 일은 우리에게 맡겨진 창조적 활동이며, 재능을 사용하는 기회이고, 하나님 나라를 확장하는 통로입니다. 매일 반복되는 업무도, 보잘것없어 보이는 집안일도 하나님의 시선으로 보면 귀한 소명입니다. 우리의 자리에서 최선을 다해 일할 때, 하나님은 우리의 삶을 통해 영광을 받으시고, 우리를 세상을 변화시키는 도구로 사용하십니다.

나눔 우리의 직업이 하나님이 주신 소명이라는 인식을 삶 속에서 어떻게 구체적으로 실천할지 나누어 봅시다.

기도 모든 일을 주께 하듯 하여 하나님께 영광을 돌리게 하소서.

적용 맡겨진 모든 일을 '하나님이 주신 소명'이라고 고백하며 성실히 감당합시다.

주기도문이나 대표 기도로 폐회합니다.

37과
예술과 신앙

예배 인도	
찬 송	79장 주 하나님 지으신 모든 세계 · 40장 찬송으로 보답할 수 없는
기 도	합심기도 / 대표기도
말씀 나눔	시편 19:1-6, 출애굽기 31:3-5

사람은 아름다운 것을 보면 마음이 열립니다. 저녁노을, 물결 위의 햇살, 감동적인 음악은 말없이도 우리의 영혼을 울립니다. 성경은 이 아름다움이 하나님이 창조하신 영광의 흔적임을 분명히 보여줍니다.

1. 창조 세계는 하나님의 위대한 예술 작품입니다.

시편 기자는 하늘이 하나님의 영광을 선포한다고 고백합니다. 창조 세계는 말없이 하나님을 증언하는 하나님의 갤러리입니다. 태양이 떠오르고 지는 모습, 계절이 바뀌는 질서는 단순한 현상이 아니라 하나님의 작품 전시회입니다. 하나님 나라 백성은 온 세상을 보며 "와, 멋지다!"에서 멈추는 것이 아니라, 그 아름다움 뒤에 계신 하나님을 찬양해야 합니다.

2. 하나님은 사람에게 예술적 재능을 주셨습니다.

하나님은 성막 건축을 위해 브살렐과 오홀리압에게 지혜와 총명, 재주를 부어주셨습니다. 여기서 중요한 점은 예술적 능력도 하나님이 주시는 은사라는 것입니다. 그림, 조각, 음악, 글쓰기, 무대 예술 등은 단순한 취미가 아니라 하나님이 주신 선물입니다. 하나님 나라 백성은 이 재능을 자기 과시나 세상 영광이 아닌 하나님의 영광을 위해 사용해야 합니다.

3. 예술은 하나님의 영광을 드러내는 도구입니다.

창조 세계가 하나님의 작품이고, 인간은 그분의 형상대로 지어졌기에 우리는 작은 창조자입니다. 예술은 단순한 자기 표현이 아니라, 하나님을 찬양하는 예배가 될 수 있습니다. 하나님 나라 백성은 예술을 통해 세상에 복음을 선포하고, 사람의 마음을 열어 하나님께로 이끄는 사명을 감당해야 합니다.

예술은 하나님의 영광을 드러내는 도구입니다. 하나님 나라 백성은 예술을 멀리하거나 가볍게 여기지 않고, 오히려 예술을 통해 하나님의 아름다움을 추구하고 드러내야 합니다.

말씀 연구	
말　씀	시편 19:1-6, 출애굽기 31:3-5
암　송	하늘이 하나님의 영광을 선포하고 궁창이 그의 손으로 하신 일을 나타내는도다(시 19:1)
요　점	하나님 나라 백성은 예술을 통한 아름다움을 추구한다.

 본문 이해

시편 19편 1-6절은 창조 만물이 하나님의 영광을 전하는 방식을 설명합니다. 하늘이 하나님의 영광을 선포한다는 말은 창조 세계가 하나님의 작품 전시관이라는 뜻입니다. 우리는 창조적 능력을 사용하여 하나님과 자연 그리고 삶의 아름다움을 추구하고 그것을 직접 표현할 수 있습니다. 이것이 바로 예술입니다. 하나님은 사람에게 예술적 능력과 재능을 주시고, 그 기술과 지혜를 활용하여 하나님의 영광을 드러내게 하신 것입니다.

 말씀 속으로

1 창조 세계를 통해 우리는 무엇을 볼 수 있습니까?(시 19:1)
하나님의 영광과 하나님이 하신 일을 볼 수 있습니다.

> **보충 설명** 시편 19편 3절은 "언어도 없고 말씀도 없으며 들리는 소리도 없다"고 말합니다. 그럼에도 창조 세계는 존재 자체로 하나님을 증거합니다. 또한 태양이 매일 떠오르고 지는 질서는 창조 세계를 다스리시는 하나님의 능력을 나타냅니다. 자연은 특정 민족이나 특정 언어를 가진 사람만이 아니라 모든 인류에게 동일하게 하나님의 존재와 영광을 보여줍니다. 우리가 창조 세계에 대해 반응하는 것은 그 모든 것을 창조하시고 다스리시는 하나님의 아름다움에 대한 응답입니다.

2 하나님은 브살렐에게 무엇을 주셨습니까?(출 31:3)
하나님의 영을 충만하게 하셔서 지혜와 총명과 재주를 주셨습니다.

> **보충 설명** 지혜는 사물의 이치를 깨닫고 정확하게 처리하는 능력입니다. '총명'은 사물을 밝게 이해하고 분별하는 능력을 말합니다. '지식'은 배우고 경험하여 얻은 정보를 이해하며, '여러 가지 재주'란 다양한 기술과 기교를 말합니다. 이 모든 것은 하나님이 브살렐에게 성막과 그 안의 기구들을 정교하게 만들도록 하기 위해 부여하신 특별한 은사였습니다.

③ 브살렐은 무엇을 위해 여러 가지를 만들었습니까? (출 31:3-5)

하나님의 성막과 그 안의 모든 기구들을 위해 여러 가지를 만들었습니다.

> **보충 설명** 브살렐의 사역은 하나님이 주신 지혜와 재능, 즉 예술적 능력을 통해 하나님의 아름다움과 영광을 드러내는 대표적인 사례입니다. 그는 성막을 단순히 기능적인 건축물로만 짓지 않고, 창의적인 예술 활동을 통해 그 안에 하나님의 거룩하심과 영광을 가시적으로 구현했습니다.

묵상 이야기

매일 하늘을 올려다보며 그림을 그리는 화가가 있었습니다. 아침의 노을, 한낮의 햇살, 저녁의 붉은 석양, 별이 수놓는 밤하늘까지…. 그는 그 풍경들을 그리며 이렇게 중얼거렸습니다. "정말 놀랍다. 내가 아무리 열심히 그려도 원본은 따라갈 수가 없구나." 그 순간 그의 마음에 시편 19편 말씀이 떠올랐습니다. "하늘이 하나님의 영광을 선포하고 궁창이 그의 손으로 하신 일을 나타내는도다." 창조 세계는 거대한 하나님의 그림이자, 그 자체로 하나님을 드러내는 설교였습니다. 그는 하나님이 주신 재능으로 이러한 그림을 그릴 수 있음에 감사하며, 자신의 그림이 하나님을 드러내는 도구가 되기를 바랐습니다.

나눔 창조 세계와 삶에서 드러난 하나님의 아름다움과 영광을 나누어 봅시다.

기도 나에게 주신 재능으로 예배를 도울 방법을 고민해 봅시다.

적용 예술의 영역에서 하나님의 영광을 선포하고 드러내도록 노력합시다.

주기도문이나 대표 기도로 폐회합니다.

38과
뉴에이지

예배 인도	
찬 송	546장 주님 약속하신 말씀 위에 서 · 94장 주 예수보다 더 귀한 것은 없네
기 도	합심기도 / 대표기도
말씀 나눔	신명기 18:9-14

뉴에이지(New Age)는 현대의 영성·철학·문화 운동으로 인류가 스스로 더 높은 영적 단계로 나아가는 새로운 시대가 열렸다고 말합니다. 그러나 인간은 스스로 신이 될 수 없습니다(사 45:5).

1. 세상 풍속을 따라서는 안 됩니다.

가나안 족속들은 점을 치고, 길흉을 말했으며, 무당, 신접자, 죽은 자를 부르는 자들을 가까이 두었습니다. 인간의 노력으로 운명을 바꾸며 신적인 일들을 조정하려 하였습니다. 하나님은 이런 일을 행하는 자를 가증히 여기신다고 말씀하십니다. 하나님의 백성은 세상의 가증한 풍속을 분별하고 거절해야 합니다.

2. 여호와만 섬기는 거룩한 백성이 되어야 합니다.

하나님은 "너는 네 하나님 여호와 앞에서 완전하라"고 말씀하십니다. 완전하다는 말은 온전하게, 나누어지지 않고, 하나님께만 속하라는 말입니다. 하나님 외에 다른 신을 섬기지 말라는 것입니다. 하나님 외에 다른 신은 없습니다. 그러므로 하나님의 백성은 세상과 구별되어 하나님만 섬겨야 합니다. 오늘날 스스로 신이 되려는 모든 헛된 시도들을 거부해야 합니다.

3. 오직 하나님 말씀의 인도를 따라야 합니다.

이방 나라 사람들은 점술가와 요술사에게 묻지만, 이스라엘은 하나님께 직접 물어야 했습니다. 하나님은 선지자를 세우셔서 말씀으로 인도하셨습니다. 시편 기자는 고백합니다. "주의 말씀은 내 발에 등이요 내 길에 빛이니이다"(시 119:105). 진정한 길잡이는 오직 하나님의 말씀뿐입니다.

세상은 지금도 뉴에이지라는 이름으로 너 스스로 너의 길을 열 수 있다고 속삭입니다. 그러나 우리 삶의 주인, 우리의 구원자, 우리의 길잡이는 오직 하나님 한 분이십니다.

말씀 연구

말 씀	신명기 18:9-14
암 송	나는 여호와라 나 외에 다른 이가 없나니 나 밖에 신이 없느니라(사 45:5상)
요 점	하나님 나라 백성은 문화에 나타난 다양한 미신을 경계한다.

본문 이해

가나안은 농업 중심 사회였고, 풍요와 안전을 얻기 위해 수많은 주술과 종교적 의식을 행했습니다. 대표적으로 몰렉 숭배와 같은 인신제사(자녀를 불 가운데로 지나가게 함), 점술, 무당, 신접자, 죽은 자와 교통하려는 행위 등이 있었습니다. 이런 문화는 인간이 불안할 때 하나님이 아닌 다른 힘에 의지하려는 것이며, 더 나아가 "내가 스스로 신이다"라고 말하는 뉴에이지와 맞닿아 있습니다. 이러한 시도는 하나님의 위치와 역할을 거부하고, 인간 스스로 하나님을 대체하려는 위험한 행위입니다. 뉴에이지는 문화적으로도 다양하게 우리의 삶을 지배합니다. 음악을 포함한 예술을 통해 하나님의 도우심 없이도, 인간 스스로 치유와 회복이 가능하다고 믿는 위험한 세계관입니다.

 **말씀 속으로**

1 하나님이 가증하게 여기시는 행위에는 어떤 것들이 있습니까? (신 18:9-11)

자녀를 불 가운데로 지나가게 하는 것, 점치는 것, 길흉을 말하는 것, 등 (우상숭배와 미신, 주술 행위)

> **보충설명** 당시 가나안 족속은 풍요와 안전을 얻기 위해 자녀를 제물로 바치고, 무당이나 신접한 자에게 길을 물었습니다. 하지만 하나님은 이스라엘 백성에게 그 땅을 차지할 때, 절대 그 풍속을 따라가지 말라고 하셨습니다. 우상숭배와 미신, 주술 행위는 하나님을 의지하지 않고 다른 초월적 힘에 기대는 것입니다. 창조주 하나님만이 주권자이시며 미래를 주관하십니다. 다른 힘에 기대는 것은 하나님을 배반하는 불신앙입니다.

2 "너는 네 하나님 여호와 앞에서 완전하라"는 말씀은 어떤 의미입니까? (신 18:13)

마음이 나누어지지 않고 하나님께만 온전히 속하라는 의미입니다.

> **보충설명** '완전하다'는 '흠 없는, 순수한, 온전한, 일관됨'을 뜻합니다. 여기서는 '분열되지 않은 신앙', 즉 하나님 앞에서 진실하고 일관된 태도를 가리킵니다. 하나님은 점술과 무당, 신접자 같은 가증한 행위를 금하셨습니다. 따라서 '완전하라'는 말은 하나님만 섬기며, 다른 신이나 세상 풍속에 마음을 빼앗기지 않는 온전한 헌신을 뜻합니다.

❸ "나는 여호와라 나 외에 다른 이가 없나니"(사 45:5)라는 고백은 신명기 18장 말씀과 어떤 관련이 있을까요?

하나님 외에 다른 신은 존재하지 않고, 참된 인도하심과 구원은 오직 하나님께 있다는 선포입니다.

> **보충 설명** 신명기 18장은 이방 종교 행위를 "가증하다"라고 단호히 배척합니다. 이사야 45장 5절은 그 이유를 "다른 신은 없고, 오직 여호와만이 하나님이시다"라고 분명히 밝힙니다. 다른 영적 힘을 찾는 것은 결국 허무한 거짓을 의지하는 것입니다. 진정한 미래를 아시고 다스리시는 분은 오직 하나님뿐입니다. 그러므로 하나님의 백성은 오직 하나님의 인도하심을 따라야 합니다.

묵상 이야기

이스라엘이 가나안 땅에 들어갔을 때, 수많은 이방의 종교와 주술, 무당과 점술가들이 눈앞에 펼쳐졌을 것입니다. 하나님은 그것들을 "가증하다" 하시며, "본받지 말라"고 하십니다. 그리고 이어서 "너는 네 하나님 여호와 앞에서 완전하라"고 명령하시며, 온전히 하나님만 바라보기를 요구하십니다. 우리는 하나님을 믿으면서도 불안할 때 다른 것을 붙잡으려고 합니다. 그러나 하나님은 "나 외에 다른 이가 없다"(사 45:5)라고 선포하십니다. 참된 인도자는 하나님 한 분뿐입니다. 세상 풍속을 따르지 않고 하나님만을 의지하여 주님 앞에 완전한 자로 서기를 소망합니다.

나눔 하나님을 대신해 스스로 신이 되려는 뉴에이지 문화에는 어떤 것이 있는지 나누어 봅시다.

기도 세상 풍속을 따르지 않고 여호와만 섬기는 거룩한 백성이 되게 하소서.

적용 삶에서 주술적인 모습이 있는지 살펴보고, 말씀과 기도로 하나님의 인도하심을 구합시다.

주기도문이나 대표 기도로 폐회합니다.

39과
순결한 삶

예배 인도	
찬 송	420장 너 성결키 위해 · 425장 주님의 뜻을 이루소서
기 도	합심기도 / 대표기도
말씀 나눔	창세기 39:7-12, 마태복음 5:28

하나님의 백성은 하나님이 거룩하시므로 마땅히 거룩해야 합니다. 거룩하다는 말은 구별된다는 뜻입니다. 세상 사람들은 마음대로 죄를 짓고 타락할지라도 그리스도인은 하나님 앞에 구별된 삶을 살아야 합니다.

1. 보디발 아내의 유혹을 받은 요셉

요셉은 형들의 미움으로 애굽에 노예로 팔려 가, 바로의 친위대장 보디발의 집에서 종살이하게 됩니다. 하지만 고난 중에도 하나님이 함께하셔서 가정 총무가 됩니다. 그런데 보디발의 아내가 요셉에게 음탕한 마음을 품고 집요하게 유혹합니다. 요셉은 그 유혹에 넘어가 자칫 순결을 잃어버릴 수도 있는 위기를 맞이합니다.

2. 유혹을 물리치고 순결을 지킨 요셉

요셉은 주인인 보디발과의 의리를 지키고, 무엇보다 하나님 앞에 범죄하지 않기 위해 단호히 유혹을 거부합니다. 어느 날 집에 단둘이 있게 되었을 때, 보디발의 아내는 요셉의 옷을 붙잡고 동침을 요구합니다. 하지만 그는 옷을 버려두고 밖으로 나가 위기를 모면합니다. 이에 그 여인은 앙심을 품고 요셉이 자신을 희롱했다며 거짓으로 고소합니다. 요셉은 감옥살이를 했지만, 결국 하나님은 그를 총리로 높여 주십니다.

3. 마음에서부터 순결을 지킬 것을 명령하신 예수님

예수님은 "간음하지 말라"는 제7계명을 재해석하여 교훈해 주셨습니다. 육체적 간음은 물론이고, 그 이전에 이성을 보고 마음에 음욕을 품기만 해도 이미 간음했다고 말씀하셨습니다. 하나님의 백성인 그리스도인은 마음에서부터 순결을 지켜야 합니다. 이를 위해 말씀과 기도로 늘 성령 충만을 유지해야 합니다.

하나님 나라 백성은 순결함을 추구하는 삶을 살아야 합니다. 마음과 생각, 행동에서 순결을 지켜 하나님의 백성으로서 거룩한 삶을 살아갈 수 있기를 바랍니다.

말씀 연구	
말 씀	창세기 39:7-12, 마태복음 5:28
암 송	또한 너는 청년의 정욕을 피하고 주를 깨끗한 마음으로 부르는 자들과 함께 의와 믿음과 사랑과 화평을 따르라(딤후 2:22)
요 점	하나님의 백성은 성적 순결함을 추구한다.

본문 이해

요셉이 바로의 친위대장 보디발의 집에서 종살이할 때, 보디발의 아내가 그에게 음욕을 품고 날마다 유혹하며 동침을 요구합니다. 그는 주인과의 의리도 있고, 무엇보다 하나님 앞에 범죄할 수 없었습니다. 우리는 정결한 마음과 생각을 지키고, 음행과 정욕이 우리를 무너트리지 않도록 노력해야 합니다. 바울은 우리에게 "음란과 더러운 욕심과 악한 정욕을 죽이라"(골 3:5)라고 권면합니다. 순결을 저해하는 위험에서 우리(자녀)를 보호하는 것은 고립된 삶에 있지 않고 건강한 관계에 있도록 적극 노력하는 것입니다

 말씀 속으로

1 보디발의 아내가 요셉을 얼마나 집요하게 유혹했습니까?(창 39:7, 11-12)

날마다 유혹하다가, 단둘이 있을 때 옷을 잡고 동침을 강요했습니다.

> **보충 설명** 역사가들은 당시 애굽 여인들이 결혼 유무를 떠나 외간 남자와 자유롭게 연애할 정도로 음탕했다고 전합니다. 보디발의 아내도 용모가 빼어난 요셉에게 음욕이 가득한 눈짓을 하며 매일 유혹했습니다. 얼마나 집요했는지, 어느 날 집에 단둘이 있게 되었을 때는 아예 옷을 붙잡고 동침을 강요할 정도였습니다. 요셉의 생애에서 가장 큰 위기 중 하나였습니다. 만약 그때 유혹에 넘어갔다면, 그의 인생은 크게 빗나가게 되었을 것입니다.

2 요셉은 그 여인의 집요한 유혹을 어떻게 물리쳤습니까?(창 39:8-12)

하나님 앞에 범죄할 수 없다며 단호히 거절했고, 아예 피했습니다.

> **보충 설명** 보디발의 아내가 끈질기게 유혹했지만, 요셉은 단호히 거절했습니다. 옷을 붙잡고 동침을 강요할 때는 아예 피해 버렸습니다. 그 이유로 감옥에 갇혔지만, 그것은 패배가 아니라 승리였습니다. 요셉은 늘 하나님 앞에서 정직과 순결을 지키며 살았습니다. 이러한 그의 태도를 '코람데오'(Coram Deo, 하나님 앞에서) 신앙 혹은 신전의식(神前意識)이라 말합니다. 그의 영적 승리는 후일 애굽의 총리가 되는 로열 코스가 되었습니다.

③ 예수님은 우리에게 어느 정도의 순결을 요구하십니까? (마 5:28)

마음에 음욕을 품는 것까지 금할 정도의 순결을 요구하십니다.

> **보충 설명** 예수님은 육체의 간음 이전에 마음에 음욕을 품는 것부터 간음으로 규정하셨습니다. 그러므로 우리는 마음에서부터 순결을 지켜야 합니다. 잠언 4장 23절은 "모든 지킬 만한 것 중에 더욱 네 마음을 지키라 생명의 근원이 이에서 남이니라"고 말씀합니다. 마음을 음란과 부정에서 지키는 방법은 말씀 묵상과 기도로 늘 성령 충만을 유지하는 것입니다.

 묵상 이야기

청년 어거스틴(아우구스티누스)은 방탕한 삶을 살며 쾌락을 좇았지만, 마음 한구석에서는 늘 진리를 갈망했습니다. 그러다 하나님의 은혜로 회심한 뒤, 과거의 유혹을 단호히 끊어내기로 결심했습니다. 어느 날, 그가 거리를 걷고 있을 때였습니다. 그의 옛 여인이 그를 발견하고 달려와 "당신이에요? 나예요!"라며 그의 옷자락을 붙잡았습니다. 예전의 어거스틴이라면 망설였을지 모르지만, 그는 뒤돌아보지 않고 단호하게 말했습니다. "나는 더 이상 옛날의 내가 아닙니다." 이 한마디에 담긴 그의 확고한 결단은, 훗날 그가 위대한 교부로 서게 되는 첫걸음이 되었습니다.

나눔 순결을 지키려면 어떻게 해야 할지 나누어 봅시다.

기도 세상의 온갖 유혹을 이길 수 있도록 붙잡아 주소서.

적용 마음에서부터 순결을 지키기 위해 성령 충만을 유지합시다.

주기도문이나 대표 기도로 폐회합니다.

40과

건강한 부부 관계

예배 인도

찬 송	254장 내 주의 보혈은 · 89장 샤론의 꽃 예수
기 도	합심기도 / 대표기도
말씀 나눔	데살로니가전서 4:3-5, 로마서 1:26-27

하나님 나라 백성은 건강한 부부 관계를 유지하며 살아야 합니다. 하나님의 말씀을 따라 거룩한 부부 생활을 해야 합니다.

1. 하나님의 뜻은 하나님 백성의 거룩함

하나님은 거룩하신 분으로, 하나님의 백성인 성도들에게도 거룩한 삶을 요구하십니다. 성도라는 말이 거룩한 무리라는 뜻입니다. 특별히 부부 관계에서도 거룩함을 지켜야 합니다. 예수님은 상대방에게 음욕을 품으면 이미 간음한 것이라고 말씀하셨습니다. 그러므로 마음에서부터 음탕한 욕심을 버리고 모든 음란한 생각과 행위를 피해야 합니다.

2. 거룩함과 존귀함으로 부부 관계 형성

성경은 성을 아름다운 것으로 말씀합니다. 하지만 그것은 하나님의 창조 질서 안에서만 누려야 합니다. 하나님은 남자와 여자를 창조하시고, 한 남자와 한 여자가 결혼제도 속에서 성을 누리도록 원칙을 세우셨습니다. 그러므로 부부 관계 안에서 거룩함을 유지하며 사랑을 나누고, 서로를 존중해야 합니다. 그럴 때 성의 기쁨을 풍성히 누릴 수 있습니다. 아무와 아무렇게나 성욕대로 행동하면 혼란과 갈등만 초래합니다.

3. 동성애를 금지한 성경 말씀

성경은 남성과 여성만 인정하며, 이것이 하나님의 창조 질서입니다. 그런데 세상은 개인의 자유와 다양성을 주장하며 그릇된 성 의식을 조장하고 있습니다. 특히 동성애는 서구를 필두로 전 세계로 확산되었고, 우리나라에도 급속도로 퍼지고 있습니다. 그러므로 우리는 다음 세대가 이러한 풍조에 물들지 않도록 기도하며 가르쳐야 합니다.

모든 인간관계는 서로를 존중하며 사랑하는 관계가 되어야 합니다. 특히 이성과의 관계에서 하나님의 백성답게 성경적 원칙을 잘 지켜야 합니다.

말씀 연구	
말　씀	데살로니가전서 4:3-5, 로마서 1:26-27
암　송	모든 사람은 결혼을 귀히 여기고 침소를 더럽히지 않게 하라 음행하는 자들과 간음하는 자들을 하나님이 심판하시리라 (히 13:4)
요　점	하나님 나라 백성은 하나님이 세우신 질서를 따르며 건강한 이성 관계를 추구한다.

본문 이해

바울은 부부 관계에 있어서 하나님의 백성답게 살아가는 성경적 윤리를 가르쳐 줍니다. 하나님은 거룩하신 분이시기에 그분의 백성도 거룩할 것을 요구하십니다. 특별히 성 윤리로서 음란과 색욕을 버리라고 말씀하십니다. 하나님은 남자와 여자를 창조하시고 결혼을 통해 부부생활을 영위하라고 명령하셨습니다. 하나님이 만물을 창조하신 후 보시기에 심히 좋았다고 했는데(창 1:31), 그것은 남자와 여자가 결혼하여 가정을 이룬 직후였습니다. 그만큼 결혼과 부부, 가정이 중요합니다. 부부간에 서로를 존귀하게 여기며 거룩한 관계를 지킬 때, 그 가정에 기쁨이 충만하게 됩니다.

 **말씀 속으로**

1 하나님이 하나님의 백성에게 기대하시는 것은 무엇입니까?(살전 4:3)

거룩함으로 음란을 버리는 것입니다.

> **보충 설명** 하나님은 거룩하신 분으로, 그분의 백성에게도 거룩한 삶을 명하십니다(레 19:2). 특별히 성적으로 거룩하고 순결할 것을 요구하십니다. 하나님은 음란을 아주 싫어하십니다. 음란은 단순한 성적 행위 이상의 의미를 지닙니다. 하나님과의 관계를 해치는 죄악이며 영적·도덕적 타락입니다. 성경은 음란을 행하는 자들에게 하나님의 진노가 임하고(골 3:5-6), 하나님 나라를 유업으로 받지 못할 것이라고 경고합니다(갈 5:19-21).

2 부부의 거룩하고 건강한 관계는 어떤 것입니까?(살전 4:4-5)

거룩함과 존귀함으로 부부 관계를 맺고 색욕에 빠지지 않는 것입니다.

> **보충 설명** 태초에 하나님이 만물을 하나씩 창조하신 후 마지막에 인간을 남자와 여자로 창조하셨습니다. 남자의 갈빗대를 취하여 여자를 창조하신 것은 곧 사랑의 관계를 의미합니다(창 2:22). 그리고 둘이 부부가 되게 하셨습니다. 둘이 한 몸을 이루는 것인데, 이는 사랑 안에서 전인격적인 연합이 이루어짐을 의미합니다(창 2:24-25). 남자와 여자는 결혼을 통한 부부 관계 속에서 성의 기쁨을 누리고 가정의 행복을 향유해야 합니다.

3 동성애는 하나님의 기준으로 볼 때 어떤 것입니까?(롬 1:26-27)

하나님 앞에 부끄러운 일이며 보응을 받을 일입니다.

> **보충설명** 하나님은 사람을 남자와 여자로 만드셨습니다. 그러므로 성은 남성과 여성 둘뿐입니다. 그런데 인간의 왜곡된 생각으로 하나님의 창조 질서가 파괴되고 있습니다. 소위 성의 다양성(게이, 레즈비언, 트랜스젠더 등)과 인권 존중이라는 미명 아래 성 정체성을 혼란스럽게 합니다. 성경은 분명히 동성애를 죄악으로 규정합니다(레 18:12, 20:13, 고전 6:9-10).

묵상 이야기

독일의 목회자이자 상담가인 월터 트로비쉬(Walter Trobisch)가 쓴 『나는 너와 결혼하였다』라는 책이 있습니다. 여기서 저자는 결혼으로 들어가는 세 가지 문을 제시합니다. 사랑의 문, 혼인 제도의 문, 성관계의 문입니다. 가장 건강한 결혼은 사랑의 문을 통과하는 것입니다. 사랑 없이 혼인 제도로 결혼하거나, 결혼 전에 성관계를 먼저 갖는 것은 건강한 성의 기쁨을 망칠 수 있습니다. 서로 이해하고 존중하는 사랑을 확인한 후 결혼할 때, 하나님이 예비하신 최상의 기쁨을 누릴 수 있습니다. 결혼 이전이든 이후이든 이 원칙은 항상 지켜져야 합니다.

나눔 부부간에 서로를 존중하기 위해 어떤 노력을 할 수 있는지 나누어 봅시다.

기도 모든 이성 관계, 특히 부부 관계가 거룩하고 존귀하게 하소서.

적용 건강한 부부 관계를 실천하며 자녀들의 결혼을 잘 인도합시다.

주기도문이나 대표 기도로 폐회합니다.

41과
중독

예배 인도	
찬 송	214장 나 주의 도움 받고자 · 342장 너 시험을 당해
기 도	합심기도 / 대표기도
말씀 나눔	고린도전서 6:12-20

사탄은 인간을 하나님에게서 멀어져 파멸에 이르게 하려고 온갖 유혹을 합니다. 그러한 유혹에 자주 넘어가면 중독에 빠져 비참한 삶을 살게 됩니다.

1. 우리의 몸은 육욕과 음란이 아니라 주님을 위한 것

하나님이 허락하신 기본 욕구를 채우면 기쁘고 행복합니다. 그러나 그것을 지나치게 추구하면 육체의 욕망이 됩니다. 육체의 만족과 쾌락을 위해 육욕과 음란을 추구하면 행복할 것 같지만, 그것은 결코 채워지지 않아 더 큰 욕망을 추구하게 됩니다. 그러다가 중독에 빠지고, 파멸에 이르게 됩니다. 주님을 위해 우리의 몸을 선용할 때 참 기쁨을 맛볼 수 있습니다.

2. 음행에 빠져 중독되면 자기 몸을 망치는 것

우리의 몸은 하나님이 지으신 거룩한 몸이며 그리스도의 지체입니다. 그러므로 마땅히 거룩한 삶을 살아야 합니다. 그러나 고린도 교회에는 음행에 빠져 창녀와 합하여 한 몸이 된 자들이 있었습니다. 이는 자기 몸을 완전히 망치는 일이었습니다. 그것은 자유가 아니라 방종이며, 죄악에 속박되는 것입니다. 이것이 바로 중독입니다. 음행 같은 성 중독뿐 아니라 알코올, 마약, 인터넷, 도박 등의 중독도 심각한 문제입니다.

3. 성령의 전인 몸으로 하나님께 영광 돌리기

하나님의 백성의 몸은 자신의 것이 아닙니다. 예수님께서 십자가 대속의 피로 값 주고 사셨기에 하나님의 것이며, 성령님이 거하시는 전입니다. 그러므로 우리는 몸으로, 즉 모든 인격과 삶으로 하나님께 영광을 돌려야 합니다. 바울은 이것을 가리켜 우리 몸을 거룩한 산 제사로 드리는 것으로 표현했습니다.

유혹이 많은 이 세상을 살아갈 때, 우리는 언제든 중독에 빠질 위험이 있습니다. 하나님의 백성은 절제하며 모든 생활을 통해 하나님께 영광을 돌려야 합니다.

말 씀	고린도전서 6:12-20
암 송	모든 것이 내게 가하나 다 유익한 것이 아니요 모든 것이 내게 가하나 내가 무엇에든지 얽매이지 아니하리라(고전 6:12)
요 점	하나님 나라 백성은 중독을 경계한다.

본문 이해

바울 당시 고린도에는 우상의 신전이 많았고, 그곳에서 여사제들이 남자들을 상대로 매춘을 했습니다. "고린도인처럼 행하다"라는 말이 곧 매춘 행위를 의미할 정도였습니다. 안타깝게도 고린도 교회 교인 중 일부가 옛 습관을 버리지 못하고 창녀와 합하는 음행을 저질렀습니다. 성적 중독에서 벗어나지 못하고 범죄한 것입니다. 바울은 고린도전서 6장 19-20절에서 "너희 몸은 너희가 하나님께로부터 받은 바 너희 안에 계신 성령의 전인 줄을 알지 못하느냐 … 그런즉 너희 몸으로 하나님께 영광을 돌리라"라고 강조합니다. 중독으로부터 몸과 마음을 지키고 우리의 몸이 성령의 전으로 하나님께 영광이 되도록 노력해야 합니다.

 **말씀 속으로**

1 우리의 몸은 무엇을 위해 있습니까?(고전 6:13)

우리의 몸은 음란을 위해서가 아니라 주님을 위해서 있습니다.

> **보충 설명** 하나님은 자신의 영광을 위해 우리의 몸을 창조하셨습니다(사 43:7). 그러므로 우리는 주님을 위해 우리의 몸을 선용해야 합니다. 그럴 때 하나님이 영광을 받으시고, 우리 자신도 행복할 수 있습니다. 그런데 많은 사람이 자기 몸이라고 제멋대로 살아갑니다. 육욕을 위해서, 심지어 음란을 위해서 살아갑니다. 그것이 지나치면 중독이 됩니다. 중독은 죄악이며, 사탄에게 사로잡히는 것입니다.

2 창녀와 합한 자들이 왜 비참합니까?(고전 6:15-16)

그리스도의 지체인 성도가 창녀와 한 몸이 되기 때문입니다.

> **보충 설명** 바울은 고린도 교회 교인 중 일부가 예수님을 믿기 전에 가졌던 옛 습관으로 돌아가 우상의 신전을 출입하며 창녀와 음행을 저지르는 것을 매우 안타깝게 생각했습니다. 그래서 그것이 얼마나 악한 것인지 비판합니다. 그것은 창녀와 한 몸이 되는 것이며, 몸과 마음이 죄악에 빠지는 것임을 지적합니다(고전 4:18). 그들은 모든 것을 가능한 것으로 착각했지만, 유익하지 않은 것은 절제하는 것이 참 자유입니다(고전 6:12).

❸ 우리는 성령의 전인 몸으로 어떻게 살아야 합니까? (고전 6:19-20)

예수님의 피 값으로 사셨기에 하나님께 영광을 돌려야 합니다.

> **보충 설명** 모든 인간은 범죄하여 죄의 종으로 전락했습니다. 그 결국은 영원한 사망입니다(롬 6:23). 하나님은 십자가 대속의 피로 우리를 구속하셨습니다. 구속은 값을 치르고 노예를 사는 것을 의미했는데, 곧 사악한 옛 주인에게서 구원하는 행위입니다. 우리를 사셨다는 것은 하나님이 새 주인이 되셨음을 의미합니다. 따라서 우리는 하나님의 영광을 위해 살아야 합니다.

묵상 이야기

우리나라 정치인 중 한 사람은 본인 장남의 마약 중독 사건을 계기로 마약 퇴치 운동가로 활동하고 있습니다. 그는 인간의 힘으로는 마약 중독에서 벗어날 수 없음을 알았기에, 아들을 경찰서에 직접 신고했습니다. 하나님이 도우실 것을 믿고 결단을 내린 것입니다. 이후 그는 자신의 이혼으로 상처받은 아들과의 관계를 회복하고, 아들을 신앙으로 이끌었다고 말합니다. 얼마 전 출소한 아들은 신앙생활을 이어가고 있으며, 아버지를 도와 마약 퇴치 운동에 동참하겠다고 밝혔습니다. 중독은 혼자의 힘으로는 벗어나기 힘듭니다. 공동체가 함께 도와야 하며 무엇보다 성령님의 도우심을 의지해야 합니다

- **나눔** 중독으로 고통받는 사례를 알고 있으면 나누어 봅시다.
- **기도** 죄악에 빠지지 않고 오직 하나님의 영광을 위해 살게 하소서.
- **적용** 중독에 빠진 이들이 주님의 능력으로 벗어나도록 기도합시다.

주기도문이나 대표 기도로 폐회합니다.

42과

고난과 회복

예배 인도	
찬 송	**144장** 예수 나를 위하여 · **341장** 십자가를 내가 지고
기 도	합심기도 / 대표기도
말씀 나눔	욥기 1:20-22(참고. 욥 1장)

   욥은 하나님을 경외하며 악에서 떠난 사람이었습니다. 그러나 사탄은 하나님이 많은 복을 주셨기에 욥이 하나님을 경외하는 것이라고 참소합니다.

1. 고난받는 욥

   욥에게 종들이 달려와 보고합니다. 스바 사람들이 종들을 죽이고, 소와 나귀들을 모두 끌고 갔으며, 하늘에서 불이 내려와 양들과 다른 종들을 다 불살랐다는 것입니다. 또 갈대아인이 낙타를 강탈하고 다른 종들을 다 죽였다는 것입니다. 마지막으로 가장 고통스러운 소식이 전해집니다. 자녀들이 한꺼번에 참변을 당하고 말았다는 것입니다.

2. 욥의 반응

   욥은 비통한 소식을 접하고 옷을 찢으며 머리털을 밀었습니다. 그러나 놀랍게도 불평하거나 원망하지 않았고, 누구도 탓하지 않았습니다. 오히려 땅에 엎드려 하나님께 예배했습니다. 이는 그 모든 일을 다 자신의 탓으로 돌렸다는 말입니다. 이어서 그는 "내가 모태에서 알몸으로 나왔사온즉 또한 알몸이 그리로 돌아가올지라 주신 이도 여호와시요 거두신 이도 여호와시오니"라고 놀라운 고백을 했습니다.

3. 믿음의 승리

욥은 죽음보다 더한 슬픔과 비극 속에서 고통을 겪었지만, 그럼에도 하나님을 찬양했습니다. 왜 이런 고통이 자신에게 닥쳤으며, 하나님이 왜 이런 일을 허락하셨는지는 모르지만, 하나님이 선하시고 의로우신 분임을 믿었기 때문입니다.

인생의 고난과 고통은 분명히 아프고 절망적일 수 있지만, 이것도 삶의 한 부분임을 기억해야 합니다. 온 세상의 통치자이자 우리 삶의 주관자이신 하나님을 더욱 믿고 신뢰하며, 끝까지 하나님을 찬양해야 합니다.

말씀 연구	
말 씀	욥기 1:20-22(참고. 욥 1장)
암 송	오라 우리가 여호와께로 돌아가자 여호와께서 우리를 찢으셨으나 도로 낫게 하실 것이요 우리를 치셨으나 싸매어 주실 것임이라(호 6:1)
요 점	하나님 나라 백성은 고난 중에도 하나님을 신뢰하고 회복을 기대한다.

 본문 이해

삶에서 고난은 피할 수 없는 현실입니다. 하지만 고난을 개인의 죄에 대한 심판과 처벌로 단정하기는 어렵습니다. 순전한 사람들에게도 고난이 있고, 불의의 사고, 자연재해, 관계와 사회 시스템에서 오는 고난도 있습니다. 이러한 이유로 성경은 고난을 단순한 불행으로 여기지 않고, 하나님의 뜻과 섭리 안에서 인간의 삶을 이끄시는 과정으로 간주하기도 합니다. 욥은 고난이 인간 삶의 한 부분임을 명확히 고백합니다(욥 5:7). 삶에서 중요한 것은 고난의 이유를 찾는 것보다 고난에 직면하고 대응하며 고난 속에서 하나님을 신뢰하고 회복을 기대하는 것입니다.

 **말씀 속으로**

1 성경은 욥을 어떻게 평가합니까?(욥 1:1)
온전하고 정직하여 하나님을 경외하며 악에서 떠난 자입니다.

> **보충설명** 욥의 성품을 나타내는 두 형용사로 '온전하고'에 해당하는 '톰'과 '정직하여'에 해당하는 '야샤르'가 사용됩니다. '톰'은 본래 '완전하다', '마치다'를 뜻하는 동사에서 파생된 형용사로, 육체적으로나 윤리적으로 '흠 없이 온전한' 상태를 가리킵니다. '야사르'는 '곧은'(straight), '수직인'(upright)을 의미하며, 성경에서는 주로 신앙적으로 하나님의 기준인 언약과 율법에 맞게 사는 삶을 표현할 때 사용되었습니다.

2 고난받은 욥은 첫 번째로 어떤 반응을 보였습니까?(욥 1:20)
겉옷을 찢고 머리털을 밀고 땅에 엎드려 예배했습니다.

> **보충설명** 갑작스러운 재앙 앞에서 욥의 반응은 두 가지 행위로 나타납니다. 먼저 가장 대표적인 행위는 겉옷을 찢는 것입니다. 두 번째는 머리를 깎는 것으로, 당시 이스라엘에서는 금지되었지만(신 14:1) 이는 고대에 슬픔을 표시하는 대표적인 행위 중 하나였습니다(사 15:2, 렘 16:6, 겔 7:18). 이러한 슬픔의 행위 뒤에 이어 욥은 기도하는 모습을 보입니다. "땅에 엎드려 예배하며"는 높은 자에 대한 복종과 경배를 표현할 때 사용되는 대표적인 표현 중 하나입니다(수 5:14, 대하 20:18).

3 고난받은 욥은 두 번째로 어떤 반응을 보였습니까?(욥 1:22)

모든 일에 범죄하지 않고 하나님을 향하여 원망하지 않았습니다.

> **보충 설명** 욥은 그가 받은 모든 고난과 재앙으로 인해 하나님을 원망하거나 불평하지 않았습니다. 우리는 작은 불행에도 쉽게 불평하고 분노하며 죄를 짓지만, 욥은 큰 슬픔과 고난 속에서도 참고 인내함으로 도리어 하나님의 의를 이루며 하나님께 영광을 올렸습니다.

 묵상 이야기

고대 그리스의 노예 출신 철학자 '에픽테투스'는 이런 글을 남겼습니다. "삶에서 잃을 것은 아무것도 없다. 어떤 경우에도 '난 이러이러한 것을 잃었다'라고 말하지 말고 '그것이 제자리로 돌아갔다'고 말하라. 자식이 죽었는가? 아니다. 본래 자리로 돌아간 것이다. 배우자가 죽었는가? 아니다. 본래 자리로 돌아간 것이다. 재산을 빼앗겼는가? 아니다. 역시 본래 자리로 돌아간 것이다. 중요한 것은 세상이 허락했기에 넌 현재 이것들을 갖고 있는 것이다. 그것들이 네 곁에 있는 동안 소중히 여겨라." 이 철학자는 그저 세상이 허락했기 때문이라고 했지만, 욥은 이것이 하나님의 주권임을 고백하며 끝까지 범죄하지 않고 믿음을 지켰습니다.

나눔 고난 가운데 함께하신 하나님의 경험을 나누어 봅시다.
기도 고난 가운데서도 참된 회복을 경험하게 하소서.
적용 나는 고난이 올 때 어떻게 반응하는지 돌아보고, 고난 가운데서도 우리의 삶을 회복하시는 하나님을 신뢰하고 기대합시다.

주기도문이나 대표 기도로 폐회합니다.

43과

사회적 회복

예배 인도

찬 송	338장 내 주를 가까이 하게 함은 · 391장 오 놀라운 구세주
기 도	합심기도 / 대표기도
말씀 나눔	신명기 10:18-19

세상은 외모, 경제적 능력, 학벌, 가문 등 각자의 이해 관계에 따른 기준을 가지고 사람을 평가합니다. 그러나 하나님은 외적인 조건이나 세상의 가치가 아니라 약자를 향한 정의와 자비에 관심을 두십니다.

1. 사회적 약자를 돌보십니다.

하나님은 스스로를 사회적 약자의 보호자라 선포하시고, 그들을 직접 돌보십니다. 고아와 과부, 나그네는 당시 사회에서 가장 힘이 없는 자들이었고, 그들을 향한 하나님의 관심은 모든 시대에 약자를 향한 관심으로 확장됩니다. 우리가 약자를 돌보는 일은 단순한 선택이 아니라 하나님의 성품을 따라 사는 본질적인 부르심입니다. 강하게 하신 것은 약한 자를 돌보라 하신 것이요, 풍족히 주신 것은 나누라 하심입니다.

2. 나그네를 사랑하라 명령하십니다.

하나님은 나그네였던 이스라엘의 과거 경험을 통해 이스라엘이 약자를 향한 공감과 책임을 배우기를 원하셨습니다. 이는 단순히 자비를 베푸는 차원이 아니라, 공동체가 하나님의 공의와 정의를 반영하는 사회로 세워지는 과정이었습니다. 오늘날에도 하나님은 교회와 성도들이 사회 속에서 도움을 받았으니, 마땅히 소외된 이웃을 품고 사랑하는 공동체로 살아가기를 기대하십니다.

3. 신앙은 약자를 향한 태도에서 드러납니다.

약자를 향한 우리의 태도는 곧 하나님을 향한 태도입니다. 예수님도 "너희가 여기 내 형제 중에 지극히 작은 자 하나에게 한 것이 곧 내게 한 것이니라"(마 25:40)고 말씀하셨습니다. 신앙은 단순히 예배 의식 속에 머무는 것이 아니라, 삶에서 약자와 소외된 자들을 향한 사랑과 공의를 실천할 때 드러납니다.

하나님의 백성은 세상의 기준이 아니라 약자를 돌보는 공의와 사랑의 기준에 맞춰 살아야 하며, 이를 통해 하나님 나라의 회복에 동참해야 합니다.

말씀 연구

말 씀	신명기 10:18-19
암 송	하나님 아버지 앞에서 정결하고 더러움이 없는 경건은 곧 고아와 과부를 그 환난중에 돌보고 또 자기를 지켜 세속에 물들지 아니하는 그것이니라(약 1:27)
요 점	하나님 나라 백성은 사회적 약자를 돌보는 회복에 적극 참여한다.

본문 이해

성경은 약자에 관한 관심을 분명히 보여줍니다. 성경적 세계관에서 중요한 주제 중 하나는 사회적 약자에 대한 하나님의 돌보심에 참여하는 것입니다. 사회적 회복은 모든 사람을 하나님의 형상으로 보는 신앙의 관점 전환에서 시작됩니다. 우리는 하나님이 사회적 약자를 돌보신다는 확신(신 10:18)을 가지고 이를 삶에서 실천해야 합니다. 작은 자에게 한 것이 곧 하나님을 향한 신앙의 표현이 되기 때문입니다(마 25:40). 성경적 세계관은 개인의 성공이나 능력 과시보다 하나님과 이웃을 향한 사회적 책임을 더욱 강조하며, 우리는 이를 실천하기 위해 노력해야 합니다.

 **말씀 속으로**

① 하나님은 사회적 약자를 어떻게 대하십니까?(신 10:18)

고아와 과부를 위하여 정의를 행하시고, 나그네를 사랑하십니다.

> **보충 설명** 하나님은 강자가 아니라 약자의 편에 서십니다. 성경적 세계관의 핵심 가운데 하나는 사회적 약자에 대한 하나님의 관심과 돌보심입니다. 하나님은 억눌린 자의 눈물을 외면하지 않으시고, 스스로 그들의 보호자가 되십니다. 따라서 하나님의 백성도 약자를 향한 책임을 결코 소홀히 할 수 없습니다. 그들은 단순히 구제의 대상이 아니라 하나님의 형상이며, 존중받아야 할 존재입니다. 약자를 돌보는 일은 곧 하나님을 경외하는 삶의 열매입니다.

② 하나님은 우리에게 사회적 약자를 위해 무엇을 명령하셨습니까?(신 10:19)

나그네를 사랑하라고 명령하셨습니다.

> **보충 설명** 이스라엘은 애굽에서 나그네였던 경험이 있습니다. 하나님은 이 기억을 근거로, 그들이 공동체 안의 나그네와 약자를 환대하고 보호하도록 명령하셨습니다. 이는 단순한 동정심이 아니라 하나님 백성의 윤리적 책임입니다. 하나님이 주신 명령은 구제 차원을 넘어서서, 하나님의 공의와 정의를 사회 안에서 구현하라는 부르심입니다. 교회와 성도들이 약자와 나그네를 품을 때, 세상은 하나님 나라의 정의와 사랑을 경험하게 됩니다.

③ 약자를 돌보는 일은 왜 중요합니까? (약 1:27, 마 25:40)
약자를 대하는 태도가 곧 하나님을 향한 신앙의 표현이기 때문입니다.

> **보충 설명** 성경은 "참된 경건은 고아와 과부를 그 환난 중에 돌보는 것"(약 1:27)이라 가르칩니다. 예수님도 지극히 작은 자를 대하는 태도가 곧 주님을 대하는 것이라고 하셨습니다. 신앙의 본질은 개인적 성취나 형식적인 예배가 아니라, 이웃과 사회적 약자를 향한 사랑에서 드러납니다. 약자를 돌보는 것은 곧 하나님 나라의 정의를 세우는 길이며, 우리 공동체가 진정으로 하나님을 따르는 증거가 됩니다.

묵상 이야기

한 사람이 보육원에 찾아와 물었습니다. "아무도 원하지 않는 아이가 있나요?" 원장이 대답했습니다. "네, 열 살짜리 여자아이인데 흉한 꼽추예요. 이름은 머시 굿페이스(Mercy Goodfaith, '훌륭한 믿음의 은혜')예요." 그는 그 아이를 데리고 떠났습니다. 35년의 시간이 지난 후, 아이오와주 보육원 감사실 실장은 한 보육원에 대해 다음의 보고서를 작성했습니다. "이곳은 깨끗하고 음식도 훌륭하며, 아이들은 보살핌을 잘 받고 있다. 원장은 사랑이 넘치고, 눈이 매우 아름답다. 그 원장의 이름은 머시 굿페이스다." 추하고 보기 흉한 고아를 보살핀 한 사람 덕분에 머시 굿페이스는 사랑을 배우고 널리 퍼뜨릴 수 있었습니다.

- **나눔** 최근 일어난 사회적 불의의 상황 속에서, 우리가 어떤 책임 있는 행동을 할 수 있을지 이야기해 봅시다.
- **기도** 내 이웃을 내 몸과 같이 사랑할 수 있는 믿음과 용기를 주소서.
- **적용** 우리 공동체와 이웃 중 도움이 필요한 약자를 돌아보는 구체적인 방법을 함께 나누어 봅시다.

주기도문이나 대표 기도로 폐회합니다.

44과
총체적 회복

예배 인도	
찬 송	438장 내 영혼이 은총 입어 · 357장 주 믿는 사람 일어나
기 도	합심기도 / 대표기도
말씀 나눔	이사야 61:1-4, 65:17

이사야 선지자는 유다가 미래에 망할 것이나 다시 흥할 것이라 예언합니다. 이는 죄의 노예로 있던 성도들이 예수 그리스도의 구속으로 회복됨을 뜻합니다.

1. 선지자로 부르심을 받음

이사야 61장 1절에서 이사야 선지자는 바벨론에서 고통받는 유다 백성들에게 위로의 메시지를 전하기 위해 공식적으로 위임을 받습니다. 그런데 이사야 선지자는 이미 6장에서 선지자로 부르심을 받았습니다. 61장에서 이사야에 대한 소명은 궁극적으로 하나님의 구원 사역의 절정에 서 계시는 장차 오실 예수 그리스도 메시야의 사역을 의미하는 말씀입니다.

2. 고치시며, 자유와 놓임을 선포하시는 분

우리 인생은 죄와 사망의 권세에 사로잡혀 있습니다. 누구도 죄와 사망을 이길 수 없으며, 거기에 억눌려 살아갑니다. 그러나 메시야이신 예수님은 그 모든 것에서 우리를 풀어주십니다. 주님의 진리가 우리를 자유하게 하기 때문입니다. 아무리 절망적이고 슬픈 상황에 있을지라도, 메시야는 거기에서 충분히 건져 올려주실 수 있는 분이십니다.

3. 메시야를 통한 회복의 예언

이스라엘이 지금까지는 다른 나라들에 짓눌려 살았을지라도, 메시야가 다스리시는 때가 되면 그 나라들 위에 서게 될 것입니다. 이는 예수님으로 말미암아 우리에게 이루어질 일입니다. 지금은 세상 사람들이 비웃고 조롱할지라도, 마지막 때에 그들은 믿는 자들을 부러워하며 "하나님께 복을 받았다"라고 말하게 될 것입니다.

구원의 은총을 늘 기억하고, 하나님의 복 받은 자녀요 주님의 거룩한 신부로서 바벨론과 같은 이 세상에서 절망과 어려움을 넉넉히 이기며 소망 가운데 더욱 굳건히 서야겠습니다.

말씀 연구	
말 씀	이사야 61:1-4, 65:17
암 송	사람아 주께서 선한 것이 무엇임을 네게 보이셨나니 여호와께서 네게 구하시는 것은 오직 정의를 행하며 인자를 사랑하며 겸손하게 네 하나님과 함께 행하는 것이 아니냐(미 6:8)
요 점	하나님 나라 백성은 하나님의 총체적인 회복을 기대한다.

본문 이해

하나님은 창조의 비전에서 멀어진 타락한 세상을 회복하시기 위해 지금도 일하십니다. 이러한 하나님의 일하심에 참여하는 것은 우리 스스로 이 세상을 개발하거나 회복시키는 것을 뜻하지 않습니다. 오히려 우리는 하나님이 주도적으로 일하시고, 온전히 회복하실 것을 기다려야 합니다. 하나님의 총체적인 회복은 인간의 영적·육체적·정서적·사회적·공동체적 차원에서의 온전한 회복이자 창조 만물의 온전한 완성을 뜻합니다. 온전한 회복은 오직 하나님께 달려 있습니다. 하나님은 장차 다시 오실 그리스도를 통해 상처받은 자를 치유하시고, 세상을 온전히 회복하실 것입니다.

 말씀 속으로

1 아름다운 소식을 받는 대상은 누구입니까?(사 61:1)
가난한 자, 마음이 상한 자, 포로 된 자, 갇힌 자입니다.

> **보충설명** 본서의 기자는 아름다운 소식을 받는 자를 '가난한 자', '마음이 상한 자', '포로 된 자', '갇힌 자'로 부르고 있습니다. 이들은 일차적으로 예루살렘 성의 멸망을 보고 슬퍼하며 회개하는 경건한 이스라엘 백성들을 의미합니다. 더 나아가 자신의 힘으로는 구원받을 수 없음을 깨닫고 하나님이 보내실 구원자를 기다리는 모든 심령을 의미합니다.

2 복음은 심판의 날이 오기 전에 무엇을 요구합니까?(사 61:2)
하나님의 은혜와 심판을 선포하라고 말합니다.

> **보충설명** 예수 그리스도께서 성육신하신 이후로 복음을 듣고 회개하는 자는 누구든지 구원을 받는 시대가 열리게 되었습니다. 그래서 사도 바울은 "지금은 은혜받을 만한 때요 구원의 날"이라고 하였습니다(고후 6:2). 그러나 이 시기가 종결되면, 심판의 날 곧 복수의 날이 시작됩니다. 그러므로 그날이 오기 전에 그리스도를 영접하고, 세상을 향해 구원에 이르는 회개를 전파해야 합니다.

3 회복의 날에 오랫동안 황폐하였던 곳은 어떻게 변합니까?(사 61:4)

다시 쌓을 것이며, 다시 일으킬 것이며, 다시 중수할 것입니다.

> **보충 설명** '중수할 것이며'에 해당하는 히브리어 동사 '하다쉬'는 '다시 세우다', '새롭게 하다'라는 뜻입니다. '다시 쌓을 것이며', '다시 일으킬 것이며'에 이어 유사어가 세 번째로 반복된 것은 그 일의 확실성을 강조하기 위함입니다.

묵상 이야기

어떤 목사님이 비행기를 탔는데 옆 좌석에 구면인 젊은이가 앉았습니다. 그래서 목사님은 예수님의 복음을 전하며 열심히 전도했습니다. 그런데 청년은 무반응이었습니다. 목사님은 무척 실망한 채 집으로 돌아와 '다음에 만나면, 꼭 전도해야지'라고 다짐했습니다. 목사님이 그 청년을 생각하며 잠자리에 들려고 하는데 전화가 왔습니다. "목사님, 늦은 시간에 죄송합니다. 저는 오늘 비행기에서 옆자리에 앉았던 청년의 아버지입니다. 아들의 뒷좌석에 앉아 있었습니다." "그러시군요. 그런데 무슨 일이시죠?" "목사님이 아들에게 하시는 말씀을 듣고 잠을 잘 수가 없었습니다. 그리스도에 대해 알고 싶습니다." 우리는 궁극적 회복의 소망을 하나님께 두며 오늘 우리가 해야 할 하나님 나라 백성의 책임을 다해야 합니다.

나눔 하나님 나라의 증인으로서 어떤 태도로 살아갈지 나누어 봅시다.

기도 하나님이 이루실 회복을 소망하며 겸손히 행동하는 삶을 살게 하소서.

적용 하나님 나라의 온전한 회복을 기다리며 공의, 인자, 겸손의 태도로 살아가기를 다짐합시다.

주기도문이나 대표 기도로 폐회합니다.

하나님 나라 백성의 세계관

부록

부록1 고난주간 6일 묵상집

- 월요일　순종의 마리아 ········· 200
- 화요일　준비한 세례 요한 ········· 202
- 수요일　주님을 따른 제자들 ········· 204
- 목요일　예수님을 영접한 삭개오 ········· 206
- 금요일　예수님의 죽으심을 준비한 마리아 ······ 208
- 토요일　십자가를 대신 운반한 구레네 시몬 ·· 210

부록2 교회 절기

- 종려주일　그리스도의 길을 따라 ········· 212
- 부활주일　새로운 생명과 삶 ········· 216
- 맥추감사절　은혜를 기억하며 감사하는 믿음 ····· 220
- 추수감사절　감사, 믿음의 열매 ········· 224
- 성탄절　우리에게 오신 하나님 ········· 228

부록3 특별 주일

- 나라사랑주일　하나님이 세우신 나라 ········· 232
- 어린이(청소년)주일　하나님을 경외하는 어린이 ·· 236
- 이단경계주일　바른 믿음에 거하기 ········· 240
- 전도·선교주일　복음 통일 ········· 244

부록4 민속 절기

- 설날 가정예배 ········· 248
- 추석 가정예배 ········· 253
- 송구영신 가정예배 ········· 258

순종의 마리아

본문 누가복음 1:26-38, 22:39-42

찬송 85장 구주를 생각만 해도

묵상내용

그리스도인은 누구나 순종하는 하나님의 자녀로 살기를 원합니다. 성도들이 '순종의 능력을 구하며 기도할 때' 그 진심을 느낄 수 있습니다. 그런데 그 순종의 끝에서 기대하는 것은 무엇입니까? 우리는 순종을 '형통'과 동일한 단어로 이해하지 않습니까? '하나님의 뜻대로 하는 것이니 다 잘될 거야'와 같은 생각으로 순종하려는 것은 아닙니까? 물론 하나님의 뜻이기에 결국에는 잘될 것입니다. 그러나 그 과정에서의 고난까지도 감당할 각오가 있는지 스스로 돌아보아야 합니다.

마리아가 메시야의 어머니가 될 것이라는 말을 들었을 때, 그녀는 혼란스럽고 이해할 수 없었습니다. "나는 남자를 알지 못하니 어찌 이 일이 있으리이까"(34절)라는 마리아의 대답은 당연한 반응이었습니다. 하지만 마리아는 그 모든 일이 하나님의 성령께서 행하시는 것임을 가브리엘을 통해 들었습니다. 그 말을 지성으로는 전혀 이해할 수 없었지만, 그 모두가 하나님께서 행하시는 일이라는 것을 믿은 마리아는 "네"라고 답하고, 나머지는 하나님께 맡기는 순종을 선택했습니다.

"주의 여종이오니 말씀대로 내게 이루어지이다"(38절).

지금도 하나님께서는 그리스도인에게 믿음의 순종을 요구하실 수 있습니다. 새로운 사역을 시작하라 하시고, 사랑할 수 없는 사람을 사랑하라고 말씀하실 수 있습니다. 또 우리는 하나님이 요구하시는 일의 의미를 이해하지 못할 수 있고, 그 일이 이전에 해본 적도 없고, 전혀 준비되지도 못한 것일 수도 있습니다. 그때 우리에게 중요한 기준은 '이것이 하나님께로부터 온 것'이라는 사실뿐입니다. 우리는 "주의 종이오니 말씀대로 내게 이루어지이다"라는 위대한 선택을 할 수 있어야 합니다. 우리의 삶은 선택의 연속입니다. 이 선택은 내가 나 자신을 주관하고 그것을 만들어 갈 것인지, 아니면 나 자신을 하나님께 드려 그분이 당신의 뜻을 이뤄가시도록 할 것인지를 결정하는 것입니다.

고난주간 6일 묵상집

　마리아가 순종의 결단을 한 후 수십 년이 지난 후에 그녀의 위대한 아들인 예수님도 순종의 기도를 드리셨습니다. 예수께서는 그분이 하실 일을 잘 아셨고, 대속의 원리도 이해하셨습니다. 하지만 죄인을 구원하기 위해 가셔야 하는 십자가의 길은 피하고 싶었습니다. 그럼에도 불구하고 하나님의 뜻에서 벗어나는 것만은 원치 않으셨습니다. "그러나 내 원대로 마시옵고 아버지의 원대로 되기를 원하나이다"(눅 22:42)라고 하신 순종의 기도는 우리 모든 성도에게 순종의 용기를 줍니다. 그 일이 쉽지 않을 수 있으나 가장 영광된 길이라고 격려하십니다.
　우리는 예수님의 순종에서 마리아의 순종을 겹쳐 보게 됩니다. 그리고 우리의 순종을 그 위에 겹쳐 행하게 될 것입니다.

적용

　처녀로서 수태의 예언을 듣는 것은 참으로 이해할 수 없는 일이었습니다. 하지만 마리아는 "주의 여종이오니 말씀대로 내게 이루어지이다"라고 순종했습니다. 고린도후서 1장 19절 하반절, "하나님의 아들 예수 그리스도는 예 하고 아니라 함이 되지 아니하셨으니 그에게는 예만 되었느니라"라는 말씀을 통해 그리스도의 십자가 순종을 묵상하십시오. 하나님께서 나에게 원하셨던 이해하기 어려운 도전이 있었는지 돌아보고, 그때의 순종을 통해 어떤 유익을 얻었는지 생각해 봅시다.

학습자 지도사항

　우리에게 가장 큰 순종의 본을 보이신 분은 예수님이십니다. 순종은 예수님을 따르는 가장 분명한 제자의 길입니다. 마리아는 예수님을 수태할 때부터 하나님의 뜻에 순종하여 예수님의 모친다운 삶을 살았습니다. 교회 공동체에서 순종의 중요성을 강조하고, 순종하는 구역이 되도록 이끄십시오.

# 준비한 세례 요한

📖 본문 마가복음 1:2-11
🎵 찬송 154장 생명의 주여 면류관

묵상내용

누구나 영광의 자리를 원합니다. 어떤 부나 권력은 사양할지라도, 진정한 존경과 영예를 얻는 것을 마다할 사람은 없습니다. 그렇기에 영광의 자리에서 예수님을 기억하고 자신을 낮추는 것은 쉬운 일이 아닙니다. 그 영광을 주님께 돌려드리는 것은 저절로 되지 않습니다. 마음의 준비와 영적 각성이 필요합니다.

세례 요한은 유력한 제사장 가문의 아들로 태어났습니다. 대제사장으로서 존경과 영광을 누리는 부친의 가정에서 자라면, 누구나 좋은 기회를 얻기 마련입니다. 하지만 요한은 안정된 삶을 뒤로 하고 광야로 나갔습니다. 낙타털 옷을 입고, 허리에 가죽띠를 띠고, 메뚜기와 석청을 먹으며 광야에서 자랐습니다. 성경은 우리가 그 사실에 주목하게 합니다. "아이가 자라며 심령이 강하여지며 이스라엘에게 나타나는 날까지 빈 들에 있으니라"(눅 1:80).

광야는 편안을 포기하고 연단 받으며 하나님께 쓰임 받기를 준비하는 땅입니다. 그의 음식과 의복은 요한이 준비되기 위해 치른 희생과 대가를 깨닫게 해줍니다. 절제와 헌신 없이는 준비될 수 없습니다. 요한은 어려서부터 준비되기 위해 절제한 하나님의 사람이었습니다. 그리고 하나님의 때가 되었을 때, 요한은 광야로부터 하나님의 말씀을 선포했습니다. "회개하라 천국이 가까이 왔느니라"(마 3:2).

요한의 메시지를 들은 사람들은 다 요단강으로 나아갔습니다. 자기 죄를 자복하고 세례를 받았습니다. 놀라운 부흥이 있었던 것입니다. 당연한 결과로 사람들은 요한에게 주목하였습니다. 사람들은 이렇게 특별한 요한이 기다리던 메시야일 수 있다고 여겼습니다. 그러나 요한은 교만과 과도한 자기주장에 빠지지 않았습니다. 그는 스스로 예수님의 길을 준비하는 사람이라고 고백했습니다(요 1:23). 요한은 자신에게 주목하고 자신을 높이는 사람들을 향해 자신은 메시야가 아니라 메시야의 길을 준비하는 "광야의

고난주간 6일 묵상집

외치는 소리"라고 했습니다.

　요한은 청중을 향해 더 놀라운 것을 사모하도록 그들의 마음을 준비시켰습니다. "메시야가 오실 것이며, 메시야가 오시면 성령과 불로 세례를 베푸실 것"이라고 가르쳤습니다. 오직 메시야를 만나 구원받도록 사람들의 마음 밭을 준비시킨 것입니다. 그의 사역이 확장되고 그의 영향력이 절정에 이를 때, 요한은 그 모든 것을 자신을 위해 사용하지 않았습니다. 그 놀라운 부흥은 온전히 하나님의 구원을 위한 것임을 알았기 때문입니다. 자기 사명을 잊지 않고 마음을 준비했기에 가능한 일입니다. 드디어 그가 기다리던 메시야를 보게 되었을 때, 요한은 담대하게 선포했습니다.

　"보라 세상 죄를 지고 가는 하나님의 어린 양이로다"(요 1:29).

　요한의 삶은 그 한마디를 증거하기 위해 준비된 것과 같았습니다. 그는 사람들의 마음을 회개시켜 예수님의 구원의 길을 준비한 사람이 되었습니다. 예수님의 십자가 사역이 각 사람의 삶에 임하는 회개를 준비시키는 사명을 이루었습니다.

적용

　특별한 출생으로 주목받은 사람! 편안한 삶을 살 수도 있었던 요한이 자기 사명을 위해 광야로 들어갑니다. 사명을 이루기 위해서는 누구나 절제에 힘써야 합니다. 절제는 자기 사명을 인식하는 과정이며, 그로 인해 부르심을 이루기 위한 열정을 지속할 수 있습니다. 그렇게 준비된 성도와 교회는 세상을 깨워 그리스도께 인도하게 될 것입니다. 그것은 자신을 아버지께 영광의 산 제물로 바치는 삶이며, 예수님의 십자가를 본받는 삶입니다. 그의 인생을 통해 하나님께 영광을 돌리게 될 것입니다. 그리스도께 영광을 돌리기 위해 우리는 무엇을 절제해야겠습니까?

학습자 지도사항

　오늘날은 소비와 누림이 덕으로 여겨지는 시대입니다. 하지만 기독교의 경건한 전통은 절제의 중요성을 강조합니다. 우리의 절제는 하나님의 나라와 복음을 위한 준비의 과정이며 필수 요소입니다. 복음의 사명을 위해 절제하고, 복음을 전하기 위해 준비되는 성도가 되어야 하겠습니다.

주님을 따른 제자들

📖 **본문** 요한복음 1:35-51, 마가복음 8:34
🎵 **찬송** 148장 영화로운 주 예수의

묵상내용

마치 첫인상을 이야기하듯 세례 요한은 그리스도를 만난 후 그분의 삶을 이렇게 정의합니다. "세상 죄를 지고 가는 하나님의 어린 양!" 예수님은 태어나면서부터 죽으심이 예언된 구세주였습니다. "또 칼이 네 마음을 찌르듯 하리니 이는 여러 사람의 마음의 생각을 드러내려 함이니라 하더라"(눅 2:35). 모친 마리아는 비극적 슬픔을 예고 받았습니다. 갓난아기의 천진한 웃음과 대비되는 이 예언은 그리스도의 사명을 그대로 보여줍니다. 그분은 창조주이시며 우리의 주님이시되, 우리의 생명이 되시기 위해 십자가의 고난을 당하셨습니다. 드디어 공생애를 시작하실 때, 그는 세상 죄를 대속하실 하나님의 어린 양으로 선포되셨습니다. 이것은 예수님을 만난 세례 요한의 개인적인 고백이기도 합니다.

예수님을 만난 모든 사람은 그분 앞에서 자신의 신앙을 고백하게 됩니다. 제자들도 그러했습니다. 예수님의 제자들은 모두 이스라엘에서 살던 젊은 유대인이었습니다. 그들의 성품은 각각 달랐습니다. 안드레는 조심스러웠고, 베드로는 성격이 급했으며, 빌립은 수줍어했고, 나다나엘은 간사함이 없었습니다. 예수님은 그들을 각각 다른 방식으로 대하셨습니다. 그들을 친히 창조주의 권능으로 이해하셔서, 그들이 누구였으며 또 어떤 사람들인지를 아시고, 각 사람에 맞게 부르신 것입니다. "무엇을 구하느냐?"(38절) "네가 요한의 아들 시몬이니 장차 게바라 하리라"(42절). "나를 따르라"(43절). "이는 참으로 이스라엘 사람이라 그 속에 간사한 것이 없도다"(47절). "이보다 더 큰 일을 보리라"(50절). 우리가 섬기는 구세주는 우리를 각 사람대로 아시는 하나님이십니다. 그러므로 내게 주시는 부르심과 사명을 무리한 것으로 여기지 말아야 합니다. 가장 적절한 방식으로 사명을 주시고 인도해 주시기 때문입니다.

반면에 예수님의 부르심을 받은 제자들의 반응은 같았습니다. 즉 구세주에 대한 고백이 동일했습니다. 안드레는 "메시야를 만났다"고 했고, 빌립

고난주간 6일 묵상집

은 "모세가 율법에 기록하였고 여러 선지자가 기록한 그이를 만났다"라고 했습니다. 나다나엘은 예수님을 "하나님의 아들"이라고 고백했습니다. 후에 베드로도 "주는 그리스도시요, 살아계신 하나님의 아들이십니다"라는 고백을 올려드렸습니다. 누구든지 예수님을 만나면 예수님을 구주와 주님으로 고백하게 됩니다.

또 하나의 반응은 누군가에게 복음을 전하는 것입니다. 안드레는 베드로에게 전했고, 빌립은 나다나엘에게 "와서 보라"라고 예수님을 소개했습니다. 그리고 그들의 손에 이끌려 주님을 만나 제자가 되었습니다. 어려운 전도 방법이 아니라 내가 경험하고 고백한 예수님을 "와서 보라"라고 전해 주는 것만으로도 복음은 전해질 수 있습니다. 이 고난주간을 경건하게 보내는 이유가 구세주 때문이라고 사랑하는 이들에게 전할 수 있습니다.

적용

예수님은 각각 다른 성품의 사람을 그의 성품대로 부르셨습니다. 내게 주시는 사명이 나에게 적절한 것이며, 내 생애를 가장 영화롭게 하는 부르심이라고 고백하고 있습니까?

또한 예수님을 만난 제자들은 모두 예수님을 구주와 주님으로 고백했고, 자신의 삶 속에서 복음을 전하는 사람이 되었습니다. 이것은 예수님을 만나 구원받은 성도에게 가장 자연스러운 반응입니다. "와서 보라"라고 내가 예수님을 전해 주어야 할 사람은 누구입니까? 그들에게 십자가에서 나를 위해 고난 당하신 주님을 전해 주십시오.

학습자 지도사항

구원은 개인적인 영역입니다. 각각 자기 믿음으로 구원받습니다. 하지만 누군가 전해 주어야 합니다. "그런즉 그들이 믿지 아니하는 이를 어찌 부르리요 듣지도 못한 이를 어찌 믿으리요 전파하는 자가 없이 어찌 들으리요 보내심을 받지 아니하였으면 어찌 전파하리요 기록된 바 아름답도다 좋은 소식을 전하는 자들의 발이여 함과 같으니라"(롬 10:14-15). 나를 구원하신 구세주를 전하는 한 주간이 되도록 지도하십시오.

예수님을 영접한 삭개오

📖 **본문** 누가복음 19:1-10
🎵 **찬송** 151장 만왕의 왕 내 주께서

묵상내용

성경은 하나님의 뜻을 우리에게 끊임없이 가르쳐 줍니다. 그중에서도 누가복음 15장에 있는 세 가지 비유는 이 땅을 향한 하나님의 마음을 그대로 보여주는 영상과도 같습니다. 흔히 '잃어버린 양의 비유, 잃어버린 동전의 비유, 탕자의 비유'라고 부르는 비유입니다. 그 제목만으로도 우리는 그 의미를 이해할 만큼 자주 묵상합니다. 하지만 다른 측면에서도 바라볼 필요가 있습니다. 잃어버린 것을 간절히 찾고, 탕자를 간절히 기다리는 하나님의 마음을 보여주는 비유로 볼 수 있습니다. 잃은 양을 찾는 목자의 긴급한 마음, 잃은 동전을 찾는 여인의 간절함, 집 나간 아들을 한결같이 기다리는 아버지의 마음은 우리의 공감을 넘어 감동을 줍니다. 하나님은 죄인의 회개에 대해 큰 잔치를 베푸는 아버지와 같습니다. "그것이 하나님 아버지의 마음입니다."

누가복음 15장은 비유였습니다. 하지만 그 비유가 현실로 존재하는 것이 19장에 있는 삭개오에 관한 말씀입니다. 분명 삭개오는 하나님의 사랑 바깥에 거주하는 사람이었습니다. 그는 세리장의 권세와 부유함을 하나님처럼 여겼을 것입니다. 그의 마음에는 구세주를 위한 자리가 없었습니다. 그의 부유함처럼, 삭개오라는 이름의 뜻은 '존귀한 자'였습니다. 하지만 사람들은 그를 죄인으로 인식했습니다. 그것이 삭개오의 실체였습니다. 하나님의 관점에서 삭개오는 잃어버린 양이며, 동전이고, 탕자였습니다.

본문 1절에서 예수님은 여리고로 들어가셔서 지나가시는 중이었습니다. 분명 지나가시던 길이었는데 삭개오의 집에 머무르셨습니다. 지나가시던 예수님이 삭개오를 찾아가신 것으로 바뀐 것입니다. 그 일은 삭개오가 예수님에게 관심을 갖게 되었을 때, 그가 예수님이 지나가시는 곳으로 찾아갔을 때, 예수님의 부르심에 응답하여 자기 집으로 영접했을 때 일어났습니다. 잃어버린 그를 찾아가신 이는 구세주 예수님이셨습니다. 그리고 예수님은 삭개오의 인생에 지나가신 이가 아닌, 찾아와 함께 내주하시는

> 고난주간 6일 묵상집

하나님이 되셨습니다.

우리를 돌아봅시다. 예수님이 나와 우리 가정에 '지나가시는 분'은 아닙니까? 혹시 나 자신이 주님의 시선에서 벗어난 것처럼 느껴진다면, 나는 아직 예수님의 관심에 대해 모르고 있는 것입니다. 그분은 나를 위해 이 땅에 오셨습니다. 십자가를 지기까지 내 죄를 담당해 주신 것은 지나가시는 분이 아니라 나를 찾아오신 분이신 것을 선포하신 사건입니다. 먼저 우리의 관심을 예수님께 향해야 합니다. "예수께서 어떠한 사람인가 보고자"(3절) 했던 삭개오처럼, 예수님께서 왜 십자가를 지셨는지에 주의를 집중해야 합니다. 그리고 그가 예수님께서 지나가시는 길로 나갔던 것처럼, 이 고난주간에 주님이 베푸신 은혜와 사랑을 맛보기를 원해야 합니다. 마지막으로 나와 우리 가정을 부르시는 주님의 음성에 응답해야 합니다. "주님, 저와 우리 가정의 구세주와 주님이 되어 주세요."

적용

해마다 맞는 고난주간입니다. "날로 새롭도다"(고후 4:16)라는 고백처럼, 우리에게 하나님의 은혜는 날로 새롭습니다. 십자가의 은혜를 처음 경험했을 때와는 다른 은혜가 올해도 우리를 위해 예비되어 있습니다. 올해도 내게 주시는 은혜를 사모하고 있습니까? 아니면 내게 주시려고 준비하신 은혜를 지나가는 것처럼 흘려보내고 있지는 않습니까? 그 은혜를 받아 누리는 것은 고백으로 성취됩니다. 주님을 삶의 구주와 주님으로 고백하십시오. 그분을 모시고 사는 것이 얼마나 기쁘고 영광된 것인지를 고백하십시오.

학습자 지도사항

삭개오의 변화된 삶은 억지로 된 것이 아닙니다. 그가 아주 소중히 여겼을 재산을 가난한 자들을 위해 절반이나 나누겠다고 고백한 것은 그의 삶에 임한 참된 만족을 보여줍니다. 예수님을 섬기는 것은 이처럼 큰 만족과 기쁨을 주는 일입니다. 그 기쁨과 만족을 누리고, 구역원들도 함께 누리도록 격려하십시오.

 **예수님의 죽으심을 준비한 마리아**

📖 본문 요한복음 12:1-13
🎵 찬송 145장 오 거룩하신 주님

묵상내용

　베다니 마을에서 마리아가 예수님의 발에 향유를 붓고 자기 머리털로 닦은 이야기는 늘 우리 마음에 큰 감동을 줍니다. 이 고난주간에 묵상할 때는 예수님께서 하신 말씀에 더 눈길이 갑니다. "나의 장례할 날을 위하여 그것을 간직하게 하라"(7절). 제자들도 이해하지 못했던 예수님의 죽으심을 마리아가 이해했던 것 같지는 않습니다. 하지만 결국은 예수님의 말씀대로 되었습니다. 온 인류를 구원하신 예수님의 십자가 죽으심을 준비한 사람이 있었다는 사실에 가슴이 뜨거워지지 않습니까! 평범한 한 여인이 행한 그 위대한 결과는 예측하고 시행한 것이 아니었습니다. 본문에서 느낄 수 있는 대로, 예수님에 대한 사랑과 진실한 충성이 이루어낸 결과였습니다.

　성경은 베다니를 "예수께서 죽은 자 가운데 살리신 나사로가 있는 곳"이라고 설명합니다. 마리아가 예수님께 행한 이 헌신이 자기 오빠인 나사로에게 베푸신 예수님의 기적과 연관되어 있음을 알려줍니다. 그 큰 사랑에 대한 감사였을 것입니다. 죽음을 이기신 주님께 대한 경배였을 것입니다. 죽음을 이겨낸 부활을 목도한 마리아에게 비싼 향유는 예수님께 부어드리기에 적절한 사랑이었습니다. 하지만 제자들에게는 달랐습니다. 특히 가룟 유다는 그런 마리아의 행동을 비난했습니다. 그 향유가 아까웠기 때문입니다. 같은 향유지만 마리아에게는 아깝지 않고, 유다에게는 아까웠던 것입니다. 그것은 향유의 가치가 아니라 예수님에 대한 사랑의 가치였습니다. 사랑하기 때문에 아깝지 않고, 그 사랑이 부족하기에 아까웠습니다. 이러한 가치의 기준은 오늘 우리에게도 똑같습니다. 그 헌금이 어떤 사람에게는 당연하고 어떤 사람에게는 아깝습니다. 그 시간의 헌신이 어떤 사람에게는 기쁘고, 어떤 사람에게는 괴롭습니다. 그 억울함을 참는 것이 어떤 사람에게는 은혜이고, 어떤 사람에게는 분노입니다. 기준은 주님에 대한 사랑의 마음입니다.

　마리아는 예수님께 향유를 부어드리고 자신의 머리카락으로 주님의 발

고난주간 6일 묵상집

을 닦아드렸습니다. 향유 냄새가 온 집 안으로 퍼져 나갔습니다. 그 집을 채운 것은 사람들이나 가구가 아니었습니다. 향기였습니다. 예수님을 사랑한 마리아의 헌신으로 채운 향기였습니다.

그 향유 냄새 가득한 집이 우리의 집이 되기를 소원합니다. 어떤 욕망이나 어떤 소외감이 아닌, 예수님에 대한 사랑의 결과가 우리의 집을 채울 수 있습니다. 우리가 그 사랑을 받았기 때문입니다. 세상이 줄 수도 없고 이해할 수도 없는 위대한 하나님의 사랑, 우리를 구원하시기 위해 모든 것을 바치신 예수님의 사랑을 우리가 믿고 있기 때문입니다. 나 같은 죄인을 위해 흘리신 십자가의 보혈은 낭비와 같았습니다. 하지만 주님은 아낌없이 그 보혈을 쏟으셨습니다. 나를 사랑하셨기 때문입니다. 그 보혈을 흘리심이 주님께는 낭비가 아니었습니다. 주님에 대한 당신의 사랑은 어떻습니까?

적용

내 삶에서 아직도 결핍을 느낀다면, 어쩌면 우리는 주님의 십자가를 제대로 바라보지 못하고 있는 것일 수 있습니다. 모든 것을 가질 수 없는 것이 인생입니다. 모든 것을 해볼 수도 없습니다. 우리의 완전함은 모든 것을 이루어서가 아니라, 모든 것을 다 합해도 비할 수 없는 예수님의 사랑을 받고 있기 때문입니다. 예수님께서 나를 위해 모든 사랑을 아낌없이 쏟으셨다는 사실을 기억할 때, 우리에게 참된 만족이 있습니다. 그때 주님을 향한 진실한 사랑과 헌신이 시작됩니다. 주님을 위해 헌신하고 있는 것을 떠올리십시오. 그것이 아깝지 않음을 감사하며, 주님께서 주신 사랑을 온전히 누리십시오.

학습자 지도사항

공동체에서 하나님의 일을 계획할 때 적절한 선을 결정하지 못할 때가 있습니다. 모든 것을 적당하게 하는 것은 참 중요하고 필요합니다. 하지만 이때 자기 기준으로 다른 사람의 헌신을 제한하는 만용을 조심해야 합니다. 마치 가룟 유다와 같은 언행이 없도록 주의해야 합니다. 십자가의 크신 은혜에 합당한 헌신을 위해 서로 격려하십시오.

십자가를 대신 운반한 구레네 시몬

📖 **본문** 마가복음 15:22
🎵 **찬송** 147장 거기 너 있었는가

묵상내용

그가 얼마나 먼 길을 여행해 왔는지는 상상하기 어렵습니다. 그가 살던 곳인 구레네는 아프리카 북부 리비아 근처였던 것으로 추정됩니다. 다윗의 왕국이 범죄로 인해 멸망한 이후로 유대인은 바벨론과 페르시아 제국 곳곳에 흩어져 살았습니다. 알렉산더 대왕의 헬라 시대 이후로는 많은 유대인이 구레네로 이주해 살았습니다. 구레네에서 온 시몬은 유월절을 예루살렘에서 지내기 위해 먼 길을 여행해 왔을 것입니다. 이는 자기들의 율법과 경건한 전통에 따른 것이었습니다. 아마 평생의 소원을 이루는 일이었을지도 모릅니다. 이스라엘 민족이 애굽의 종살이에서 벗어나 구원을 얻은 날을 기념하는 유월절을 예루살렘에서 보낼 감격에 푹 젖어 있었을 것입니다. 그런데 마침 그가 예수님께서 십자가를 지고 가시는 길에 있었습니다. 많은 사람이 모여 웅성거리는 현장에서 시몬은 예수님에 대해 들었을 것입니다.

그가 누구이며, 어떤 일을 했는지, 왜 고난을 받고 십자가를 지고 있는지에 대한 이야기는 틀림없이 그를 혼란스럽게 했을 것입니다. 그리고 그는 십자가를 지고 가시는 예수님을 보게 되었습니다. 온몸에 채찍을 맞아 피를 흘리며 자기 몸조차 가누기 힘든 예수님의 모습이었습니다. 이때 갑자기 로마 군병이 그를 부릅니다. "이 사람 대신 십자가를 지고 가시오!" 성경은 그가 억지로 십자가를 대신 졌다고 기록합니다. 그는 억지로 그 명령을 따랐습니다. 하지만 구세주의 십자가 사역에 동참하는 영광을 얻었습니다. 과거의 유월절을 지키러 왔던 그가 현재의 구원을 만난 것입니다.

"아무리 생각해도 마음이 생기지 않아 못 하겠다"라는 말을 종종 듣습니다. 이해가 가는 말입니다. 하나님을 섬기는 일인데 마음이 가지 않는다면 억지로 하는 것이 되니, 적절하지 않다고 생각할 수 있습니다. 모든 것을 기쁘고 좋은 마음으로 하면 가장 좋을 것입니다. 하지만 마음이 가지 않더라도 하나님 나라에 도움이 되는 일이라면, 억지로라도 섬겨볼 수 있지 않을까요? 일단 순종하는 마음으로 시작하면서 하나님의 인도하심을 구한다

고난주간 6일 묵상집

면 하나님을 기쁘시게 할 수 있을 것입니다. 진정으로 '순종'이라 말하려면, 하기 싫은 것이나 두려운 일에 "예"라고 대답하는 것이 포함되어야 할 것입니다.

예수님을 대신해 십자가를 지고 골고다를 올라가던 시몬의 마음에는 어떤 생각이 들었을까요? '저 사람이 무슨 죄를 지었을까? 저 사람이 왜 십자가에서 죽어야 하지?' 여러 가지 생각이 그의 마음을 흔들었을 것입니다. 그러나 골고다 언덕에서 시몬은 십자가에 못 박히시는 주님을 바라보았고, 그 마음에 '믿음'이 시작되었습니다. 성경은 시몬의 자녀들 이름을 분명히 밝히고 있습니다. 보통은 아버지의 이름을 밝히는 것에 비하면 특별한 경우입니다. 시몬에게 있었던 회심의 역사를 증언하는 것입니다. 그의 믿음은 그의 두 자녀 알렉산더와 루포를 말하는 바울이 증언해 줍니다. "주 안에서 택하심을 입은 루포와 그의 어머니에게 문안하라 그의 어머니는 곧 내 어머니니라"(롬 16:13).

적용

모든 것을 다 억지로 할 수는 없습니다. 하지만 정말 필요한 일이라면 억지로라도 시도해 볼 수 있을 것입니다. 우리에게 중요한 것은 내 마음이 아니라 하나님의 뜻이기 때문입니다. 부담스럽고 두렵고 곤란한 일일지라도 하나님을 위해 시도하는 자신을 상상해 보십시오. 하나님께 얼마나 영광이 되는 순종입니까! 그리스도의 십자가에 감사한다면 우리가 감당하지 못할 부담은 없을 것입니다. 물론 억지로 시작한 일을 오래 하기는 어려울 수 있습니다. 그런 때는 마음을 새롭게 바꿔보는 것도 필요할 것입니다.

학습자 지도사항

자원하는 마음은 중요한 태도입니다. 하지만 가장 중요한 기준은 하나님의 뜻을 따르는 것입니다. 하나님의 뜻이기에 우리는 자원하는 마음을 갖도록 자기 자신을 변화시켜야 합니다. 교회가 개인의 취향을 다 맞출 수는 없습니다. 그러므로 하나님 나라의 유익을 위해 스스로 태도를 바꾸어야 하는 당연한 원리를 공동체 안에서 가르치고 지도해야 합니다.

교회절기
종려주일

그리스도의 길을 따라

예배 인도	
찬 송	135장 어저께나 오늘이나 · 359장 천성을 향해 가는 성도들아
기 도	합심기도 / 대표기도
말씀 나눔	베드로전서 2:18-25

예수님께서 예루살렘에 입성하실 때, 사람들이 종려나무 가지를 흔들며 환호했습니다. 그러나 그 길 끝에는 고난과 십자가가 기다리고 있었습니다. 그리스도의 고난의 길을 따라가는 신앙의 자세를 돌아봅시다.

1. 그리스도의 고난은 우리가 따라야 할 본입니다.

예수님은 우리를 위해 고난을 받으셨고, 그 고난의 길을 제자들도 따르도록 부르셨습니다. 그리스도의 고난은 단지 구경하거나 감상하는 대상이 아니라 성도가 따라야 할 길입니다. 안타깝게도 종려주일의 환호는 곧 십자가 앞에서 침묵으로 변했습니다. 주님은 불의한 고난을 끝까지 견디셨고, 믿는 자들에게 그 본을 남기셨습니다.

2. 그리스도의 반응은 우리 삶의 태도입니다.

예수님은 모욕과 고난을 당하셔도 그 모욕을 갚거나 위협하지 않으시고, 공의로 심판하시는 하나님께 자신을 맡기셨습니다. 이는 하나님의 뜻을 신뢰하며 침묵하는 태도입니다. 이후 예수님은 사람들의 기대와는 전혀 다른 방식으로 십자가를 지셨습니다. 그분의 반응은 세상의 방식과 다른 하나님 나라 백성의 태도를 보여줍니다. 우리도 고난과 불의 앞에서 주님을 본받아 의연하게 반응하며 하나님의 뜻을 신뢰해야 합니다.

3. 그리스도의 죽음은 우리를 살리는 구원의 길입니다.

예수님의 죽음은 고귀한 희생을 넘어 우리의 죄를 대신 지신 대속의 사건입니다. 주님은 죄 없으신 몸으로 십자가에 달리셔서 우리를 죄에서 해방하셨습니다. 종려주일에 예루살렘에 입성하신 것도 바로 이 십자가를 지시기 위함이었습니다. 그 십자가는 우리에게 생명을 주는 유일한 길입니다.

예수님은 우리에게 생명을 주시기 위해 십자가의 길을 걸으셨습니다. 우리는 그리스도의 고난의 길을 따를 때 생명을 얻을 수 있습니다.

말씀 연구	
말 씀	베드로전서 2:18-25
암 송	이를 위하여 너희가 부르심을 받았으니 그리스도도 너희를 위하여 고난을 받으사 너희에게 본을 끼쳐 그 자취를 따라오게 하려 하셨느니라(벧전 2:21)
요 점	그리스도의 고난 여정에 더욱 깊이 참여한다.

본문 이해

베드로는 고난받는 종들에게 그리스도의 고난을 본으로 제시합니다. 예수님은 죄가 없으심에도 불의한 고난을 참으셨고, 모욕을 당하실 때도 모욕으로 갚지 않으시며, 오직 하나님께 자신을 맡기셨습니다. 이는 억울한 상황 속에서도 인내로 반응하는 태도를 보여줍니다. 예수님의 고난은 단지 본보기가 아니라 우리의 죄를 대신 지신 대속의 사건입니다. 그분이 십자가에 달리심으로 우리는 방황하던 삶에서 벗어나, 영혼의 목자 되신 그리스도께로 돌아오게 되었습니다. 종려주일은 이처럼 고난을 통해 생명을 주신 주님의 길을 깊이 묵상하며 따르도록 초대합니다.

 **말씀 속으로**

❶ 예수님은 왜 우리에게 고난의 길을 본으로 보여주셨습니까? (벧전 2:21)

그 자취를 따라오게 하기 위함입니다.

> **보충 설명** 예수님께서 고난의 길을 본으로 보여주신 이유는 우리가 그 자취를 따라 살아가도록 하기 위함입니다. 죄가 없으심에도 고난을 당하시며 인내와 순종의 본을 남기신 것은 고난 속에서도 하나님의 뜻을 이루는 삶으로 우리를 부르신 것입니다. 그리스도인은 주님을 본받아 억울함 속에서도 말과 행동을 삼가며 인내해야 합니다. 결국 그리스도의 고난은 우리 삶의 방향과 태도를 결정짓는 본보기입니다.

❷ 모욕과 고난을 당할 때, 우리는 어떤 태도로 반응해야 할까요? (벧전 2:23)

오직 공의로 심판하시는 이에게 부탁합니다.

> **보충 설명** 예수님은 고난과 모욕을 당하셨지만, 끝까지 보복하지 않으시고 침묵으로 응답하셨습니다. 억울한 상황에서도 공의로 심판하시는 하나님께 자신을 맡기셨습니다. 이는 신자들에게 고난을 대하는 태도가 어떠해야 하는지를 보여줍니다. 감정대로 반응하지 않고 하나님의 뜻과 정의를 신뢰하며 인내하는 것이 믿음의 자세입니다. 우리도 삶의 억울함 앞에서 예수님의 반응을 본받아야 합니다.

3 예수님의 고난과 죽음은 우리에게 어떤 유익을 주었습니까?(벧전 2:24-25)

우리를 살게 하시고 목자 되신 하나님께 돌아오게 하였습니다.

> **보충 설명** 예수님의 고난과 죽음은 단순한 희생이 아니라 우리를 죄에서 구원하기 위한 대속의 사건입니다. 그분은 우리의 죄를 대신 지시고 십자가에서 죽으심으로 우리에게 새로운 생명을 주셨습니다. 그 결과 우리는 죄에 대해 죽고, 의에 대해 사는 삶을 시작하게 되었습니다. 또한 방황하던 삶에서 돌이켜, 영혼의 목자 되신 하나님께로 돌아올 수 있게 되었습니다.

묵상 이야기

짐 엘리엇은 1950년대 미국의 청년 선교사로, 에콰도르의 원주민 아우카족에게 복음을 전하기 위해 떠났습니다. 수개월 동안 준비하고 기도하며 그들에게 다가갔지만, 결국 그는 다른 선교사들과 함께 원주민들의 창에 찔려 29세의 젊은 나이에 생을 마감했습니다. 그는 생전에 "영원한 것을 위해 일시적인 것을 버리는 자는 결코 어리석은 자가 아니다"라고 말했습니다. 그의 순교는 그리스도의 고난에 참여하는 삶이 어떤 것인지를 세상에 보여주었습니다. 이후 그의 아내 엘리자베스 엘리엇은 용서와 복음을 들고 다시 그 부족을 찾아갔고, 결국 많은 이들이 그리스도를 믿게 되었습니다.

나눔 고난 중에 그리스도를 본받아 참고 견뎌낸 일을 나누어 봅시다.

기도 주님의 고난을 깊이 묵상하며 그 길을 따를 용기를 주소서.

적용 그리스도의 고난과 죽음의 참된 유익이 무엇인지 깊이 묵상해 봅시다.

주기도문이나 대표 기도로 폐회합니다.

교회절기 — 부활주일

새로운 생명과 삶

예배 인도

찬 송	160장 무덤에 머물러 · 167장 즐겁도다 이날
기 도	합심기도 / 대표기도
말씀 나눔	요한복음 20:1-10

예수님의 죽음 이후 제자들은 절망에 사로잡혔지만, 막달라 마리아가 발견한 빈 무덤은 죽음이 끝이 아님을 보여주었습니다. 주님의 부활은 절망을 소망으로 바꾸고, 새로운 생명과 삶을 열어주었습니다.

1. 빈 무덤은 죽음을 넘어선 새로운 생명과 삶을 증언합니다.

빈 무덤은 단순히 시신이 사라진 자리가 아니라, 새로운 시작을 알리는 표적이었습니다. 인간은 죽음을 삶의 끝이라 생각하지만, 부활은 그 한계를 넘어서는 하나님의 능력을 드러냅니다. 빈 무덤은 절망을 소망으로 바꾸는 전환점이 되었습니다. 따라서 부활은 죽음 너머의 신앙의 시작입니다.

2. 부활은 주님과의 새로운 관계를 형성하게 합니다.

베드로와 다른 제자는 무덤에 세마포와 수건이 그대로 있는 것을 보았습니다. 이는 예수님이 단순히 사라지신 것이 아니라, 부활하셔서 새로운 모습으로 살아계심을 증언합니다. 제자 중 한 사람은 그 광경을 보고 믿었고, 그 믿음은 살아계신 주님과의 새로운 관계로 이어졌습니다. 부활은 신앙을 통해 주님과 연합하는 관계의 기초가 됩니다. 부활을 믿는 사람은 죽음이 아닌 생명 안에서 주님과 동행하는 삶을 살게 됩니다.

3. 부활은 현재 삶 속에서 새로운 생명으로 살아가게 합니다.

제자들은 부활을 통해 성경 말씀이 이루어졌음을 깨닫고 새로운 사명으로 나아갔습니다. 부활은 단순히 장차 누릴 소망이 아니라 지금 이 땅에서 새로운 생명을 살아가게 하는 힘이 됩니다. 그리스도의 부활은 우리를 두려움에서 자유롭게 하며, 새로운 삶의 방향을 제시합니다. 그러므로 부활 신앙은 오늘 우리의 삶에도 소망과 용기를 주는 원천이 됩니다.

그리스도의 부활은 새로운 생명의 시작을 우리에게 열어주었습니다. 이제 우리는 부활 신앙으로 살아가며 소망과 용기의 길을 걸어가야 합니다.

말씀 연구

말 씀	요한복음 20:1-10
암 송	그 때에야 무덤에 먼저 갔던 그 다른 제자도 들어가 보고 믿더라(요 20:8)
요 점	부활은 생명과 삶을 새롭게 한다.

 ### 본문 이해

막달라 마리아는 안식 후 첫날 새벽에 무덤에 갔다가 돌이 옮겨진 것을 보았습니다. 그녀는 시신이 사라졌다고 생각하고 급히 제자들에게 달려가 알렸습니다. 이에 베드로와 다른 제자가 무덤으로 달려갔고, 먼저 도착한 제자는 겉만 보고 머뭇거렸습니다. 그러나 베드로는 무덤 안에 들어가 세마포와 머리를 쌌던 수건이 따로 놓여 있는 것을 확인했습니다. 이어서 다른 제자도 들어가 그 광경을 보고 믿었습니다. 빈 무덤은 예수님의 부활이 역사적 사실임을 보여주며, 죽음을 넘어 새로운 생명의 삶을 열어주는 증거가 되었습니다.

 **말씀 속으로**

① 막달라 마리아가 무덤에 갔을 때 무엇을 보았습니까?(요 20:1)
돌이 무덤에서 옮겨진 것을 보았습니다.

> **보충 설명** 막달라 마리아는 예수님의 무덤에 갔을 때, 시신 대신 옮겨진 돌을 보았습니다. 이는 사람이 예상하지 못한 하나님의 역사하심을 보여주는 표적이었습니다. 닫힌 무덤은 죽음을 상징하지만, 열린 무덤은 생명의 새로운 시작을 나타냅니다. 부활의 첫 증거는 바로 무덤이 비어 있다는 사실에서 시작되었습니다. 따라서 빈 무덤은 절망이 아니라 소망을 전하는 출발점이 되었습니다.

② 베드로와 다른 제자가 무덤 안에서 무엇을 보았습니까?(요 20:6-7)
세마포와 수건이 머리를 쌌던 그대로 놓여 있었습니다.

> **보충 설명** 베드로와 다른 제자가 무덤 안에서 본 것은 질서 있게 놓인 세마포와 수건이었습니다. 이는 누군가 시신을 훔쳐 간 것이 아니라, 예수님께서 부활하셔서 스스로 무덤을 떠나셨음을 보여줍니다. 세마포와 수건이 남아 있었다는 것은 부활의 역사적 증거로 중요한 의미를 가집니다. 무덤이 비어 있다는 사실뿐만 아니라 그 안의 흔적이 부활을 더욱 확실히 증언해 줍니다. 따라서 제자들은 단순한 부재가 아닌 하나님의 생명 역사를 보게 된 것입니다.

3 제자들은 예수님의 부활에 대해 무엇을 아직 깨닫지 못했습니까?(요 20:9)

성경에 다시 살아나야 하리라 하신 말씀을 아직 알지 못했습니다.

> **보충 설명** 제자들은 빈 무덤을 보았지만, 여전히 부활의 의미를 온전히 이해하지 못했습니다. 성경에 이미 예언된 부활의 말씀을 아직 깨닫지 못했던 것입니다. 믿음은 단순히 눈에 보이는 사실을 넘어, 말씀을 통해 확증될 때 완전해집니다. 따라서 부활 신앙은 말씀의 깨달음과 결합될 때 비로소 새로운 삶의 길을 열어줍니다.

묵상 이야기

네덜란드의 겨울은 길고 춥습니다. 땅속에 심긴 튤립 구근은 겨울내내 죽은 것처럼 보입니다. 땅 위에는 아무것도 드러나지 않고, 흙속에서 마치 생명이 사라진 듯 고요하게 묻혀 있습니다. 그러나 봄이 오면 그 죽은 것 같은 구근에서 새싹이 올라오고, 화려한 꽃을 피워내며 사람들에게 기쁨과 생명의 아름다움을 전합니다. 예수님의 빈 무덤은 바로 이와 같습니다. 죽음으로 끝난 줄 알았던 자리가 새로운 생명의 시작이 되었고, 제자들은 그 사실을 보고 믿었습니다. 부활은 죽음이 끝이 아니라 하나님께서 열어주신 새로운 가능성의 시작임을 보여줍니다.

나눔 내 삶에서 주님의 살아계심을 경험한 것을 나누어 봅시다.

기도 부활하신 주님을 믿고 오늘도 새로운 생명의 삶을 살게 하소서.

적용 그리스도의 부활로 주어지는 새로운 생명의 은혜에 감사합시다.

주기도문이나 대표 기도로 폐회합니다.

교회절기
맥추감사주일

은혜를 기억하며 감사하는 믿음

예배 인도	
찬 송	310장 아 하나님의 은혜로 · 304장 그 크신 하나님의 사랑
기 도	합심기도 / 대표기도
말씀 나눔	시편 103:1-5

맥추감사절은 단지 한 해의 절반을 보내고 지내는 농경적 절기가 아니라, 지금까지 지켜주신 하나님의 은혜를 기억하는 감사의 절기입니다. 감사는 어떤 결과보다 하나님의 은혜를 기억하는 데서 시작됩니다.

1. 감사는 죄 사함의 은혜를 기억하는 것입니다.

시편 기자는 먼저 "네 모든 죄악을 사하시며"라고 고백하며 감사의 이유를 분명히 합니다. 죄 사함은 하나님 백성의 삶에서 가장 근본적인 은혜이며, 모든 감사의 출발점이 됩니다. 죄의 짐을 벗고 자유롭게 된 삶은 날마다 하나님께 감사할 이유가 됩니다. 그러므로 맥추감사절은 무엇보다도 구원의 은혜를 기억하며 감사하는 절기가 되어야 합니다.

2. 감사는 연약함 속에서 고치시는 은혜를 기억하는 것입니다.

하나님은 우리의 모든 병을 고치시며, 생명을 파멸에서 건지시는 분이십니다. 이는 단순히 육체의 치유만이 아니라 영혼과 삶 전체를 회복하시는 은혜를 뜻합니다. 인생의 연약함과 위기 속에서도 하나님은 우리를 붙드시고 새 길을 열어주십니다. 이러한 은혜를 기억하는 것이 곧 감사의 이유가 됩니다. 맥추감사절은 지금까지 지켜주신 하나님의 치유와 보호를 되새기며 믿음의 고백을 드리는 날입니다.

3. 감사는 풍성히 채우시는 은혜를 기억하는 것입니다.

하나님은 좋은 것으로 우리의 소원을 만족하게 하시며, 새 힘을 주셔서 독수리처럼 날아오르게 하십니다. 이 은혜는 단순히 물질의 채움만이 아니라 영적 만족과 삶의 회복을 포함합니다. 우리의 미래 또한 하나님의 공급하심 안에 있음을 믿는 것이 감사의 믿음입니다. 맥추감사절은 남은 삶도 채우실 하나님을 바라보며 소망의 감사를 드리는 날입니다.

하나님께서 지금까지 베푸신 은혜를 기억하며 감사합시다. 나아가 그 은혜를 붙들고, 남은 삶도 하나님께 맡기는 믿음의 고백을 드립시다.

말씀 연구	
말 씀	시편 103:1-5
암 송	내 영혼아 여호와를 송축하며 그의 모든 은택을 잊지 말지어다(시 103:2)
요 점	하나님 나라 백성은 받은 은혜를 기억하며 감사한다.

본문 이해

다윗은 자신의 영혼을 향해 "여호와를 송축하라"고 명령하며, 감사와 찬양을 촉구합니다. 무엇보다도 하나님의 은혜를 잊지 말라고 강조합니다. 하나님은 우리의 모든 죄를 사하시고, 병을 고치시며, 생명을 파멸에서 구속하십니다. 또한 인자와 긍휼로 우리를 덮으시고, 좋은 것으로 우리의 소원을 만족하게 하십니다. 그 은혜로 우리의 청춘은 독수리처럼 새롭게 회복됩니다. 이는 감사가 단순한 상황의 결과가 아니라 하나님의 은혜를 기억하는 데서 비롯됨을 보여줍니다. 따라서 우리는 지금까지의 은혜를 기억하고 남은 삶을 하나님께 맡기는 믿음의 감사를 드려야 합니다.

 **말씀 속으로**

1 다윗은 하나님이 베푸신 은택 중에 가장 먼저 무엇을 언급합니까?(시 103:1-3)

여호와께서 내 모든 죄악을 사하셨다는 것입니다.

> **보충설명** 다윗은 감사의 첫 번째 이유로 죄 사함의 은혜를 고백합니다. 죄 사함은 다른 어떤 것보다도 근본적이고 본질적인 하나님의 은혜입니다. 죄의 짐이 벗겨질 때 비로소 참된 자유와 기쁨이 주어집니다. 그러므로 감사는 물질적인 복보다 먼저 영적 구원에 대한 응답이어야 합니다. 맥추감사절은 구원의 은혜를 다시 기억하고 감사하는 날입니다.

2 다윗은 하나님이 베푸신 은택 중 두 번째로 무엇을 언급합니까?(시 103:3-4)

모든 병을 고치시고 생명을 파멸에서 속량하셨다는 것입니다.

> **보충설명** 다윗은 하나님께서 우리의 모든 질병을 고치시는 분임을 고백합니다. 여기서 질병은 육체적 아픔뿐 아니라 영혼의 상처와 삶의 고통까지 포함됩니다. 또한 하나님은 생명을 파멸에서 건지시고, 인자와 긍휼로 우리를 감싸 주십니다. 이는 연약한 인생이 하나님의 돌보심 속에서 회복될 수 있음을 보여줍니다. 그러므로 감사는 우리의 연약함 속에서도 붙드시는 하나님의 은혜를 기억하는 고백입니다.

3 다윗은 하나님이 베푸신 은택 중 세 번째로 무엇을 언급합니까? (시 103:5)

내 소원을 만족하게 하사 내 청춘을 새롭게 하셨다는 것입니다.

> **보충 설명** 하나님은 우리의 필요를 아시고 가장 좋은 것으로 채워 주십니다. 그분의 은혜는 단순한 물질적 만족을 넘어 영혼을 새롭게 하시는 은혜입니다. 청춘을 독수리처럼 새롭게 하신다는 것은 지치고 약한 삶에 새 힘을 공급하심을 의미합니다. 그러므로 감사는 과거의 은혜뿐 아니라 앞으로도 채우실 하나님을 신뢰하는 믿음의 고백입니다.

묵상 이야기

1873~1877년, 미국 미네소타 지역은 농작물을 전멸시키는 메뚜기 떼의 재앙에 시달리고 있었습니다. 농민들은 극심한 절망에 빠졌고, 과학적 수단도 이를 해결하지 못했습니다. 그때 미네소타 주지사인 존 필스버리는 1877년 4월 26일을 '기도와 금식의 날'로 선포했고, 온 성도는 하나님께 기도하며 감사를 드렸습니다. 놀랍게도 며칠 후 폭우, 눈, 우박 등이 내려 메뚜기 떼가 갑자기 사라지는 기적이 일어났습니다. 이 사건을 기념해 이 지역의 독일계 가톨릭 공동체는 예배당을 건축했는데, 사람들은 이를 '메뚜기 예배당'(Grasshopper Chapel)이라고 불렀습니다. 불가능한 상황에서 드리는 감사의 기도는 기적의 통로가 됩니다. (미주크리스천신문, 2020년 11월 7일)

나눔 상반기를 돌아보며 어떤 은혜가 있었는지 나누어 봅시다.

기도 주신 은혜를 잊지 않고 날마다 감사하는 믿음을 주소서.

적용 하나님이 주신 은혜를 기억하고 날마다 감사하는 삶을 삽시다.

주기도문이나 대표기도로 폐회합니다.

교회절기
추수감사주일

감사, 믿음의 열매

예배 인도

찬 송	428장 내 영혼에 햇빛 비치니 · 488장 이 몸의 소망 무언가
기 도	합심기도 / 대표기도
말씀 나눔	누가복음 17:11-19

우리는 삶에서 하나님의 은혜를 자주 경험하지만, 쉽게 잊어버릴 때가 있습니다. 은혜를 깨달은 나병환자 한 사람이 돌아와 감사했듯, 추수감사주일은 받은 은혜를 기억하고 하나님께 감사로 응답하는 날입니다.

1. 감사는 은혜를 깨닫는 눈에서 시작됩니다.

열 명의 나병환자는 모두 예수님의 말씀에 순종하여 제사장에게 가는 길에 치유를 받았습니다. 그러나 단순히 병이 낫는 데서 멈추면 감사로 이어지지 않습니다. 은혜를 깨닫는 사람만이 자신이 받은 것이 하나님의 선물임을 인정합니다. 감사는 은혜를 알아보는 영적인 눈에서 시작됩니다.

2. 감사는 즉각적이고 직접적인 표현입니다.

열 명의 나병환자 중 한 사람만이 치유되자마자 곧바로 예수님께 돌아왔습니다. 그는 큰 소리로 하나님께 영광을 돌리며, 예수님 앞에 엎드려 감사를 드렸습니다. 감사는 마음속에만 머무는 것이 아니라 즉각적인 행동과 표현으로 나타나야 합니다. 하나님께 영광을 돌리는 삶은 받은 은혜를 기억하고 그 자리에서 곧바로 반응하는 데서 시작됩니다. 이렇게 드려진 감사는 하나님과의 관계를 더욱 깊게 만듭니다.

3. 감사는 구원받는 믿음의 열매입니다.

예수님은 돌아와 감사한 나병환자에게 "네 믿음이 너를 구원하였느니라"라고 선언하셨습니다. 감사는 단순한 예의가 아니라 하나님을 향한 믿음의 열매입니다. 은혜를 깨닫고 감사로 반응할 때 믿음이 더욱 온전해집니다. 결국 감사는 구원의 확신을 누리게 하는 믿음의 증거가 됩니다.

감사는 하나님을 향한 믿음의 열매이며, 구원의 확신을 누리게 하는 증거입니다. 은혜를 깨닫고 감사로 반응할 때 우리의 믿음은 더욱 온전해집니다.

말씀 연구

말 씀	누가복음 17:11-19
암 송	감사로 제사를 드리는 자가 나를 영화롭게 하나니 그의 행위를 옳게 하는 자에게 내가 하나님의 구원을 보이리라(시 50:23)
요 점	하나님 나라 백성은 감사의 삶을 살아간다.

 본문 이해

예수님께서 예루살렘으로 가실 때, 사마리아와 갈릴리 사이에서 열 명의 나병환자를 만나셨습니다. 그들은 멀리 서서 큰 소리로 예수님께 자비를 구했습니다. 예수님은 그들에게 제사장에게 몸을 보이라고 말씀하셨고, 가는 도중에 모두 깨끗하게 되었습니다. 그러나 그중 한 사람만이 하나님께 영광을 돌리며 돌아와 예수님 앞에 엎드려 감사를 드렸습니다. 그는 사마리아인이었습니다. 예수님은 아홉은 어디 있느냐고 물으시며, 감사의 중요성을 강조하셨습니다. 그리고 그에게 "네 믿음이 너를 구원하였다"라고 말씀하시며, 감사가 믿음의 열매임을 보여주셨습니다.

 **말씀 속으로**

1 열 명의 나병환자는 예수님을 만나 뭐라고 소리쳤습니까?
(눅 17:11-13)

"우리를 불쌍히 여기소서"라고 소리쳤습니다.

> **보충 설명** 열 명의 나병환자는 모두 사회적으로 격리된 채 소망 없는 삶을 살고 있었습니다. 그들이 예수님을 보았을 때, 가장 먼저 터져 나온 것은 "우리를 불쌍히 여기소서"라는 간절한 외침이었습니다. 이 말은 단순한 동정심을 구하는 것이 아니라, 하나님의 긍휼을 향한 믿음의 표현이었습니다. 그들의 외침은 은혜 없이는 살 수 없는 절박한 심령을 드러냈습니다. 결국 감사는 이렇게 은혜를 사모하는 간구에서 시작됩니다.

2 열 명의 나병환자 중에 누가 예수님께 돌아와서 감사했습니까?
(눅 17:14-16)

사마리아 사람입니다.

> **보충 설명** 예수님께 돌아와 감사한 사람은 놀랍게도 유대인이 멸시하던 사마리아인이었습니다. 그는 자신이 받은 은혜를 깨닫고, 즉시 하나님께 영광을 돌리며 예수님께 무릎 꿇었습니다. 이는 신분이나 배경이 아니라 은혜를 인식하는 마음이 진정한 감사로 이어짐을 보여줍니다. 아홉 명은 은혜를 경험했지만 감사하지 않았기에 그 은혜를 온전히 누리지 못했습니다. 그러나 사마리아 사람은 감사를 통해 하나님과의 관계가 더욱 깊어졌습니다.

3 예수님은 감사한 사마리아 사람에게 무엇이라고 말씀하셨습니까? (눅 17:19)

"네 믿음이 너를 구원하였느니라"고 하셨습니다.

> **보충 설명** 예수님은 단순히 병이 나은 것을 넘어, 감사한 자에게 믿음을 통한 구원을 선포하셨습니다. 이는 감사가 단순한 예의가 아니라 하나님을 신뢰하는 믿음의 표현임을 보여줍니다. 아홉 명은 육체의 치유만 받았지만, 한 사람은 감사로 인해 영혼의 구원까지 누리게 되었습니다. 감사는 구원의 은혜를 확증하는 믿음의 열매입니다.

 묵상 이야기

1863년 10월 3일, 미국의 링컨 대통령은 남북전쟁 중에 국가적인 '추수감사절' 선언문을 발표했습니다. 그는 여전히 전쟁으로 수많은 생명이 희생되고 나라가 분열되어 있지만, 하나님께서 베푸신 은혜를 기억하며 감사해야 한다고 강조했습니다. 링컨은 선언문에서 이렇게 고백합니다. "나는 하나님께서 베푸신 특별한 구원과 복에 합당한 영광을 돌리면서도, 우리의 고집과 불순종을 겸손히 회개할 것을 권합니다." 진정한 감사는 상황의 좋고 나쁨이 아니라, 은혜를 아는 믿음에서 비롯됩니다. 이 선언문은 미국에서 추수감사절이 11월 넷째 목요일로 제정되는 중요한 계기가 되었습니다.

나눔 하나님께 받은 은혜와 감사를 나누어 봅시다.

기도 주신 은혜를 잊지 않고 늘 감사하는 믿음의 열매를 맺게 하소서.

적용 나에게 주어진 은혜에 대해 즉각 감사를 표현해 봅시다.

주기도문이나 대표기도로 폐회합니다.

교회절기

성탄주일

우리에게 오신 하나님

예배 인도	
찬 송	112장 그 맑고 환한 밤중에 · 116장 동방에서 박사들
기 도	합심기도 / 대표기도
말씀 나눔	마태복음 2:1-12

성탄은 단순한 기념일이 아니라 하나님이 우리에게 오신 사건입니다. 세상의 권력자들은 자기 욕망에 집착했지만, 예수님은 희생과 사랑으로 세상에 오셨습니다. 우리는 하나님이 친히 오신 은혜를 감사로 받아야 합니다.

1. 세상 권력은 불안과 두려움 속에 머뭅니다.

헤롯 왕은 동방 박사들이 '유대인의 왕'을 찾으러 왔다는 소식을 듣고 마음이 심히 불안해졌습니다. 그는 자신의 권력과 지위를 지키기 위해 두려움에 사로잡혔고, 지식을 악용하며 위선적인 태도로 대응했습니다. 인간의 권력은 결국 자기 보존과 욕망 추구에서 불안정을 드러냅니다. 헤롯의 모습은 세상의 권세가 참된 소망을 줄 수 없음을 보여줍니다.

2. 그리스도의 오심은 참된 소망과 기쁨을 줍니다.

동방 박사들은 별을 따라가다가 마침내 아기 예수가 계신 곳에 이르렀습니다. 그들은 별을 다시 보았을 때 크게 기뻐했습니다. 이는 하나님의 약속이 성취되었음을 확인하는 순간이었고, 인간의 불안과 두려움을 넘어서는 참된 소망의 근거였습니다. 세상 권세가 주는 기쁨은 일시적이지만, 그리스도의 오심이 주는 기쁨은 영원합니다. 성탄은 우리에게도 하나님의 임재와 구원의 기쁨을 회복하게 합니다.

3. 그리스도의 오심은 감사의 예배로 이어집니다.

동방 박사들은 아기 예수를 뵙고 엎드려 경배하며 황금, 유향, 몰약을 예물로 드렸습니다. 이는 단순한 선물이 아니라, 하나님께 대한 감사와 헌신의 표현이었습니다. 참된 만남은 언제나 감사의 예배를 낳습니다. 성탄의 은혜도 우리를 하나님께 경배와 감사로 나아가게 합니다.

성탄은 하나님이 친히 우리 가운데 임하신 사건입니다. 그리스도의 오심을 경험한 자들은 동방 박사들처럼 감사와 예배로 응답해야 합니다.

말씀 연구

말 씀	마태복음 2:1-12
암 송	보라 처녀가 잉태하여 아들을 낳을 것이요 그의 이름은 임마누엘이라 하리라 하셨으니 이를 번역한즉 하나님이 우리와 함께 계시다 함이라(마 1:23)
요 점	하나님 나라 백성은 그리스도의 오심을 기대하고 감사한다.

본문 이해

예수님께서 베들레헴에 나셨을 때, 동방 박사들이 유대인의 왕으로 나신 이를 찾으러 왔습니다. 헤롯 왕과 예루살렘 온 성은 이 소식에 불안했으며, 헤롯은 대제사장들과 이를 자신의 권력 유지에 악용하려 했습니다. 동방 박사들은 별의 인도를 따라 아기 예수께 이르러 크게 기뻐하였고, 그 앞에 엎드려 경배하며 황금, 유향, 몰약을 예물로 드렸습니다. 하나님은 꿈을 통해 그들이 헤롯에게 돌아가지 않게 하셔서 아기를 보호하셨습니다. 이 사건은 세상의 불안과 권력욕 속에 오신 예수님께서 참된 소망과 기쁨이 되심을 보여줍니다.

 **말씀 속으로**

1 별을 보고 온 동방 박사들을 보고 헤롯 왕과 예루살렘 사람들은 어떻게 반응했습니까? (마 2:3)

소동하였습니다.

> **보충 설명** 헤롯은 유대인의 왕으로 나신 분이 있다는 소식을 듣고 자신의 왕권이 위협받을까 두려워했습니다. 그의 불안은 단순한 감정이 아니라, 권력을 붙잡고자 하는 욕망에서 비롯되었습니다. 예루살렘 백성들도 헤롯의 불안에 휘말려 함께 두려워했습니다. 이는 세상의 권력이 결코 안정과 평화를 줄 수 없음을 보여줍니다. 결국 성탄의 배경은 세상의 불안과 대조되는, 하나님이 주시는 참된 평화를 드러내는 무대가 되었습니다.

2 동방 박사들이 별을 다시 보았을 때 어떤 반응을 보였습니까? (마 2:9-10)

매우 크게 기뻐하고 기뻐하였습니다.

> **보충 설명** 동방 박사들은 별의 인도하심을 따라 예수께 가까이 갈 수 있음을 보고 매우 크게 기뻐했습니다. 이는 단순한 발견의 기쁨이 아니라, 하나님의 약속이 성취되는 순간을 체험한 신앙의 기쁨이었습니다. 세상의 권력과 부가 주는 기쁨은 일시적이지만, 그리스도의 오심이 주는 기쁨은 영원합니다. 부활하신 주님을 만난 제자들의 기쁨처럼, 성탄의 기쁨도 하나님의 임재에서 나옵니다. 오늘 우리도 성탄을 통해 하나님이 주시는 참된 소망과 기쁨을 회복해야 합니다.

3 아기 예수를 만난 동방 박사들은 어떤 예물을 드렸습니까?
(마 2:11-12)

황금과 유향과 몰약을 드렸습니다.

> **보충 설명** 동방 박사들은 아기 예수를 단순히 호기심으로 찾은 것이 아니라, 참된 왕으로 경배했습니다. 그들이 드린 황금, 유향, 몰약은 예수님의 왕권과 신성, 장차 있을 고난을 상징합니다. 감사의 마음은 단순한 말이 아니라 예배와 헌신으로 표현되었습니다. 성탄은 오늘 우리에게도 경배와 감사로 주님께 나아가야 함을 가르쳐 줍니다.

묵상 이야기

1223년 성탄절, 이탈리아 아시시의 프란시스(Francis of Assisi)는 사람들이 성탄의 의미를 깊이 묵상하지 못한 채, 형식적인 축제나 의식으로 성탄을 보내는 것을 안타까워했습니다. 그는 사람들에게 예수님의 오심을 생생하게 보여주기 위해 작은 마을 그레치오(Greccio)에서 최초의 '구유극'(Nativity Scene)을 만들었습니다. 마구간을 세우고, 소와 나귀를 두며, 아기 예수의 탄생 장면을 재현한 것입니다. 이를 통해 사람들은 하나님께서 가난과 겸손 속에 우리에게 오셨다는 사실을 깨닫게 되었습니다. 이후 구유극은 전 유럽으로 확산되었고, 오늘날까지도 세계 곳곳에서 예수님의 오심을 기념하는 상징으로 이어지고 있습니다.

나눔 예수님이 내 삶에 오셨을 때의 기쁨과 감사를 나누어 봅시다.

기도 우리에게 오신 예수님께 감사와 헌신으로 응답하게 하소서.

적용 생명을 회복하는 그리스도의 사랑을 소망하고 감사합시다.

주기도문이나 대표기도로 폐회합니다.

특별주일

나라사랑 주일

하나님이 세우신 나라

예배 인도

찬 송	580장 삼천리 반도 금수강산 · 584장 우리나라 지켜주신
기 도	합심기도 / 대표기도
말씀 나눔	로마서 13:1-7

우리는 하나님 나라의 백성이자 대한민국 국민입니다. 그러므로 왕이신 하나님을 사랑하는 동시에, 하나님이 세우신 나라도 사랑하는 국민이 되어야 합니다.

1. 모든 권세는 다 하나님께서 정하신 것입니다.

하나님 나라 백성은 자신의 국가를 인정하며 존중해야 합니다. 세상의 모든 국가 권력은 하나님의 허락이 있어야 세워지기 때문입니다. 우리나라는 입법, 사법, 행정의 국가 권력과, 작게는 경찰서, 소방서, 주민센터, 통반장 등의 공권력이 있습니다. 하나님이 허락하신 공적인 권력을 존중하는 것이 곧 하나님을 존중하는 것입니다. 모든 권세는 하나님이 정하신 것이기 때문입니다.

2. 다스리는 자를 위해 기도해야 합니다.

나라를 다스리는 자들은 하나님을 대신해서 일하는 하나님의 사역자입니다. 하나님은 이 나라의 주인이시며, 다스리는 자들을 통해 나라의 질서를 유지하십니다. 따라서 국가 지도자들은 하나님을 대신해 선한 일을 행해야 합니다. 자신의 이익을 위해 공적인 권력을 마음대로 사용해서는 안 됩니다. 그러므로 우리는 국가 지도자들이 선한 일을 하도록 기도해야 합니다.

3. 국민은 선량한 마음으로 의무를 다해야 합니다.

다스리는 자들이 선을 행하지 않더라도, 국민은 끝까지 양심(5절, 선량한 마음)을 가지고 의무를 다해야 합니다. 그것이 나라를 살리고 사랑하는 방법이며, 국민이 이 나라를 지탱하는 버팀목이기 때문입니다. 하나님 나라의 백성도 국민의 한 사람으로서 양심을 가지고 국민의 의무를 다해야 합니다.

하나님이 세우신 나라를 사랑하는 것이 곧 하나님 사랑입니다. 지도자는 지도자대로, 국민은 국민대로 하나님의 뜻에 순종해야 합니다.

말씀 연구	
말 씀	로마서 13:1-7
암 송	너희가 조세를 바치는 것도 이로 말미암음이라 그들이 하나님의 일꾼이 되어 바로 이 일에 항상 힘쓰느니라(롬 13:6)
요 점	하나님은 국가의 주인이시다.

본문 이해

로마서가 기록될 당시 로마제국은 네로 황제가 통치했습니다. 네로는 무거운 세금을 부과했고, 백성들은 그에 반발해 폭동을 자주 일으켰습니다. 그때마다 네로 황제는 무자비한 군사력으로 진압했으며, 특히 기독교인을 희생양으로 삼아 죽였습니다. 이런 네로의 폭정 가운데 살아갔던 로마 교회 성도들은 국가에 대해 어떻게 행동해야 했을까요? 이에 대해 사도 바울은 황제의 폭정에도 불구하고 성도는 국가의 권세를 인정하고, 선량한 마음으로 나라를 끝까지 사랑하며, 국민의 의무를 다해야 한다고 가르쳤습니다. 왜 성도는 나라를 사랑해야 할까요?

 **말씀 속으로**

1 성도는 왜 권세(나라)에 복종하고 거스르지 않아야 합니까?
(롬 13:1-2)

권세는 다 하나님께서 정하신 것이기 때문입니다.

> **보충 설명** '위에 있는 권세들'은 당시 로마제국의 황제를 비롯한 모든 국가 권력을 뜻합니다. 국가 권력은 인간이 세우는 것 같지만, 하나님이 허락(허용)하시지 않으면 세워지거나 무너질 수 없습니다. 이 나라의 주인은 권력자들이 아니라 하나님입니다. 성도는 이런 성경적 세계관에 기초한 건강한 국가관을 가지고 내가 속한 나라를 인정하고 존중하며 사랑해야 합니다. 그리고 나라가 정한 법과 질서에도 기쁜 마음으로 복종해야 합니다.

2 나라를 다스리는 자는 국민에게 무슨 일을 행할 책임이 있습니까?(롬 13:3-4)

하나님의 사역자가 되어 선을 베풀어야 할 책임이 있습니다.

> **보충 설명** 나라를 다스리는 자들은 하나님이 맡겨주신 권력을 선하게 사용해야 합니다. 그래서 바울은 다스리는 자들을 '하나님의 사역자'라고 표현했습니다. 국가 지도자는 하나님의 대리자입니다. 선을 행하는 자에게는 상을 주고, 악을 행하는 자에게는 벌을 주는 사역을 해야 합니다. 권선징악으로 행하는 것이 곧 선을 베푸는 것입니다. 따라서 국가 지도자들이 공정한 하나님의 사역자가 되도록 기도해야 합니다(딤전 2:1-2).

3 하나님 나라의 백성도 국가에 세금을 내야 합니까?(롬 13:5-7)
양심을 따라 내야 합니다.

> **보충 설명** 우리는 세금을 비롯한 여러 가지 국민의 의무를 다해야 합니다. 누가 두려워서가 아니라 양심 즉 선량한 마음에 따라 의무를 다해야 합니다. 바울은 조세와 관세를 모두 납부하고, 세금으로 나라를 운영하는 자들을 존중하라고 권면했습니다. 우리가 선량한 마음으로 나라를 사랑할 때, 국가의 질서가 세워지기 때문입니다.

묵상 이야기

몹시 추운 겨울 새벽이었습니다. 새벽기도회를 마치고 귀가하던 목사님이 가던 길을 멈췄습니다. 교회 야외 화장실에서 딱딱 소리가 났기 때문입니다. 가서 보니 누군가 도끼로 화장실 바닥을 치고 있었습니다. 목사님이 "누구시오?"라고 물었지만, 그는 고개도 돌리지 않고 계속 바닥을 치며 대답했습니다. "화장실 청소를 하는 중입니다." "그런데 왜 도끼로 바닥을 치는 것이오?" "대변이 바닥에 얼어붙었으니 다른 사람이 불편하지 않겠소." 바로 그 사람은 애국자 안창호 선생입니다. 이처럼 나라 사랑은 거창한 일이 아니라 아주 작은 일에서부터 시작됩니다.

나눔 나라를 위해 기도해 본 경험을 나누어 봅시다.

기도 국민은 나라를 사랑하고, 나라는 국민을 사랑하게 하소서.

적용 국가 지도자들이 국민의 유익을 위해 노력하도록 기도합시다.

주기도문이나 대표기도로 폐회합니다.

특별주일

어린이(청소년) 주일

하나님을 경외하는 어린이(청소년)

예배 인도

찬 송	564장 예수께서 오실 때에 · 574장 가슴마다 파도친다
기 도	합심기도 / 대표기도
말씀 나눔	잠언 1:7-19

우리는 자녀들이 지혜로운 자가 되길 원합니다. 오늘 본문은 지혜로운 자가 되려면 두 가지를 가까이하고 한 가지를 멀리하라고 권면합니다.

1. 하나님을 경외해야 합니다

지혜를 얻는 가장 빠른 방법은 하나님을 경외하는 것입니다. 하나님을 나의 왕, 나의 주로 인정하고 의지하면 지혜가 공급되기 시작합니다. 강물이 샘물에서 출발하듯이 모든 지혜의 출발점은 하나님이기 때문입니다. 첫 단추를 잘못 낀다는 표현대로 출발점이 잘못되면 끝도 잘못됩니다. 지혜로운 자녀를 원한다면 하나님께 더 가까이 인도해야 합니다.

2. 부모의 훈계와 법을 붙들어야 합니다.

자녀는 부모의 훈계와 법을 떠나지 말아야 합니다. 부모의 훈계는 잔소리가 아니라 하나님의 지혜를 담은 생명의 소리입니다. 부모의 법은 옭아매는 족쇄가 아니라 삶을 바르게 인도하는 빛의 발자취입니다. 믿음의 부모가 본을 보이며 가르쳐주는 교훈은 금보다 귀한 보물입니다. 부모는 하나님이 세우신 지혜의 통로입니다. 하나님을 경외하는 부모의 말씀을 잘 경청하고 순종할 때, 자녀는 더욱 지혜로워집니다.

3. 악한 자를 멀리해야 합니다.

지혜의 가장 큰 적은 악한 자의 유혹입니다. 악한 자들은 이익과 쾌락을 미끼로 사람들을 끌어당깁니다. 하지만 그 유혹의 끝은 멸망입니다. 악한 자를 가까이하는 자는 결국 자신의 생명까지 잃게 됩니다. 자녀들이 악한 자를 멀리하도록 도움을 주어야 합니다. 경로 이탈을 끊임없이 알려주는 내비게이션처럼 자녀를 바른길로 인도해야 합니다.

인생은 선택의 연속입니다. 악한 자를 거절하고, 하나님과 부모님을 선택할 때, 하나님을 경외하는 지혜로운 자녀가 될 수 있습니다.

말씀 연구	
말 씀	잠언 1:7-19
암 송	내 아들아 네 아비의 훈계를 들으며 네 어미의 법을 떠나지 말라(잠 1:8)
요 점	하나님을 경외하는 어린이(청소년)는 지혜를 얻는다.

 본문 이해

잠언은 지혜의 책입니다. 그중 오늘 본문은 젊은이들이 지혜를 얻는 방법을 알려주는 교훈입니다. 지혜를 얻으려면 하나님과 부모님을 가까이하고, 악한 자는 멀리해야 합니다. 하나님과 부모님은 나를 사랑합니다. 그래서 내가 잘되는 올바른 길을 제시해 줍니다. 하지만 악한 자는 나를 이용합니다. 그는 쉽게 얻는 이익과 눈앞의 즐거움을 약속하지만, 그것은 나를 파멸의 길로 인도하는 유혹일 뿐입니다. 오늘 본문을 통해 지혜를 얻는 방법을 깨닫고 지혜로운 삶을 살아갑시다.

 **말씀 속으로**

1 지혜와 지식의 근본은 무엇입니까? (잠 1:7)

여호와를 경외하는 것입니다.

> **보충 설명** 근본(레쉿)은 뿌리, 시작, 출발이라는 뜻입니다. 지혜를 얻으려면 가장 먼저 하나님을 경외해야 합니다. 하나님을 경외한다는 것은 하나님을 내 삶의 주권자(왕, 주인)로 인정하고 나를 맡기는 것입니다. 하나님을 사랑하고 존경하는 것입니다. 그러면 지혜 그 자체이신 하나님으로부터 지혜를 얻어 누릴 수 있습니다. 안타깝게도 미련한 자는 지혜와 지식의 출발점을 다른 것으로 설명합니다. 잠언을 비롯한 다른 지혜문학(욥기, 시편, 전도서)의 총주제인 잠언 1장 7절의 교훈을 마음에 새깁시다.

2 자녀들이 보물처럼 잘 간직해야 할 것은 무엇입니까? (잠 1:8-9)

아비의 훈계를 듣고 어미의 법을 떠나지 않는 것입니다.

> **보충 설명** 부모는 하나님의 지혜를 보여주는 통로입니다. 아비가 훈계대로 살고, 어미가 법을 떠나지 않는다면, 자녀도 분명 하나님의 훈계와 법을 보물처럼 사랑하며 간직하게 될 것입니다. 부모는 자녀의 인생길을 알려주는 내비게이션이며, 자녀가 매일매일 바른길을 걸어가도록 도와주는 코치입니다. 자녀의 입시보다 더 중요한 것이 주님의 훈계이며, 자녀의 성공보다 더 귀한 것은 주님의 법입니다.

3 악한 자와 함께 다니면 결국 어떻게 됩니까?(잠 1:19)
자기의 생명을 잃게 됩니다.

> **보충 설명** 악한 자의 특징은 유혹하고(10절), 병적으로 폭력적이며(11-12절), 탐욕적이고(13절), 악한 제안을 하며(14절), 결국 다 같이 파멸에 이르는 것(18-19절)입니다. 성경은 단호하게 악한 자를 따르지 말라(10절), 다니지 말라(15절), 그 길을 밟지 말라(15절)고 명령합니다. 부모는 자녀가 악한 자를 멀리하도록 도와주어야 합니다.

묵상 이야기

미국의 기독교 리서치 전문기관인 바나 그룹(Barna Group)은 신앙을 가진 성인의 78%가 어린 시절 부모로부터 직접 신앙교육을 받았다는 조사 결과를 발표했습니다. 부모가 직접 신앙을 가르치고 본을 보일 때, 자녀는 평생 그 믿음을 지킬 가능성이 큽니다. 자녀의 신앙교육은 위탁이 아니라 부모의 책임이자 특권입니다. 오스왈드 챔버스는 이렇게 말했습니다. "하나님을 경외할 때 하나님 외에 다른 것은 두려워하지 않게 되지만, 하나님을 경외하지 않으면 모든 것을 두려워하게 된다." 우리는 자녀가 하나님을 경외함으로 말씀을 듣고 떠나지 않도록 도와야 합니다.

- **나눔** 자녀가 말씀을 가까이하도록 도와준 경험을 나누어 봅시다.
- **기도** 자녀가 하나님을 경외함으로 말씀을 가까이하게 하소서.
- **적용** 하나님을 경외하는 지혜를 얻기 위해 말씀을 들읍시다.

주기도문이나 대표기도로 폐회합니다.

특별주일

이단경계 주일
바른 믿음에 거하기

예배 인도

찬 송	348장 마귀들과 싸울지라 · 210장 시온성과 같은 교회
기 도	합심기도 / 대표기도
말씀 나눔	디모데전서 4:1-5

오늘날은 모든 사물과 사람과 공간이 네트워크로 연결되는 AI 시대입니다. 하지만 영적 초월 세계에 관심도 높아지고 있습니다. 그로 인해 종교혼합주의와 이단, 사이비가 더 극대화되고 있습니다.

1. 이단과 종교의 위협은 계속됩니다.

성령님은 후일에 이단과 타 종교의 위협이 있을 것이라고 예고하셨습니다. 그 예고대로 1세기에 정통신앙을 위협하는 이단이 나타났고, 기독교 역사 속에서 줄곧 존재해 왔으며, 21세기에도 다양한 방식으로 계속되고 있습니다. 우리도 성령님의 경고를 믿고, 이단과 거짓 가르침, 타 종교의 위협을 인정하고 바른 신앙의 진리로 잘 무장되어야 합니다.

2. 이단과 타 종교의 배후에는 악한 영이 있습니다.

이단과 타 종교의 영적 배후에는 미혹하는 영과 귀신이 있습니다. 아무리 그들의 겉모습이 멋지고 거룩해 보여도 그것은 외식에 불과합니다. 그들의 영은 악한 영의 불도장(화인, 2절)을 받아서 진리를 깨달을 수 없습니다. 그 가르침이 아무리 매력적으로 보이더라도 결국은 거짓말에 불과합니다. 그들을 거칠게 배척하거나 공격할 필요는 없지만, 그들의 삶과 가르침은 외식과 거짓임을 잊지 말아야 합니다.

3. 말씀과 기도로 바른 믿음에 거해야 합니다.

1세기 에베소 교회를 공격하던 영지주의나 율법주의, 이단의 가르침도 그럴듯해 보였습니다. 하지만 바울은 디모데에게 하나님의 창조에 관한 바른 진리를 제시했습니다. 이단이 금지하는 혼인, 음식물도 모두 하나님이 창조하신 것이니 감사함으로 받으라고 권면했습니다(3-5절). 성경적 세계관을 제시한 것입니다.

진짜를 잘 알고 있어야 가짜를 구별할 수 있습니다. 성경적 세계관으로 무장하여 이단과 타 종교를 분별하고 바른 믿음에 섭시다.

말씀 연구

말 씀	디모데전서 4:1-5
암 송	하나님께서 지으신 모든 것이 선하매 감사함으로 받으면 버릴 것이 없나니 하나님의 말씀과 기도로 거룩하여짐이라(딤전 4:4-5)
요 점	하나님 나라 백성은 바른 믿음에 거하는 삶을 살아간다.

 본문 이해

본문은 이단을 어떻게 대처해야 하는지에 대한 바울의 권면입니다. 당시 에베소 교회는 바울의 제자였던 디모데가 목회하고 있었습니다. 그런데 영지주의자들과 율법주의자들이 에베소 교회의 성도들을 위협했습니다. 혼인을 금지하고, 고기나 포도주와 같은 음식물을 금지해야 바른 신앙이라고 가르쳤습니다. 이처럼 이단은 비정상적이고 비상식적인 삶을 요구합니다. 타 종교 역시 마찬가지입니다. 나름의 교리와 삶의 방식을 가르치지만, 구원에는 이르지 못하는 한계가 있습니다. 오늘 본문은 이단과 타 종교의 위협에 대처하는 원리를 담고 있습니다.

 **말씀 속으로**

1 바른 믿음에서 떠난 이단은 무엇을 따릅니까?(딤전 4:1)

미혹하는 영과 귀신의 가르침을 따릅니다.

> **보충 설명** 미혹하는 영이란 사람들을 하나님의 진리에서 벗어나게 하고 멀어지게 만드는 영입니다. 진리로 인도하시는 성령과 반대되는 악한 영입니다. 귀신의 가르침은 악한 영이 만들어내는 거짓 교훈입니다. 성령님은 미래(후일)에 사람들이 이단의 미혹에 빠져 바른 믿음에서 떠날 것이라고 예고하셨습니다. 그 예고대로 지금도 이단은 성도를 미혹하고 있습니다.

2 이단의 양심과 가르침은 각각 어떤 상태입니까?(딤전 4:2)

양심은 화인을 맞았고, 가르침은 외식과 거짓말입니다.

> **보충 설명** 화인(火印)은 불에 달궈진 쇠로 몸에 도장을 찍는 것입니다. 고대사회에서는 노예나 범죄자에게 화인을 찍었습니다. 이단의 양심은 악한 영의 화인으로 마비된 상태입니다. 이단은 겉으로는 거룩해 보여도, 영적으로는 죽은 상태입니다. 그들의 가르침 역시 겉과 속이 다르고 거짓투성이일 뿐입니다. 우리는 이단의 위협과 타 종교의 한계를 바르게 인식하고 바른 믿음을 가지려고 애쓰고 힘써야 합니다.

3 이단의 위협을 이겨내려면 무엇을 힘써야 합니까?(딤전 4:3-5)
하나님의 말씀을 알고 기도하기에 힘써야 합니다.

> **보충 설명** 디모데가 목회하던 에베소 교회에서도 육체는 악하고 영만 선하다고 주장하는 영지주의나 극도의 금욕을 강요하는 율법주의가 성도들을 미혹했습니다. 그들은 결혼과 고기와 포도주를 금지했습니다. 성도가 이단의 위협을 이겨내려면 하나님의 말씀인 성경을 기초로 한 세계관으로 이단을 분별하며, 기도로 거짓을 물리쳐야 합니다.

묵상 이야기

우리나라는 다양한 종교가 공존하는 나라입니다. 따라서 다른 종교의 한계를 바르게 이해하는 것이 좋습니다. 불교는 고통과 욕망의 문제를 인간 스스로의 수양으로 극복하려는 자력 종교입니다. 세상과 인생도 영원히 순환하고 반복된다고 가르칩니다. 원불교는 불교, 유교, 신비주의가 혼합된 다원주의적 종교입니다. 절대 진리를 인정하지 않지만 불교처럼 봉사와 선행을 통한 자력 구원을 권장합니다. 최근 유입된 이슬람교는 유일신을 믿지만, 꾸란(코란) 경전을 행함으로 구원을 얻는다고 믿습니다. 이런 종교들의 한계는 신(神)과의 인격적 교제, 그리스도를 통한 구원의 은혜, 삶의 총체적인 회복 등의 복음이 없다는 것입니다.

나눔 이단과 타 종교를 분별하고 바른 믿음에 거하는 방법을 나누어 봅시다.
기도 이단의 미혹과 타 종교의 도전을 지혜롭게 대처하게 하소서.
적용 우리를 위협하는 이단과 타 종교를 어떻게 대하고 경계할지 나누어 봅시다.

주기도문이나 대표기도로 폐회합니다.

특별 주일

전도선교 주일

복음 통일

예배 인도	
찬 송	583장 이 민족에 복음을 · 505장 온 세상 위하여
기 도	합심기도 / 대표기도
말씀 나눔	에스겔 37:21-23

　우리 민족은 전쟁 이후 오랫동안 남북이 단절된 상태로 살고 있습니다. 시간이 흐를수록 남북통일은 비현실적이고 불가능해 보입니다. 하지만 성경은 통일이 가능하다고 말씀합니다.

1. 하나님이 통일을 원하십니다.

　창조의 관점으로 보면 모든 인류는 하나입니다. 지금의 인류는 민족과 국가로 나뉘어 서로 대립하고 단절합니다. 하지만 하나님은 성경을 통해 인류는 서로 연합하고, 교류하고, 일치해야 한다고 일관되게 말씀하셨습니다(21절). 하나님은 우리 민족이 하나 되는 것을 간절히 원하고 계십니다.

2. 교회를 통해 통일의 가능성을 보여주셨습니다.

　하나님은 예수님의 교회를 통해 서로 이질적인 사람들이 통일될 수 있다는 가능성을 증명하셨습니다. 신약의 교회는 다양한 혈통, 계층, 종교, 문화를 가진 사람들이 복음 안에서 통일된 공동체였습니다(22절). 요한복음 17장 21절에서 예수님이 통일을 위해 하신 기도가 성취된 것입니다. 우리도 예수님을 본받아 남북통일의 가능성을 품고 간절히 기도해야 합니다. 남북통일은 인간의 힘으로는 불가능하지만 주님이 하시면 가능합니다.

3. 복음 통일이 가장 빠른 방법입니다.

우리 민족은 오랜 동안 분단된 상태로 지내온 탓에 너무 이질적입니다. 외적(정치·군사, 경제, 스포츠·문화) 교류를 모색하지만 통일은 멀어 보이기만 합니다. 하지만 성경은 외적 통합보다 더 확실한 통일은 내적 통합을 통해서 온다고 말씀합니다(23절). 복음을 통해 남북이 가치와 신앙을 통일시킨다면 민족 통일이 앞당겨질 수 있습니다.

복음을 통한 남북통일은 우리의 간절한 기도 제목이 되어야 합니다. 그것이 남과 북이 하나 되는 가장 빠르고 좋은 방법이기 때문입니다.

말씀 연구	
말 씀	에스겔 37:21-23
암 송	아버지여, 아버지께서 내 안에, 내가 아버지 안에 있는 것 같이 그들도 다 하나가 되어 우리 안에 있게 하사 세상으로 아버지께서 나를 보내신 것을 믿게 하옵소서(요 17:21)
요 점	하나님 나라 백성은 복음 안에서 통일을 추구한다.

본문 이해

에스겔은 포로 시대(주전 586년경)의 선지자입니다. 포로 시대 이스라엘의 남왕국과 북왕국은 처참한 상태였습니다. 북왕국은 이미 주전 722년 앗수르 제국에 흡수되었고, 백성들은 이곳저곳에 흩어져 이스라엘 민족의 정체성이 희미해졌습니다. 남왕국도 바벨론 제국에 멸망당하고 남은 자들은 포로로 끌려갔습니다. 이런 절망의 때에 하나님은 에스겔 선지자에게 이스라엘 민족의 회복과 통일에 대한 예언을 주셨습니다. 사방으로 흩어진 민족이 한 나라, 한 임금, 한 백성으로 통일될 것이라고 하셨습니다. 이 예언은 왕이신 예수님을 통해 성취되었습니다.

 말씀 속으로

1 하나님은 통일을 위해 어떤 일을 하십니까?(겔 37:21)

인도하며 모아서 돌아가게 하십니다.

> **보충 설명** 기원전 6세기경, 에스겔 선지자는 훗날 하나님이 행하실 일을 예언했습니다. 장차 하나님이 여러 나라 사람들을 예수님 안에서 하나로 통일시키실 것이라고 예언했습니다. 21절에 묘사된 하나님의 세 가지 행동, 라카흐(인도하다), 카바츠(모으다), 보(돌아가게 하다)는 매우 역동적이고 주도적입니다. 하나님은 지금도 보이지 않는 손으로 통일(하나 됨)을 위해 열심히 일하고 계십니다.

2 모든 민족(그들)이 모인 하나님 나라를 누가 다스립니까?(겔 37:22)

한 임금이 모두 다스립니다.

> **보충 설명** 하나님은 장차 모든 민족이 모여 하나가 되는 하나님 나라를 약속하셨습니다. 그리고 때가 차면 한 임금(메시야)이 모든 민족을 통일하여 다스릴 것이라고 약속하셨습니다. 그 약속은 예수 그리스도를 통해 성취되었습니다. 한 임금 예수님은 지금도 세상 모든 민족을 한 나라로 통일시키고 계십니다. 통일의 주관자이신 하나님은 오랫동안 분단된 우리 민족도 넉넉히 통일시킬 수 있는 분이십니다.

③ 각각의 죄악으로 더럽혀진 모든 민족이 통일될 수 있는 유일한 방법은 무엇입니까?(겔 37:23)

구원하고 정결하게 해서 주의 백성이 되게 하는 것입니다.

> **보충 설명** 우리 민족도 남과 북, 각자의 처소에서 우상과 죄악으로 더럽혀졌습니다. 이제는 너무도 이질적인 남과 북의 통일은 불가능해 보입니다. 우리 민족을 통일시키는 방법은 하나님의 구원과 정결함밖에 없습니다. 복음 통일이 유일한 대안입니다. 에스겔의 비현실적 예언이 예수님을 통해 성취되었듯, 불가능한 민족 통일도 복음을 통해 성취될 것입니다.

묵상 이야기

오픈 도어즈(Open Doors) 선교회의 2024~2025년 사역 보고서에 지호(가명)에 대한 이야기가 소개되었습니다. 지호는 북한 내에서 극도의 고립과 박해 속에서도 지하교회 구성원으로서 신앙의 순수함을 지키며 살아가고 있다고 합니다. 오픈 도어즈의 비밀 요원들은 중국 등 국외 네트워크를 통해 식량, 의약품, 성경과 제자훈련 자료를 제공하고 있으며, 북한 내 10만 명 이상의 지하교회 성도들이 물질적·영적으로 연합을 유지하도록 지원하고 있습니다. 지호는 "나는 예수님께 더욱 가까이 가기를 원하며, 주변 사람들에게 소금과 빛이 되고 싶다"는 소망을 나누기도 했습니다.

나눔 내가 알고 있는 북한 선교의 방법은 무엇인지 소개해 봅시다.

기도 분단된 남과 북이 복음 안에서 통일되게 하소서.

적용 복음에 따라 통일이 이루어지도록 함께 기대하고 기도합시다.

주기도문이나 대표기도로 폐회합니다.

민속절기 — 설날 가정예배

신 앙 고 백	사 도 신 경	다 같 이
찬 송	14장 주 우리 하나님	다 같 이
기 도		맡 은 이
성 경 봉 독	누가복음 5:1-11	인 도 자
설 교	새로운 소망의 예수님	인 도 자

　설날은 하나님께서 우리 민족에게 주신 명절입니다. 모든 것을 정리하고 가족과 함께하며 쉼을 통해 새해의 소망을 다시 점검해 볼 수 있는 시간입니다. 양력 1월 1일이 한 해의 시작이기는 합니다. 하지만 지난해를 정리하느라 차분히 새해를 시작하기에는 어려운 면이 있습니다. 반면에 설날은 음력으로 새해의 시작이면서, 1월 1일보다 한 달 정도 늦게 시작하여 오직 새해에만 집중할 수 있습니다. 그래서 설날은 우리 민족에게 주신 새로운 기회와도 같습니다.

　성경을 보면 하나님께서는 이스라엘 백성에게 여러 절기를 정해 주시며 지키게 하셨습니다. 절기마다 믿음과 삶의 의미를 새기며 하나님의 뜻대로 살기를 결심하게 하셨습니다. 같은 원리에서 우리도 설날에 하나님의 은혜를 기대하며 예배합니다. 또한 각자가 세운 선한 결심을 되새겨 봅니다. 성경의 절기에도 하나님께 예배하며 경배를 올렸습니다. 오늘 이렇게 가족이 함께하며 가정예배를 드리는 것도 하나님께 경배하며 명절을 지키는 복된 일입니다. 예배를 통해 하나님께서 우리 가정의 주인이자 목자이심을 고백하는 것은 큰 복입니다. 성경은 하나님께서 "예배하는 자들을 찾으시느니라"(요 4:23)라고 말씀합니다. 명절에 하나님께 예배하는

설날 가정예배

것은, 우리 가정이 하나님이 찾으시는 가정이 되었음을 의미합니다. 이 예배를 통해 하나님을 더욱 가까이 섬기는 우리 가정이 되기를 소원합니다.

　오늘 본문은 성도들에게 잘 알려진 유명한 말씀입니다. 특별히 누가복음에 기록된 이 내용은 다른 세 복음서에는 나오지 않습니다. 베드로라 하는 시몬과 그의 형제 안드레, 세배대의 아들인 야고보와 요한, 이 네 사람은 갈릴리 지역의 한 동네 사람으로, 물고기를 잡는 동역자였습니다. 어느 날 이들은 예수님을 만나 배에 가득히 물고기를 잡는 '만선의 이적'을 경험하게 됩니다. 그 일은 게네사렛 호숫가에서 있었던 일인데, 게네사렛은 갈릴리 호수를 그 지역명을 따라 부른 이름입니다. 민물의 호수지만 큰 호수였기에 바다로 불렸습니다. 5절을 보면, 그때 이 네 사람은 밤이 새도록 일했지만 고기를 한 마리도 잡지 못했습니다. 얼마나 낙심되고 지쳐 있었을지 상상하기 어렵지 않습니다. 그런데 이때 예수님을 만났습니다. 예수님은 그들에게 "깊은 데로 가서 그물을 내려 고기를 잡으라"(4절)고 말씀하셨습니다. 그 말씀을 따랐을 때 그들은 그물이 찢어지도록 많은 물고기를 잡았습니다. 두 배에 고기를 싣자, 배가 가라앉을 정도였습니다(6-7절). 이 놀라운 경험을 통해 그들은 예수님의 제자가 되어 주님을 따르게 되었습니다. 놀라운 이적을 경험하고 인생이 완전히 새롭게 된 것입니다. 그것도 가장 실망의 순간에 있었던 일입니다.

　실망이 환희로 바뀐 것은 말씀 때문이었습니다. 베드로는 예수님께 이렇게 대답했습니다. "말씀에 의지하여 내가 그물을 내리리이다"(5절). 만일 베드로가 말씀에 순종하지 않았다면 만선의 이적을 경험하지 못했을 것입니다. 이 순종은 기적의 시작이 되었습니다. 예수님의 말씀은 사람의 생각과 경험을 초월했고, 그렇게 기적이 일어난 것입니다.

우리는 살아오면서 다양한 일을 경험했습니다. 그중에서도 실패한 경험은 우리의 용기를 꺾을 수 있습니다. 다시 시도하고자 할 때 두려움을 줍니다. 베드로와 같은 상황에서는 부질없는 일로 느껴질 수도 있습니다. 이것이 인간의 상식적인 현실입니다. 그 현실을 바꾸는 것은 하나님의 능력입니다. 하나님의 뜻에 순종하여 실천하는 것이 그 능력을 경험하는 길입니다. 결국 하나님의 놀라운 능력과 역사는 자기 본성을 극복하고 하나님의 말씀을 따를 때 우리에게 임합니다.

이렇게 말씀에 순종하기 위해서는 평상시에 말씀을 듣는 경험이 필요합니다. 주님은 베드로에게 그물을 내려 고기를 잡으라고 말씀하셨습니다. 그런데 그 말씀을 하시기 전에 먼저 베드로의 배에 오르셔서 사람들에게 말씀을 들려주셨습니다. 3절의 상황을 보면, 꽤 긴 시간 말씀을 전하신 것으로 생각됩니다. 그렇게 말씀을 들을 때 베드로의 마음이 준비된 것입니다. 여러 가지 상황으로 보면 부질없는 일 같았지만, 주님의 말씀으로 감동받은 상태였기에 그물을 내리라는 말씀에 순종할 수 있었던 것입니다.

우리는 내게 꼭 필요한 말씀만 들으면 된다는 오해를 하지 않습니까? 하지만 평상시 말씀을 듣고 은혜받는 경험이 쌓이지 않는다면, 우리는 내게 주시는 말씀을 듣더라도 순종하지 못할 것입니다. 아니, 그 말씀이 내게 주신 것인지도 모르게 됩니다. 그러므로 하나님께서 내 삶에 새로운 변화를 주실 새해를 기대한다면, 하나님의 말씀을 사랑하고 가까이해야 합니다. 매 순간의 예배를 기대하고 사모해야 합니다. 하나님께 경배드리고 말씀에 집중하는 삶을 살아야 합니다. 그래야 평생 예수님을 믿으면서도 어떤 능력도 경험해 보지 못하는 안타까운 성도가 되지 않을 것입니다.

이렇게 하나님의 능력을 경험한 사람에게는 진정한 변화가 시작됩니다. 그것은 한 해가 지나면 다시 오지 않고, 새로운 해가 시작되는 것과 같습니다. 그동안의 삶이 지나갑니다. 그 속에 있는 실패, 두려움, 아픔, 원망, 미움, 집착 같은 것들이 함께 사라집니다. 그리고 새로운 소망이 생깁니다. 아마 베드로는 이제 물고기의 마릿수가 중요하지 않음을 깨달았을 것입니다. 그리고 그에게 가장 중요한 생활 수단이었던 배와 그물을 떠날 수 있게 되었습니다. 11절에 있는 '버려 두고'라는 표현 때문에 당황하는 사람도 있습니다. '내다 버렸다'라는 의미로 이해하기 때문입니다. 이 표현은 '떠남'을 명확히 하는 표현입니다. 즉 '그대로 두고' 예수님을 따랐다는 뜻입니다. 드디어 자기 삶의 본질을 깨달은 것입니다. 그들은 하나님의 복음과 교회를 위해 부름받아 사도가 되도록 택함을 받았습니다.

모두가 전임 사역자가 되어야 하는 것은 아닙니다. 어떤 이들은 목회자, 선교사, 기관 사역자 등으로 교회와 성도를 섬겨야 하지만, 또 어떤 사람들은 그들의 일에 더욱 집중하고 성실하도록 부름받습니다. 각자의 사명에 따라 다른 일을 하지만, 하나님께서 맡기신 사명을 기쁨과 자원함으로 감당하게 될 것입니다. 그 결과는 '자신에게 주어진 사명'을 깨닫는 데 있습니다. 어떤 부담이나 억지가 아니라 기쁘고 소망 넘치는 삶으로의 변화를 경험하는 것입니다.

1839년에 미국 뉴욕에서 태어난 록펠러는 16세에 주급 5달러를 받는 경리사원으로 사회생활을 시작했습니다. 나름 열심히 기도하며 부자가 되기를 꿈꾸는 그리스도인이었습니다. 24세에 석유 정제 사업을 시작한 이후로 큰 부를 쌓아 44세에는 미국 최고의 부자가, 54세에는 세계 최고의 부자가 되었습니다. 하지만 50대에 각종 질병에 시달리며 정신적 고통을 겪기 시작했고, 결국 시한부 판정을 받게 되었습니다. 그 고통의 시기가 록펠러의 영혼을 깨웠습니다. 그는 자신을 돌아보며 회개했고, 믿음과 사명을 따라 살기 시작했습니다. 부를 나누는 일에 적극적으로 나섰고, 교육, 의료, 과학 등의 분야에 기부하기 시작했습니다.

예수님 안에서 많은 사람이 이런 변화를 경험했습니다. 자신의 본질을 깨닫고 참되고 가치 있는 사람으로 서게 되기까지, 우리 모두 예수님을 만나 새롭게 되는 새해가 되기를 간절히 기원합니다.

기 도	맡 은 이
찬 송 ········ 524장 갈 길을 밝히 보이시니 ··········	다 같 이
주 기 도 문	다 같 이

추석 가정예배

민속절기

신앙고백	사도신경	다 같 이
찬 송	79장 주 하나님 지으신 모든 세계	다 같 이
기 도		맡 은 이
성경봉독	시편 136:1-9, 23-26	인 도 자
설 교	감사는 성도의 본분입니다	인 도 자

우리 조상들이 "더도 말고 덜도 말고 한가위만 같아라"고 했다는 추석입니다. 얼마나 좋았으면 날마다 추석이면 좋겠다고 했을까요? 추석이 곡식을 거둔 때여서 좋았을 것이라는 추측은 절반만 맞는 생각입니다. 올해처럼 추석이 이른 해에는 거둔 곡식이 많지 않았을 것입니다. 이런 때는 햅쌀이 나오지 않아 묵은 곡식을 먹기도 했습니다. 그렇기에 추석이 행복한 이유를 물질적 풍요에서만 찾을 수는 없습니다.

추석이기에 마음의 여유가 있고, 가족과 함께하는 날이어서 행복합니다. 이웃을 돌아볼 수 있는 마음이 있어서 행복합니다. 누구나 너그러운 마음을 품게 되니 더 좋습니다. 이렇게 추석은 물질적 풍요를 넘어 참된 만족의 날이라고 하겠습니다. 그런데 사실 이런 요소들은 우리가 평상시에도 얼마든지 가질 수 있는 것들입니다. 어떤 능력이 있어야 가족과 함께하는 것이 아닙니다. 어떤 자격이 있어야 너그러운 마음을 품는 것도 아닙니다. 누구나 누군가에게 그런 사람이 되어 줄 수 있습니다. 추석은 우리에게 있는 것을 행복하게 사용하고 나누는 명절이라고 하겠습니다.

오늘 우리가 읽은 말씀은 마치 추석이 주는 의미와도 같은 말씀입니다. "우리의 하나님께 감사하라"라는 이 말씀에서 하나님은 평상시 그대로의 하나님이십니다. 늘 그러셨던 것처럼 선하신 분이시며, 뛰어난 신이시고, 놀라운 일을 행하시는 분입니다. 하나님께서 창조하신 이 세상은 땅, 하늘, 나무, 동물과 작은 곤충의 하나까지 모든 것이 놀랍습니다. 그것들에 감사하라는 것입니다. 모두 평상시에 늘 만나는 것이기에 평범하게 느껴집니다. 하지만 가만히 생각해 보면 너무도 놀라운 것들입니다. 그래서 우리는 감사할 수밖에 없습니다.

가족이 함께 만나는 것은 참 평범한 일입니다. 만일 가족을 만나는 것이 특별한 일이라면, 그것은 그 사람이 어떤 어려움이나 곤란한 상황에 있기 때문일 것입니다. 그런데 사실 가족은 누구에게나 특별합니다. 가족처럼 놀라운 존재가 어디 있을까요! 가족이 있기에 우리는 힘이 나고, 삶의 위안을 얻으며, 삶의 목적을 찾습니다. 가족으로 인해 행복하고 안정됩니다. 정말 특별한 존재를 우리는 평범하게 만나고 있는 것입니다. 또한 우리가 너그럽게 대한다는 것은 사람으로서 당연한 도리입니다. 하지만 실제로 너그러운 사람을 만날 때, 우리는 특별한 감동을 받습니다. 이처럼 우리가 감사해야 하는 모든 것은 평범해 보이지만, 사실 너무도 중요하고 귀한 것들입니다.

물론 우리가 사는 세상에는 감사하라고 말하기에는 어려운 일들도 있습니다. 아픈 사람들과 방황하는 우리 자녀들, 삶의 위기나 어려운 전환기를 맞고 있는 사람들, 모두 마음이 먹먹해지는 우리의 이웃들입니다. 전쟁과 위험한 일로 위기를 느끼는 사람들은 어떻습니까? 놀랍게도 이렇게 발전한 21세기는 제2차 세계대전 이후로 위험에 처한 사람들이 가장 많은 시기입니다. 통계에 따르면, 전 세계 국가의 30% 정도가 전쟁과 테러 등의 위험에 직간접적으로 노출되어 있으며, 인구로는 수십억 명에 해당합니다. 이렇게 안타까울 수가 없습니다. 그들을 위로하고 기도하며, 기회

추석 가정예배

를 얻어 돕는 일은 우리 그리스도인에게 중요한 사명이기도 합니다. 그러나 이런 위기는 하나님께서 만드신 것이 아님을 기억해야 합니다. 위기를 자초하는 것이 사람의 본성이며, 하나님은 긍휼과 도우심으로 그런 위기에서도 벗어날 기회를 주십니다. 사람은 악을 행하고 타인을 억압하지만, 하나님은 그들을 꾸짖으시며 의인을 보호하십니다.

  23절에서는 비천한 가운데서도 기억해 주시며, 24절에서는 대적에게서 건져주신 하나님께 감사하라고 말씀하십니다. 우리가 안전하게 생활하는 것도 감사해야 할 제목입니다. 우리가 질병을 원한 것은 아닙니다. 하지만 자기 몸을 혹사하고 과도한 욕망과 분노로 자신을 해치는 경우가 많습니다. 적어도 우리의 몸을 잘 관리하는 일에는 그리 성실하지 못한 편입니다. 반면에 우리 하나님은 모든 육체에게 먹을 것을 주십니다(25절). 이처럼 우리는 자신조차 추스르지 못하는 존재임을 인식하고, 도우시는 하나님께 감사해야 합니다. 우리 그리스도인에게 추석은 하나님께 감사하는 절기가 되어야 합니다.

  이렇게 감사하는 절기는 전 세계에 있습니다. 감사는 모든 사람의 공통적인 정서이며, 하나님께서 각 사람의 마음에 심어주신 씨앗과도 같습니다. 서구의 기독교 국가들은 이런 감사의 정서가 믿음의 진리를 만나 감사의 절기 신앙이 되었습니다. 그 대표적인 것이 추수감사절입니다. 추수감사절을 미국에서 시작된 국경일이라고 말하는 것은 오해입니다. 이 절기는 감사하는 당연한 마음에서 시작된 것으로, 우리나라의 추석과 비견될 수 있습니다. 유럽의 기독교 사회에서는 8월, 9월 등 각각 다른 시기에 추수감사절을 지킵니다. 우리나라는 1908년 '제2회 대한예수교장로회 노회'에서 11월의 추수감사주일을 결정한 바 있습니다. 이 날짜는 미국의 추수감사절을 따른 것인데, 우리나라에서 주로 사역한 이들이

미국 배경의 선교사들이었기 때문입니다.

1620년 9월, 신앙의 자유를 찾아 잉글랜드를 떠난 청교도들은 그해 11월 신대륙에 도착하여 플리머스 지역에 정착했습니다. 그리고 겨울을 보내면서 추위, 질병, 고된 노동 등으로 총 102명의 이민자 중 절반이 사망했습니다. 다음 해 봄부터는 농사와 산업을 시작했고, 인디언들과 화해의 길도 열렸습니다. 정착민들에게 옥수수 농사법과 크랜베리 섭취 방법, 물고기 잡는 법 등을 가르쳐 준 것은 주로 왐파노왁 인디언이었습니다. 11월, 정착민들은 가을 첫 수확을 기뻐하며 하나님께 감사했고, 인디언들을 초청해 작은 잔치를 벌였습니다. 1623년에는 추수감사의 예배를 드려 첫 추수감사절이 되었습니다. 이후 1789년에는 초대 대통령 조지 워싱턴이 국경일로 제정하였고, 1941년에는 32대 대통령 루스벨트가 11월 28일 목요일을 공휴일로 하여 '추수 감사와 기도의 날'을 제정했습니다. 그때 루스벨트는 이렇게 말했습니다. "모든 국민이 일상을 멈추고 전능하신 하나님께서 베풀어주신 수많은 복으로 인해 감사하고 기도하기를 권고합니다." 감사의 정서가 신앙의 진리를 만나 특별한 절기가 된 것입니다. 우리 민족에게 있는 감사의 절기인 추석도 우리 믿음의 사람들에게는 같은 원리의 명절이 될 수 있습니다. 이렇게 명절을 하나님께 감사하고 예배드리는 날로 삼는 것은 하나님을 기쁘시게 하는 감사의 신앙이라 할 것입니다.

오직 말씀과 복음을 따르는 우리를 개혁주의 교회라고 합니다. 개혁 교회는 복음을 믿음으로 받아들이며, 율법과 제례의 형식에 얽매이지 않습니다. 다만 오직 믿음으로 구원받는 복음 이후로도 교회가 지키는 예전이 있습니다. 모든 형식과 절차, 예전은 구원이나 공로를 위한 것이 아니라 덕과 경건을 위한 것입니다. 마찬가지로 "감사하라"는 명령을 따르는 것은 율법에 매이는 것이 아닙니다. "사랑하라"는 명령을 지켜 복된 삶을 누리는 것처럼, 감사

추석 가정예배

의 명령은 성도를 행복으로 인도하시는 은총의 분부입니다. 주일을 지키거나 십일조를 드리는 것도 율법이 아니라 하나님을 사랑하여 시행하는 것입니다. 또한 성도에게 완전한 기쁨과 자유를 가져다주는 믿음의 행위입니다.

  감사는 하나님의 인도하심을 기억하게 하며, 성도 자신의 영혼과 삶을 치유합니다. 오늘 우리 가족이 이 예배로 하나님께 온전한 감사와 경배를 드리게 된 것을 더욱 감사합니다.

기 도 ···	맡은 이
찬 송 ········ 588장 공중 나는 새를 보라 ··········	다 같 이
주기도문 ···	다 같 이

민속절기 송구영신 가정예배

신앙고백	사도신경	다 같 이
찬 송	301장 지금까지 지내온 것	다 같 이
기 도		맡 은 이
성경봉독	요한복음 21:1-12	인 도 자
설 교	성숙해 가는 그리스도인	인 도 자

　한 해를 보내는 이 시간은 언제나 아쉬움이 남습니다. 다 이루지 못한 일들에 대한 아쉬움이 우리 마음속에 남기 때문일 것입니다. 설령 그렇지 않더라도 일생 중 한 해를 또 보냈다는 상실감은 피할 수 없습니다. 시간은 누구에게나 아쉬운 것이며, 그 무엇으로도 얻을 수 없는 귀중한 것이기 때문입니다. 하지만 새해에 대한 기대도 함께 존재합니다. 비록 아쉽고 부족함이 있었을지라도 새해에는 새로운 소망을 품을 수 있기 때문입니다. 아쉬움은 뒤로하고 하나님의 은혜를 기대하는 믿음이 우리 모두에게 있기를 바랍니다.

　송구영신은 마지막과 새로운 시작이 함께하는 놀라운 시간입니다. 이는 이 세상에 존재하는 자연법칙 중 하나라 할 만큼 명확합니다. 헤어질 때는 다시 만날 것을 기대하고, 출발할 때는 돌아올 것을 생각합니다. 심으면서 거둘 것을 소원하고, 거두면서 다시 심을 준비를 합니다. 이 세상에는 끝나는 것과 시작하는 것이 함께 존재하는 셈입니다. 단지 끝나고 시작하는 것의 반복이 아닙니다. 끝과 시작이 반복되면서 우리는 조금씩 성숙해 가고 있습니다. 지난 한 해 동안 우리는 분명 성장했습니다. 자랑할 정도는 아니라고 생각할 수 있습니다. 하지만 계속 전진하고 있다는 것이 중요합니다. 그래서 다시 새해를 맞을 때는 더 능숙하고 유능한 사람으로, 더 새롭고 원숙한 일을 시도할 수 있게 될 것입니다. 그저 순환하는 것이 아니라 성장하고 있는 것입니다. 그저 돌고 도는 것이라고 말하는 허무주의는 사실이 아닙니다.

오늘 본문에서 제자들이 경험하고 있는 이적도 사실은 반복입니다. 오늘 본문 요한복음 21장과 누가복음 5장을 비교해 보겠습니다. 누가복음 5장에서도 베드로, 안드레, 야고보, 요한, 네 제자가 갈릴리 바다에서 많은 고기를 잡았던 일이 기록되어 있습니다. 그때는 네 명의 제자였지만, 이번 요한복음에는 베드로와 세배대의 아들들인 야고보와 요한 외에도, 도마, 나다나엘, 또 다른 제자 두 명이 더 있었습니다. 이렇게 일곱 명으로 숫자가 늘어난 것도 좋은 일입니다. 우리가 하나님의 역사하심을 감사할 때, 작게 보이는 변화부터 감사할 수 있어야 합니다. 그럴 때 하나님의 더 큰 인도하심도 깨닫고 따를 수 있기 때문입니다.

누가복음에 비해 요한복음에서의 가장 큰 변화는 11절의 내용입니다. "시몬 베드로가 올라가서 그물을 육지에 끌어 올리니 가득히 찬 큰 물고기가 백쉰세 마리라 이같이 많으나 그물이 찢어지지 아니하였더라." 누가복음 5장에 기록된 첫 번째 만선의 이적에서는 얼마나 많은 물고기를 잡았는지가 나오지 않습니다. 단지 너무 많은 물고기가 잡혀서 그물이 찢어졌다고 기록되어 있습니다. 그 양은 두 배가 가라앉을 정도였습니다. 하지만 오늘 본문의 두 번째 만선의 이적에서는 명확히 153마리의 큰 물고기를 잡았다고 기록되어 있습니다. 그물도 찢어지지 않았습니다. 성경은 이 차이를 분명히 우리에게 보여줍니다. 우리는 여기에서 성장과 성숙에 대한 도전을 받을 수 있습니다. 우리가 아직 준비되지 못하고 미숙할 때에는 모든 것이 복잡하고 두렵고 감당하기 어려울 수 있습니다. 하지만 성장한 후에는 명확하고 담대하게 감당할 능력이 생깁니다.

한 해를 보내는 이 시간에 우리의 지난 1년을 생각해 봅시다. 어떤 일은 꼼꼼히 살펴보고 잘 계획했을 것입니다. 또 어떤 일은 우연히 시작하게 되었을 수도 있습니다. 어떤 일은 참 열심히 했을 수 있고, 또 어떤 일은 부담스러워 피하고 싶었을 수도 있습니다. 하지만 우리는 그 일을 나름대로 열심히 진행했습니다. 그런데 그 결과를 우리가 감당하지 못했을 수도 있습니다. 마치 누가복음 5장에서 네 명의 제자가 고기는 잡았지만 감당하지 못한 것처럼 말입니다. 꼭 실패한 것만이 아닙니다. 잘 운영했다면 좋은 결과를 얻을 수 있었지만, 작은 실수나 미숙함으로 아쉬운 결과를 내는 일도 있었습니다. 그물은 찢어지고 배에 물고기가 넘쳐나는데, 어떻게 해야 할지 모르는 제자들과 같은 상황이었을 수 있습니다.

그런데 그 모든 상황을 통해 우리는 배움을 얻었습니다. 비슷한 상황이 된다면 이제는 조금 다르게 대처할 수 있게 되었습니다. 사람들을 잘 살펴 문제가 생기지 않도록 조정하는 능력도 얻었습니다. 좀 더 성숙하게 된 것입니다. 좋은 기회가 온다면 이제는 더 잘할 수 있을 것입니다. 그리고 분명한 것은, 하나님께서 진실한 자녀들에게 더 좋은 기회를 주신다는 사실입니다. "너는 범사에 그를 인정하라 그리하면 네 길을 지도하시리라"(잠 3:6). 우리가 하나님을 하나님으로 인정하고 겸손과 순종으로 주님을 따르면, 주님은 우리의 길을 지도하시고, 새로운 기회를 주시며, 결과를 얻도록 힘을 주십니다. 그 힘을 얻는 것이 성숙과 성장입니다. 지난 한 해 동안 우리는 다양한 경험을 통해 성숙하고 성장했습니다. 새로운 한 해를 시작하는 이 시간, 우리가 소망의 기도를 드릴 수 있는 것도 우리가 더 성장했기 때문입니다.

본문 요한복음 21장과 누가복음 5장의 또 다른 차이는 '제자들이 주님을 알고 있었다'는 점입니다. 12절은 "주님이신 줄 아는 고로 당신이 누구냐 감히 묻는 자가 없더라"고 말씀합니다. 예수님의 제자로 주님을 따르는 3년 동안 성장했다는 것은 '주님이 누구이신지 알게 된 것'을 의미합니다. 사실 예수님에 대해 잘 모르는 사람을 찾는 것이 더 어려웠을 것입니다. 제자들의 시대뿐만 아니라 지금도 예수님은 많은 사람에게 알려지신 분입니다. 그분은 하나님의 아들이신 성자 하나님이시고, 우리의 죄를 용서하신 대속의 구세주이십니다. 누구든지 그분께 나아가는 사람을 맞아주시고 구원하시며 함께 살아주십니다. 주님은 모든 사람의 인도자이십니다. 다만 이 모든 내용을 그저 귀로 들어 지식으로만 알고 있는 것이 문제입니다. 예수님께서 전능하신 하나님이시라는 것을 알아도, 내가 그 전능하신 하나님을 경험하지 못했다면 도우심을 기대할 수 없습니다. 예수님께서 구세주이신 것을 알아도, 내 죄를 고백하고 구주로 영접하지 않았다면, 여전히 나는 내 죄의 짐을 지고 살아야 합니다. 지금 주님께서 우리와 함께하시는 것을 믿고 순종하지 않는다면, 제자의 삶도 살 수 없을 것입니다.

  예수님을 알아보았다는 것은 '예수님이 살아계신 하나님의 아들이시며 구세주이신 것'을 깨닫고 믿었다는 것을 의미합니다. 초대교회 성도들의 믿음에 대해 사도 베드로는 이렇게 말했습니다. "예수를 너희가 보지 못하였으나 사랑하는도다 이제도 보지 못하나 믿고 말할 수 없는 영광스러운 즐거움으로 기뻐하니 믿음의 결국 곧 영혼의 구원을 받음이라"(벧전 1:8-9). 베드로전서를 기록할 당시, 예수님은 이미 승천하셔서 더는 눈으로 볼 수 없었습니다. 반면에 베드로는 주님을 눈으로 보면서 모셨던 제자였습니다. 하지만 성도들은 눈으로는 본 적도 없는 예수님을 진실하게 믿고, 시험을 이기며, 하나님의 능력을 경험하고, 진심으로 사랑했습니다(벧전 1:5-8).

  우리 자신의 성장을 자랑할 수 있는 사람은 없을 것입니다. 하지만 진심과 겸손함으로 조금씩 성장한 자신을 고백하는 것이 참된 믿음입니다. 하나님의 은혜를 받았음을 고백하는 것이기 때문입니다. 새해에는 더 은혜롭고 능력 있는 삶을 살도록 함께 기도하며, 믿음으로 살아가는 우리 가정이 되기를 소원합니다.

기　　　도 …………………………………………	맡 은 이
찬　　　송 ………… 413장 내 평생에 가는 길 …………	다 같 이
주 기 도 문 …………………………………………	다 같 이

송구영신 가정예배

오직 이것을 기록함은
너희로 예수께서
하나님의 아들 그리스도이심을
믿게 하려 함이요
또 너희로 믿고 그 이름을 힘입어
생명을 얻게 하려 함이니라

(요한복음 20장 31절)

2026 Calendar

1 · JAN

주일 SUN	월 MON	화 TUE	수 WED	목 THU	금 FRI	토 SAT
				1 신정	2	3
4 신년감사주일	5	6	7	8	9	10
11	12	13	14	15	16	17
18	19	20	21	22	23	24
25	26	27	28	29	30	31

2 · FEB

주일 SUN	월 MON	화 TUE	수 WED	목 THU	금 FRI	토 SAT
1 이단경계주일	2	3	4	5	6	7
8	9	10	11	12	13	14
15	16	17 설날	18	19	20	21
22	23	24	25	26	27	28

3 · MAR

주일 SUN	월 MON	화 TUE	수 WED	목 THU	금 FRI	토 SAT
1 삼일절	2 대체 휴일	3	4	5	6	7
8	9	10	11	12	13	14
15	16	17	18	19	20	21
22	23	24	25	26	27	28
29 종려주일	30 고난주간 (3.30-4.4)	31				

4 · APR

주일 SUN	월 MON	화 TUE	수 WED	목 THU	금 FRI	토 SAT
			1	2	3	4
5 부활주일	6	7	8	9	10	11
12	13	14	15	16	17	18
19	20	21	22	23	24	25
26 장애인주일	27	28	29	30		

2026 Calendar

5 · MAY

주일 SUN	월 MON	화 TUE	수 WED	목 THU	금 FRI	토 SAT
					1	2
3 어린이주일	4	5 어린이날	6	7	8	9
10 어버이주일	11	12	13	14	15	16
17	18	19	20	21	22	23
24 성령강림절 석탄일	25 대체 휴일	26	27	28	29	30
31						

6 · JUN

주일 SUN	월 MON	화 TUE	수 WED	목 THU	금 FRI	토 SAT
	1	2	3 전국동시 지방선거	4	5	6 현충일
7	8	9	10	11	12	13
14	15	16	17	18	19	20
21 순교자기념주일	22	23	24	25	26	27
28	29	30				

7 · JUL

주일 SUN	월 MON	화 TUE	수 WED	목 THU	금 FRI	토 SAT
			1	2	3	4
5 맥추감사주일	6	7	8	9	10	11
12	13	14	15	16	17	18
19	20	21	22	23	24	25
26	27	28	29	30	31	

8 · AUG

주일 SUN	월 MON	화 TUE	수 WED	목 THU	금 FRI	토 SAT
						1
2	3	4	5	6	7	8
9	10	11	12	13	14	15 광복절
16	17 대체 휴일	18	19	20	21	22
23	24	25	26	27	28	29
30	31					

2026 Calendar

9 · SEP

주일 SUN	월 MON	화 TUE	수 WED	목 THU	금 FRI	토 SAT
		1	2	3	4	5
6 이단경계주일	7	8	9	10	11	12
13	14	15	16	17	18	19
20	21	22	23	24	25 추석	26
27	28	29	30			

10 · OCT

주일 SUN	월 MON	화 TUE	수 WED	목 THU	금 FRI	토 SAT
				1	2	3 개천절
4	5 대체 휴일	6	7	8	9 한글날	10
11	12	13	14	15	16	17
18	19	20	21	22	23	24
25 종교개혁주일	26	27	28	29	30	31

11 · NOV

주일 SUN	월 MON	화 TUE	수 WED	목 THU	금 FRI	토 SAT
1	2	3	4	5	6	7
8	9	10	11	12	13	14
15 추수감사주일	16	17	18	19	20	21
22	23	24	25	26	27	28
29	30					

12 · DEC

주일 SUN	월 MON	화 TUE	수 WED	목 THU	금 FRI	토 SAT
		1	2	3	4	5
6	7	8	9	10	11	12
13 성서주일	14	15	16	17	18	19
20	21	22	23	24	25 성탄절	26
27	28	29	30	31 송구영신예배		

MEMO

MEMO

구역예배 교재 인도자용

기획 총회교육개발원 **총괄** 총회총무 박용규
총회교육개발원 원장 노영주
선임연구원 한유완
연구원 성초희 문성광 남기숙 배승리
집필 송태근 오원석 류명렬 이한석 옥성석 이지훈 고석찬 임병선 김미열
　　　우상현 홍문수 이양수 홍승영 김창현 이상훈
전문감수 주종훈 박재은
교열 김영식　**교정** 송지수　**표지** 하숙경　**내지** 공감

하나님 나라 백성의 세계관

인쇄일	2025년 10월 20일
발행일	2025년 10월 30일
편집	대한예수교장로회총회 교육개발원
제작	대한예수교장로회총회 출판부
출판팀장	오은총
제작책임	조미예　**마케팅책임** 김경환
발행	대한예수교장로회총회
주소	서울시 강남구 영동대로 330
전화	02-559-5643(교육개발원) 02-559-5655~7(출판팀)
팩스	02-559-8490(교육개발원) 02-6490-9384(출판팀)
홈페이지	www.총회교육.com	www.holyonebook.com
출판등록	제1977-000003호

* 잘못된 책은 바꾸어 드립니다.